입문편

자리와 순서로 알아가는 영어
IT엔지니어를 위한
유세복의
English++

유세복 지음

비팬북스

IT 엔지니어를 위한 유세복의 English++ · 자리와 순서로 알아가는 영어

저   자 | 유세복
펴낸이 | 최용호

펴낸곳 | (주)러닝스페이스(비팬북스)
디자인 | 최인섭, 박지숙
주   소 | 서울 서대문구 연희동 340-18, B1-13호
전   화 | 02-857-4877
팩   스 | 02-6442-4871

초판발행 | 2016년 5월 3일
등록번호 | 제 12609 호
등록일자 | 2008년 11월 14일
홈페이지 | www.bpanbooks.com
전자우편 | book@bpanbooks.com

이 도서의 저작권은 저자에게 있으며 저자 및 출판사의 허락 없이 일부 혹은 전체 내용을 무단복제하는 행위는 저작권법에 위촉됩니다.

값 21,500원
ISBN 978-89-94797-25-0 (93700)
비팬북스는 (주)러닝스페이스의 출판부문 사업부입니다.

이 도서의 국립중앙도서관 출판시도서목록 CIP는 e-CIP 홈페이지(http://www.nl.go.kr)에서 이용하실 수 있습니다. CIP 제어번호: CIP2016010379

AlphaGo는 구글 딥마인드의 등록 상표입니다. Cisco Systems와 The Series 5000은 Cisco Systems의 등록 상표입니다. VMWare와 vCloud Air는 VMWare의 등록 상표입니다. IBM은 IBM의 등록 상표입니다. Intel은 Intel의 등록 상표입니다. Siri는 Apple의 등록 상표입니다. Outlook은 Microsoft의 등록 상표입니다.

IT 엔지니어를 위한
유세복의 English++

자리와 순서로 알아가는 영어

유 세 복 지음

서문

정말, 영어를 잘할 수는 없을까?

외국계 회사를 다니면서도 원하는 만큼 영어 실력이 따라주지 않아
항상 고민했었습니다.
영어 학원에 다니고, 서점에 가서 영어책을 사서 읽고,
좋은 강의가 있으면 직접 가서 들어 보는 등
나름대로 노력을 다했지만 영어 실력은 아쉽게도 늘지 않고
항상 저를 좌절하게 만들었습니다.

그렇게 영어 공부를 계속하던 중
"복잡하고 어려운 영어 문장을 전부 다 이해하려 욕심내지 말고
주어, 동사, 목적어만이라도 확실히 알아내면
자세히는 몰라도 전체적인 뜻은 알 수 있지 않을까?"라는 생각으로
파워포인트에 영어 문장을 적고 주어, 동사, 목적어를 표시했습니다.

한참을 그렇게 하다보니 이상하게도
영어 문장에서 주어, 동사, 목적어가 반복적으로 나타나는
자리가 보이기 시작했습니다.
이제까지는 영어 문장을 만나면
먼저 온 신경을 곤두세워 뜻으로 주어, 동사, 목적어를 찾았는데

그렇게 하지 않고 문장에서 자리만 보고도
주어, 동사, 목적어를 찾고 예상할 수 있게 되었습니다.

주어는 문장에서 항상 맨 처음에 있는 명사였고,
동사는 주어 뒤쪽에 있었으며,
목적어는 동사 뒤에 나오는 첫 번째 명사였습니다.

Internet connecting the world gives useful ways asked by people.
주어(명사)   동사   목적어(명사)

정말 신기하더군요.
복잡하고 어려운 영어 문장을 일일이 다 살펴 보지 않아도
주어, 동사, 목적어를 찾아낼 수 있다는 것이.

이렇게 해서 주어, 동사, 목적어를 자신있게 찾을 수 있게 되니
한 가지 의문이 더 생겼습니다.
간단한 영어 문장에서는 보이지 않아 잘 몰랐었는데,
복잡한 영어 문장에서는 주어, 동사, 목적어를 빼고 나면
남는 것들이 있었습니다
(예문에서 **connecting the world**와 **asked by people**).

그것들이 무엇일까 고민하다 보니
주어 뒤에 있는 것은 주어를 설명하는 것이고,
목적어 뒤에 있는 것은 목적어를 설명하는 것이라는 사실을
새롭게 알게 되었습니다.

Internet connecting the world gives useful ways asked by people.
주어(명사)   주어 설명   동사   목적어(명사)   목적어 설명

나중에 알게 되었지만 영어는 어떤 것을 설명할 때
그 설명을 뒤에 붙입니다.

우리말과는 완전히 반대입니다.
(2장 "영어의 특징과 이해"에 자세하게 설명되어 있습니다.)

문장에서 주어, 동사, 목적어를 찾게 되고,
주어 설명과 목적어 설명을 알게 되니
복잡하고 어려운 문장도 눈에 들어오고, 쉽게 이해가 되었습니다.
(주어나 목적어를 설명하는 방법은 6가지 밖에 없습니다.)

설명이 동사ing(현재분사)로 시작하면 '~하는'으로 해석하고,
동사ed(과거분사)로 시작하면 '~되어진'으로 해석하면 다 맞았습니다.
(이제 웬만큼 해석하는 것도 어렵지 않게 되었습니다.)

영어 문장을 우리말로 해석하기 위해서는 설명을 먼저 해석하면 됩니다.
주어보다는 주어 설명을 먼저, 목적어보다는 목적어 설명을 먼저
해석하면 됩니다.

Internet connecting the world gives useful ways asked by people.
|해석| 세상을 연결하는 인터넷은 사람들에 의해 요구되어진 유용한 방법들을 줍니다.

제가 설명한 영어 문장의 해석 방법은
학교에서 배웠던 플로우 차트와 비슷한 방법이라 할 수 있습니다.
영어는 기계적이고 하드웨어적인 언어이기 때문에
주어, 동사, 목적어의 자리와 해석하는 순서가 정해져 있습니다.
플로우 차트처럼 자리와 순서가 있습니다.

인문학에 소양이 없는, IT 분야에 종사하는 엔지니어라
영어에 소질이 없다고 생각했었는데 의외로 영어를 이해하는 데는
이러한 엔지니어적인 사고 방식이 큰 도움이 되었습니다.

길을 찾아 목적지로 갈 때
건물의 위치를 기준으로 찾는 방법과

햇빛의 방향으로 파악한 동서남북을 기준으로 찾는 방법이 있습니다.
길을 잘 찾는 사람들은 건물의 위치를 기준으로 하지 않고
햇빛의 방향으로 파악한 동서남북을 기준으로 해서 찾아갑니다.

건물의 위치로 기준을 삼으면 바라보는 방향에 따라
건물의 모양이 달라지므로 혼동이 올 수 있습니다.
그러나 햇빛의 방향으로 파악한 동서남북을 기준으로 하면
건물의 모습이 방향에 따라 달라지더라도
기준점이 명확하기 때문에 정확히 찾아갈 수 있습니다.

건물의 위치를 기준으로 하던
햇빛의 방향으로 파악한 동서남북을 기준으로 하던
둘 다 목적지를 찾아갈 수 있지만 그 과정과 결과는 크게 차이가 납니다.

이 책은 **영어 문장의 이해와 해석에**
자리와 순서라는 새로운 기준점을 제시합니다.
이제까지의 영어 학습법이 건물의 위치로 기준을 잡는 것이었다면
이 책에서는 길을 찾아 목적지로 갈 때
햇빛의 방향으로 파악한 동서남북을 기준으로 하는 것과 같이
영어를 명확한 기준점(자리와 순서)을 갖고 찾아나가도록 알려드립니다.

우리가 영어를 못했던 것은
우리가 영어를 영어대로 이해하는 방법으로 배웠던 것이 아니라
우리말로 이해하는 방식으로 이해하고 배우려 했기 때문입니다.

IT 분야의 엔지니어가 아니라도 영어에 대한 접근 방법을
이렇게 자리와 순서라는 기준점으로 하면
누구든지 쉽게 영어를 이해할 수 있습니다.
이제 여러분은 영어에 대한 자리와 순서라는 명확한 기준점을 갖고
자신있게 목적지를 향해 나아가시기 바랍니다.

이 책이 영어를 공부하는 데 어려움을 겪고 있는
여러분들에게 좋은 길잡이로 사용되었으면 합니다.

감사합니다.

유 세복 드림

목차

서문 4
목차 10

1장 영어 문장의 기본 16

1.1 영어 문장의 기본 단위 18
1.2 영어 문장의 해석 방법과 순서 23
1.3 주어, 동사, 목적어 찾는 법 28
    1.3.1 뜻이 아니라 자리로 찾아야 하는 주어, 동사, 목적어 28
    1.3.2 동사 앞에는 주어, 동사 뒤에는 목적어 32
    1.3.3 주어, 목적어, 보어의 품사 36
1.4 영어 문장 해석 방법 40
    1.4.1 '주어+동사+목적어'로 된 영어 문장 해석 40
    1.4.2 '주어+Be동사+보어'로 된 영어 문장 해석 43
1.5 여러 개의 단어로 된 주어와 목적어 46
    1.5.1 여러 개의 단어로 된 명사 묶음 49
    1.5.2 여러 개의 단어로 된 형용사 묶음 또는 부사 묶음 52
    1.5.3 여러 개의 단어로 된 동사 55
        1. 조동사 문장 55
        2. 부정문 57
        3. 현재진행형 문장 60

4. 수동태 문장 61
      5. 현재완료 문장 63
      6. 구동사 문장(이어 동사) 65

2장 영어의 특징과 이해 68

2.1 영어의 주어 자리, 동사 자리, 목적어 자리 70
2.2 명사에서 시작해서 명사에서 끝나는 영어 문장 74
2.3 영어는 앞에 나온 말(명사)을 뒤에서 설명 76
2.4 주어 설명과 목적어 설명 연결 80

3장 영어 문장의 압축 86

3.1 영어 문장 압축 방법 88
3.2 압축되어도 문장 형태 유지 93

4장 영어 문장 늘리기 98

4.1 문장의 명사 자리에 압축 문장 넣기(명사구/명사절 삽입) 102
   4.1.1 문장의 명사 자리에 That~ 넣기 104
      1. 목적어 자리에 That~ 넣기 105
      2. 주어 자리에 That~ 넣기 109
      3. 보어 자리에 That~ 넣기 112
   4.1.2 문장의 명사 자리에 동사ing 넣기 116
      1. 목적어 자리에 동사ing 넣기 116
      2. 주어 자리에 동사ing 넣기 119
      3. 보어 자리에 동사ing 넣기 122
      4. 전치사의 목적어 자리에 동사ing 넣기 126
   4.1.3 문장의 명사 자리에 To부정사 넣기 131

  1. 목적어 자리에 To부정사 넣기 132
  2. 주어 자리에 To부정사 넣기 134
  3. 보어 자리에 To부정사 넣기 137
4.2 문장의 명사에 압축 문장 연결하기(형용사구/형용사절 연결) 140
 4.2.1 문장의 명사에 설명을 연결하는 방법 6가지 147
  1. 압축된 전치사 문장 148
  2. 압축된 That~ 문장 150
  3. 압축된 동사ing 문장(능동태 연결) 157
  4. 압축된 동사ed 문장(수동태 연결) 161
  5. 압축된 To부정사 문장(미래형 연결) 164
  6. 압축된 형용사 문장 166
 4.2.2 문장의 명사에 전치사 연결하기 170
  1. 문장의 목적어에 전치사 연결 171
  2. 문장의 주어에 전치사 연결 173
  3. 문장의 보어에 전치사 연결 175
  4. 전치사의 목적어에 전치사 연결 177
 4.2.3 문장의 명사에 That~ 연결하기 179
  1. 문장의 목적어에 That~ 연결 179
  2. 문장의 주어에 That~ 연결 182
  3. 문장의 보어에 That~ 연결 184
  4. 전치사의 목적어에 That~ 연결 186
 4.2.4 문장의 명사에 동사ing 연결하기 188
  1. 문장의 목적어에 동사ing 연결 188
  2. 문장의 주어에 동사ing 연결 190
  3. 문장의 보어에 동사ing 연결 192
  4. 문장의 전치사의 목적어에 동사ing 연결 194
 4.2.5 문장의 명사에 동사ed 연결하기 196
  1. 문장의 목적어에 동사ed 연결 196
  2. 문장의 주어에 동사ed 연결 198
  3. 문장의 보어에 동사ed 연결 200

            4. 문장의 전치사의 목적어에 동사ed 연결 203
    4.2.6 문장의 명사에 To부정사 연결하기 206
            1. 문장의 목적어에 To부정사 연결 206
            2. 문장의 주어에 To부정사 연결 208
            3. 문장의 보어에 To부정사 연결 210
            4. 전치사의 목적어에 To부정사 연결 212
    4.2.7 문장의 명사에 형용사 연결하기 214
            1. 문장의 목적어에 형용사 연결 214
            2. 문장의 주어에 형용사 연결 217
            3. 문장의 보어에 형용사 연결 218
            4. 전치사의 목적어에 형용사 연결 220
4.3 문장 전체에 압축 문장 연결하기(부사구/부사절 연결) 224
    4.3.1 문장 전체에 전치사 연결하기 227
    4.3.2 문장 전체에 접속사 연결하기 231
            1. 등위접속사로 연결 232
            2. 종속접속사로 연결 233
    4.3.3 문장 전체에 동사ing 연결하기 237
    4.3.4 문장 전체에 동사ed 연결하기 249
    4.3.5 문장 전체에 To부정사 연결하기 252

5장 압축 문장의 다단 연결 266

5.1 문장의 명사 자리에 압축 문장을 다단 연결하여 넣기 268
        1. That~을 다단 연결하여 넣기 268
        2. 동사ing를 다단 연결하여 넣기 270
        3. To부정사를 다단 연결하여 넣기 272
5.2 문장의 명사에 압축 문장을 다단 연결 274
        1. 전치사를 다단 연결 274
        2. That~을 다단 연결 276
        3. 동사ing를 다단 연결 278

4. 동사ed를 다단 연결 280
　　　5. To부정사를 다단 연결 281
　5.3　문장 전체에 압축 문장을 다단 연결 283
　　　1. 접속사를 다단 연결 283
　　　2. 동사ing(현재분사구)와 동사ed(과거분사구)를 다단 연결 285
　5.4　문장의 여러 명사에 압축 문장들을 연결 287
　　　1. 주어에 전치사 연결, 목적어에 동사ing 연결 288
　　　2. 주어에 That~ 연결, 목적어에 To부정사 연결 290
　　　3. 주어에 동사ed 연결, 목적어에 형용사 연결 292
　　　4. 주어에 전치사, 보어에 That~ 연결 294
　　　5. 전치사의 목적어에 전치사와 형용사 연결 296
　5.5　압축 문장이 다단 연결된 더 길고 복잡한 영어 문장 300
　5.6　영어 문장을 길게 늘려가는 방법 305

6장 영문 자료 해석을 위해 한 발 더! 310

　6.1　문장인가? 문장이 아닌가? 311
　6.2　한 개의 명사에 여러 설명 연결 317
　6.3　And, 콤마(,), 콤마콤마(, ,) 321
　　　6.3.1　단순한 And 321
　　　6.3.2　복잡하고 어려운 And 323
　　　6.3.3　콤마(,)와 콤마콤마(, ,) 324
　6.4　삽입구 328
　6.5　문장 도치 333
　6.6　생략 336

부록1　영어로 프레젠테이션하는 방법　344
부록2　가정법 이야기　352
찾아보기　360

1장 영어 문장의 기본

우리는 영어를 해석할 때 일단 해석을 해보고
뜻으로 주어, 동사, 목적어를 찾습니다.

이 방법으로 간단한 문장에서는 주어, 동사, 목적어를 쉽게 찾을 수 있지만 문장이 길어지면 해석이 복잡해져서 뜻으로는 찾기가 어려워집니다.

하지만 걱정하지 마세요.
길고 복잡한 문장에서 주어, 동사, 목적어를 쉽게 찾는 방법이 있습니다.
우리말과 달리 영어에는 주어, 동사, 목적어를 표시하는
수단(예: 조사)이 없지만
그 대신 주어 자리, 동사 자리, 목적어 자리가 정해져 있어요.

그래서 자리만 제대로 알면 주어, 동사, 목적어를 손쉽게 찾을 수 있죠.
길고 복잡한 문장도 주어, 동사, 목적어를 제대로 찾아내면
절반 이상은 이미 알고 시작하는 것이죠.
길고 복잡한 영어 문장을 해석하는 비밀이니까 꼭 기억하세요.

1장에서는 주어, 동사, 목적어를 쉽게 찾는 방법을 알려드려요.

1.1 영어 문장의 기본 단위

영어 문장의 순서, 즉 어순은 우리말과 다릅니다.

여러분들이 잘 알고 있는 것처럼,
영어 문장은 '주어+동사+목적어'의 순서로 되어 있죠.

▦ 영어 문장의 순서

주어는 문장의 주인입니다.
앞장 서는 것을 좋아해서 항상 문장의 처음에 나옵니다.

동사는 주어의 움직임을 나타냅니다. 그래서 주어 뒤에 나옵니다.

목적어는 동사가 필요로 하는 것입니다. 그래서 동사 뒤에 나옵니다.

나는 스마트폰을 사용합니다. 라는 문장으로 자세히 설명할까요?

위의 문장을 영어로 하면 다음과 같이 됩니다.

I use a smartphone.
I 나 use 사용하다 smartphone 스마트폰

이 영어 문장의 순서는
'주어(I)+동사(use)+목적어(a smartphone)'입니다.

▦ 영어 문장 I use a smartphone.의 순서

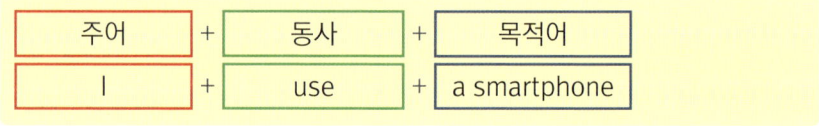

I는 이 문장의 주인인 주어로 문장의 맨 앞에 나왔습니다.

use는 주어인 **I**의 움직임을 나타내는 동사로 주어 뒤에 왔습니다.

a smartphone은 동사인 **use**가 필요로 하는 것으로 목적어입니다.

동사에 대해 조금 더 이야기하겠습니다.
영어에는 크게 두 종류의 동사가 있습니다.
주어의 움직임을 나타내는 동사(일반 동사)와
주어가 움직이지 않는 Be동사(상태 동사)가 있습니다.

동사인데 움직이지 않는다? 그런 동사가 있나요?
네, 있어요. 바로 Be동사입니다.

우리가 자주 보는 am, are, is가 Be동사이며,
'존재하다'라는 기본 뜻이 있습니다.

'존재하다'라는 것은 움직이지 않고 '있는' 상태를 나타내므로,
Be동사를 '상태 동사'라고도 합니다.

문법 책에 있는 '상태 동사'라는 말이 잘 와 닿지 않죠?
주어가 움직이지 않는 동사를 상태 동사라고 생각하면 됩니다.

일반 동사와 Be동사 뒤에는 각각 다른 것이 옵니다.
일반 동사 뒤에는 목적어가 옵니다.
가령, 앞에서 예로 든 **I use a smartphone.** 문장에서
use가 일반 동사라서 그 뒤에는 목적어인 **a smartphone**이 왔죠.
움직이지 않는 동사인 Be동사 뒤에는 보어가 옵니다.

> **MEMO**
> 주어를 보충해서 설명하는 보어는 주어가 무엇인지, 주어가 어떤지를 알려줍니다.

Be동사 문장은 '주어+Be동사+보어'의 순서로 되어 있어요.

▦ Be동사 문장의 순서

| 주어 | + | Be동사 | + | 보어 |

당신은 프로그램 개발자입니다.를 영어로 하면 다음과 같이 됩니다.

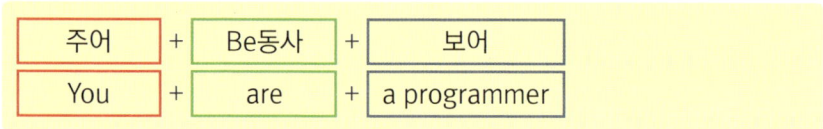
You are a programmer.
You 당신 are 이다 programmer 프로그램 개발자

이 영어 문장의 순서는
'주어(You)+Be동사(are)+보어(a programmer)'입니다.

▦ 영어 문장 You are a programmer.의 순서

| 주어 | + | Be동사 | + | 보어 |
| You | + | are | + | a programmer |

I use a smartphone.과 **You are a programmer.**
두 영어 문장을 보면 두 가지 순서가 있다는 것을 알 수 있어요.

① 주어(S) + 동사(V) + 목적어(O)
② 주어(S) + Be동사(V) + 보어(C)
Subject 주어 **V**erb 동사 **O**bject 목적어 **C**omplement 보어

두 순서에 공통점이 있습니다.
바로, **주어 다음에 동사가 나온다**는 것입니다.

주어 다음에 곧 바로 동사가 나온다는 것이
영어와 우리말의 가장 큰 차이점이기도 합니다.
또한 문장에서 동사를 찾는 힌트가 되기도 하죠.
주어 바로 다음이 동사니깐요.

영어 문장을 해석할 때

제일 먼저 주어, 동사, 목적어, 보어를 찾아야 합니다.
어떻게 찾냐고요? 자리가 있습니다.

이 책을 읽으면 영어 문장에서
주어, 동사, 목적어, 보어의 자리를 쉽게 알 수 있습니다.
영어 해석이 쉬워지겠죠.

한번 더 정리해볼까요?
영어 문장의 기본 단위는 다음 두 가지입니다.

> **Summary**
>
> **영어 문장의 기본 단위**
> ① 주어(S)+동사(V)+목적어(O)
> ② 주어(S)+Be동사(V)+보어(O)

아무리 길고 복잡한 영어 문장도 분석해 보면
'주어+동사+목적어' 또는 '주어+Be동사+보어'가
반복적으로 연결되어 있다는 사실을 알 수 있어요.
**따라서 주어, 동사, 목적어, 보어를 찾으면
길고 복잡한 문장도 쉽게 해석**할 수 있습니다.
이 원칙은 이 책의 핵심이자 영어 해석의 핵심입니다.

그런데 모든 영어 문장이 **I use a smartphone.** 이나
You are a programmer. 처럼 간단하면 얼마나 좋을까요?
아쉽게도 이렇게 간단한 영어 문장은 많지가 않죠.

하지만 걱정하지 마세요.
아무리 길고 복잡한 영어 문장이라 할지라도,
'주어+동사+목적어' 또는 '주어+Be동사+보어'의 순서를 벗어나지 않아요.

미국의 어린이들이 사용하는 영어 문장의 순서와

미국의 어른들이 사용하는 영어 문장의 순서가 다른가요?
아니죠! 같죠!

어른이 사용하는 영어 문장이나 어린이가 사용하는 영어 문장이나 순서는
같습니다. 단지 사용하는 단어가 다르고 꾸며주는 설명들이 다를 뿐이죠.

길고 복잡한 영어 문장이라 하더라도
영어 문장의 순서가 바뀌는 것은 아니니까요.

그러면 길고 복잡한 영어 문장이 어떻게 만들어질까요?
길고 복잡한 문장은 영어 문장의 기본 단위에
무언가가 더해져서 늘어나고 복잡해진 것입니다.

영어 문장의 기본 단위에 더해지는 무언가와 더해지는 방법을 알면
길고 복잡한 영어 문장도 쉽게 알아내고 해석할 수 있겠죠.
이 책에서 제시하는 방법대로 하면
길고 복잡한 영어 문장도 마음대로 만들 수 있습니다.
물론 마음대로 늘리고 줄일 수도 있겠죠.

이 책에서는 영어 문장의 기본 단위인
'주어+동사+목적어' 또는 '주어+Be동사+보어'에
무언가가 더해져서 늘어나고 복잡해지는 방법을 설명합니다.

어렵지 않겠냐고요?
그렇지 않아요.

문법도 잘 모른다고요?
걱정하지 마세요. 영어 문법 잘 몰라도 됩니다.

영어를 어려운 방법으로 배웠기 때문에 영어가 어려운 것이지
쉬운 방법으로 배우면 영어도 쉽습니다.

자, 이제부터 영어 문장을 길고 복잡하게 늘리는 방법을 알려드립니다.
이 책을 놓지 말고 따라만 오세요. 그렇게 오래 걸리지도 않아요!!!

> **Note**
>
> 이 책에서는 이해를 돕기 위해서 일반동사 문장과 Be동사 문장 중에서 일반동사 문장의 순서인
> '주어+동사+목적어'를 기준으로 설명을 진행합니다.

1.2 영어 문장의 해석 방법과 순서

영어 문장을 해석하는 방법과 순서를 먼저 설명하겠습니다.
길고 복잡한 영어 문장이라도 다음 3단계를 거치면
해석이 마법처럼 쉽게 됩니다.

1단계 주어, 동사, 목적어 찾기

영어 문장을 해석하려면 가장 먼저 주어, 동사, 목적어를 찾아야 합니다.
주어, 동사, 목적어도 제대로 모르면서 문장을 해석할 수는 없죠.

주어, 동사, 목적어가 영어 문장의 기본 단위이기 때문에
이것들만 알아내면 전체적인 뜻을 알 수 있습니다.

2단계 주어와 목적어의 설명 찾기 및 문장 구성 상태 파악하기

주어, 동사, 목적어를 뺀 나머지가 무엇이고
그 나머지가 문장을 어떻게 구성하고 있는지를 파악합니다.

영어 문장에서 주어, 동사, 목적어를 빼고 나면 설명들만 남습니다.
그 설명들이 무엇이고, 그 설명들이 어떻게 구성되어 있는지를 파악하면
영어 문장 해석은 끝납니다.

영어 문장이 길어지는 것은 그냥 그렇게 되는 것이 아니고
특히, 주어와 목적어에 설명하는 것들이 연결되기 때문입니다.

3단계 　주어부터 시작해서 거꾸로 해석하기

영어 문장에서 주어, 동사, 목적어를 찾았고
주어, 동사, 목적어와 설명 부분을 파악했으면
주어부터 시작해서 거꾸로 해석합니다.

> **Summary**
> **영어 문장의 해석 방법과 순서**
> ① 주어, 동사, 목적어를 찾는다.
> ② 주어와 목적어의 설명을 찾고, 문장이 어떻게 구성되어 있는지를 파악한다.
> ③ 주어부터 시작해서 거꾸로 해석한다.

우리말이나 영어나 주어가 문장의 처음에 있기 때문에
주어부터 해석하면 됩니다.
단, 우리말과 영어는 동사와 목적어의 순서가 다르므로
이것을 감안하여 거꾸로 해석합니다.

다음 예문으로 설명하겠습니다.

This software increases productivity in the company.
software 소프트웨어　**increase** 증가시키다　**productivity** 생산성　**company** 회사

1단계 　주어, 동사, 목적어 찾기

1단계인, 주어, 동사, 목적어를 찾아볼까요.

주어는 **This software**이고, 동사는 **increases**이며,
목적어는 **productivity**입니다.

This software increases productivity in the company.
　　주어　　　　동사　　　　목적어

> **MEMO**
> 주어, 동사, 목적어를 찾는 방법은 뒤에서 자세히 설명합니다.

주어, 동사, 목적어만 가지고 이 문장을 해석하면,
이 소프트웨어는 생산성을 증가시킵니다.가 됩니다.

2단계　주어와 목적어의 설명 찾기 및 문장 구성 상태 파악하기

물론 이것만 가지고는 모자라죠. 2단계 작업을 해야죠.
전체 문장을 해석하기 위해 주어, 동사, 목적어를 뺀
나머지 부분도 함께 알아야 합니다.

주어, 동사, 목적어를 뺀 **in the company**가 무슨 뜻인지,
주어, 동사, 목적어와 어떤 관련이 있는지만 알아내면
영어 문장 해석은 다 끝납니다.

This software increases productivity in the company.
　　주어　　　　동사　　　　목적어　　　　　？

이 책에서 계속해서 강조하겠지만,
영어에는 앞에 나온 말(명사)을 뒤에서 설명하는 특징이 있습니다.

위의 특징을 적용하면, **in the company**는
바로 앞에 있는 명사이자 목적어인 **productivity**를 설명합니다.

> **MEMO**
> 영어에서 주어와 목적어는 명사입니다.

▦ 목적어를 설명하는 in the company

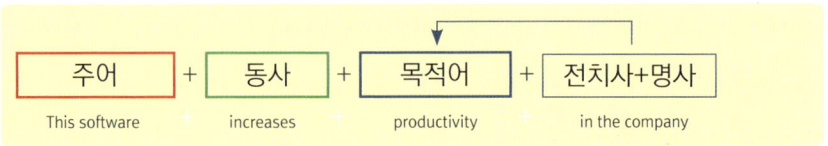

in the company는 회사 (안)의라는 뜻으로
앞에 있는 목적어인 productivity를 설명합니다.
그래서 productivity in the company는 회사 (안)의 **생산성**이 되죠.

3단계 주어부터 시작해서 거꾸로 해석하기

주어, 동사, 목적어도 찾았고,
주어, 동사, 목적어를 뺀 나머지 부분에 대해서도 알았습니다.
3단계로, 주어부터 시작해서 거꾸로 해석하면 됩니다.

영어 문장을 거꾸로 해석할 때 순서는 다음과 같습니다.
① 영어 문장의 주어
② 영어 문장의 목적어
③ 영어 문장의 동사

▦ 영어 문장을 우리말로 해석하는 순서

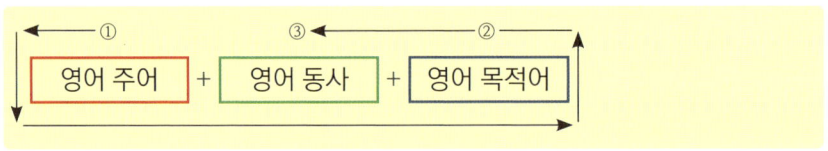

영어 문장을 거꾸로 해석하는 이유는
영어와 우리말에서 동사와 목적어의 순서가 서로 다르기 때문입니다.
그래서 영어를 우리말의 순서인 '주어 → 목적어 → 동사'에 맞추다 보니
거꾸로 해석하는 것입니다.

> **Caution**
> 이후에 예문을 설명할 때는 여기서 제시한 3단계 방법을 이용합니다. 1단계, 2단계, 3단계를 별도로 표시하지는 않지만, 3단계로 진행된다는 것을 염두에 두고 보기 바랍니다.

예문인 **This software increases productivity in the company.**를 위에서 설명한 순서에 따라 해석해 보겠습니다.
  ① 주어인 **This software**를 해석합니다.
  ② 목적어 설명인 **in the company**와
     목적어인 **productivity**를 해석합니다.
  ③ 동사인 **increases**를 해석합니다.

그렇게 하면 다음과 같이 해석됩니다.

|해석| 이 소프트웨어는 회사의 생산성을 증가시킵니다.

지금까지 간단한 예를 들어 영어 문장의 해석 방법을 설명했지만
길고 복잡한 영어 문장이라도
해석하는 단계와 순서는 여기서 설명한 것과 같습니다.

정리하면, 영어 문장을 해석할 때 가장 중요한 것은
주어, 동사, 목적어를 제대로 찾는 것입니다.
주어, 동사, 목적어만 제대로 찾아도 영어 실력이 크게 좋아집니다.

그런 다음에, 주어, 동사, 목적어를 뺀 나머지인 설명 부분이
무슨 역할을 하는지를 알면 영어 문장을 어려움 없이 해석할 수 있습니다.

> **Caution**
> 이 책에서는 영어 문장을 우리말로 해석할 때 이해하기 쉽도록 주어부터 시작해서 거꾸로 해석하는 방법을 사용합니다.

1.3 주어, 동사, 목적어 찾는 법

독자 여러분은 영어 문장을 해석할 때 주어, 동사, 목적어를 먼저 찾나요?
그렇다면, 제대로 하는 것입니다.

대부분의 사람들은 영어 문장을 해석할 때 숙어, 특별한 표현 그리고 문법에만 집중하지 정작 중요한 주어, 동사, 목적어를 소홀히 합니다.

실제로 주위 사람들에게 영어 문장을 해석하라고 하면 뜻은 대충 맞추지만 주어, 동사, 목적어를 정확히 아는 경우가 많지 않습니다.

영어 문장이 간단하면 크게 상관이 없지만, 길고 복잡하면
주어, 동사, 목적어를 모르고서는 해석을 제대로 할 수 없죠.

이제부터는 영어 문장을 해석할 때
주어, 동사, 목적어를 먼저 찾도록 하세요.
영어 문장을 해석하는 중요한 핵심이자 출발점입니다.

> **Tip**
> Be동사일 때는 주어, Be동사, 보어를 먼저 찾습니다.

1.3.1 뜻이 아니라 자리로 찾아야 하는 주어, 동사, 목적어

자, 그러면 주어, 동사, 목적어를 어떻게 찾아야 할까요?

대부분의 경우, 해석을 먼저 하고 뜻으로 주어, 동사, 목적어를 찾습니다.

간단한 문장이라면 뜻으로 주어, 동사, 목적어를 찾을 수 있지만
문장이 조금이라도 길어지면 뜻으로는
주어, 동사, 목적어를 찾기가 쉽지 않습니다.

결론부터 말하면, **영어 문장에서 주어, 동사, 목적어를 뜻으로 찾는 것이 아니라 자리를 보고 찾아야** 합니다.

우리말의 경우, 주어를 표시하는 조사인 '은', '는', '이', '가'가 있고,
목적어를 표시하는 조사인 '을', '를'이 있어서
뜻으로 주어, 동사, 목적어를 찾을 수 있습니다.

그러나 영어의 경우, 주어인지 목적어인지를 표시하는 것이 없기 때문에
뜻으로 주어, 동사, 목적어를 찾기가 어렵습니다.

그 대신 영어의 경우 주어, 동사, 목적어에 해당하는 자리가 있어요.
그래서 자리를 보고 주어인지, 동사인지, 목적어인지를 알 수 있습니다.

> **Summary**
> **영어 문장에서 주어, 동사, 목적어, 보어를 찾는 방법 (자리로 찾기)**
> ① 주어(Subject): 문장에서 첫 번째로 나오는 명사
> ② 동사(Verb): 주어 뒤에 있음(주어와 목적어 사이)
> ③ 목적어(Object): 동사 다음에 첫 번째로 나오는 명사
> ④ 보어(Complement): Be동사 다음에 첫 번째로 나오는 명사나 형용사

뭔가 대단한 규칙이 나올 줄 알았는데 너무 간단한가요?
간단하지만 정확합니다.

우리말과는 달리 영어에서는
주어 자리, 동사 자리, 목적어 자리가 정해져 있어요.

영어는 똑같은 단어라도
주어 자리에 놓으면 주어가 되고,

동사 자리에 놓으면 동사가 되고,
목적어 자리에 놓으면 목적어가 되는 언어입니다.

거꾸로 말하면, 영어에서
주어 자리에 있는 것은 뭐든지 주어고,
동사 자리에 있는 것은 뭐든지 동사고,
목적어 자리에 있으면 뭐든지 목적어라는 겁니다.

이렇게 알고 영어 문장을 보면 아무리 복잡하고 길어도
주어, 동사, 목적어를 쉽게 찾을 수 있어요.

주어, 동사, 목적어를 자리로 찾는 방법은 뜻으로 찾는 것이 아니기 때문에
쉽고, 빠르고, 정확하게 찾아낼 수 있어요.

뜻으로 찾으려면 문장을 일단 해석하고 나서 찾아야 하니까
시간이 오래 걸립니다. 또한 본인의 영어 실력에 따라
주어, 동사, 목적어를 못 찾을 수도 있습니다.

영어 문장이 아무리 길고 복잡해도
주어, 동사, 목적어를 제대로 찾을 수 있으면
그것만으로도 전체 문장의 뜻을 이해할 수 있죠.

영어 문장을 작문하거나 말을 할 때도
주어, 동사, 목적어의 자리에 맞추어
단어만 그 자리에 갖다 놓으면 되기 때문에 영어가 훨씬 쉬워집니다.

앞서 예로 들었던 일반 동사의 영어 문장을 가지고
주어, 동사, 목적어를 찾는 연습을 하겠습니다.
전체 문장의 뜻을 몰라도 주어, 동사, 목적어를 찾을 수 있어요.

다음 문장에서 주어를 찾아볼까요.

This software increases productivity in the company.

주어는 첫 번째로 나온 명사이므로, **This software**가 주어겠죠.

동사는 어떤가요? 주어 다음에 있는 것이 동사이므로
This software 다음에 있는 **increases**가 동사입니다.
주어인 **This software**가 3인칭 단수로 동사도 3인칭 단수여야 하므로
increase에 -s가 붙어 **increases**가 되었습니다.

마지막으로, 동사 다음에 첫 번째로 나오는 명사를 찾으면
그것이 목적어겠죠. 바로 **productivity**가 목적어입니다.

주어, 동사, 목적어를 표시하면 다음과 같이 됩니다.

This software increases productivity in the company.
  주어   동사   목적어

어때요? 주어, 동사, 목적어를 쉽게 찾았죠!

이렇게 주어, 동사, 목적어를 자리로 찾으면
어렵지 않고, 빠르고 또 정확합니다.
영어 문장의 구조에 민감해지므로 영어 실력이 자연스레 향상됩니다.
즉, 영어에 대한 자신감과 함께 흥미가 생깁니다.
흥미는 궁금증을 유발하고, 그렇게 하다 보면 영어 실력이 늘어납니다.

저도 이제는 CNN 웹 사이트의 영문 기사에서 주어, 동사, 목적어를
위의 방법으로 찾습니다.
아마 뜻으로 찾는다면 복잡한 CNN 영문 기사에서
주어, 동사, 목적어를 찾기가 어려울 것입니다.
하지만 자리로 찾으니 쉽게 찾을 수 있습니다.

독자 여러분, 영어 문장에서 주어, 동사, 목적어를 찾을 때는

반드시 자리로 찾아야 합니다. 뜻으로 찾지 마세요.

> **Tip**
>
> 전치사 뒤에 따라 나오는 명사도 주어, 목적어, 보어가 될 수 있나요?
>
> 전치사 뒤에 따라 나오는 명사는 절대로 주어, 목적어, 보어가 될 수 없습니다.
> 그러니 영어 문장을 읽다가 전치사 뒤에 명사가 나오면 신경 쓰지 말고 넘어가세요.
> 전치사 뒤에 따라 나오는 명사를 문법적으로는 '전치사의 목적어'라고 합니다.
> (제가 보기에, 전치사의 목적어를 그냥 '전치사의 명사'라고 하면 더 좋을 것 같습니다.)

1.3.2 동사 앞에는 주어, 동사 뒤에는 목적어

영어 문장의 경우, 주어 다음에 동사가 나오고,
동사 뒤에 목적어가 나오기 때문에 동사를 기준으로 보면
동사 앞에는 주어가 있고, 동사 뒤에는 목적어가 있습니다.

▦ 동사를 기준으로 본 영어 문장의 구조

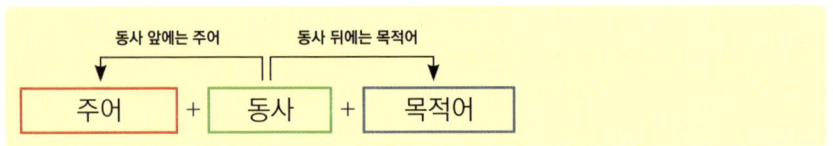

영어 문장은 동사를 기준으로 한 대칭형 구조라고도 할 수 있어요.
이 특징을 이용하면 동사를 기준으로 해서도
주어와 목적어를 찾을 수 있어요.

영문 자료, TOEIC, 수학능력시험같이 영어 지문이 길고 복잡해지면,
영어 문장을 읽다가 길을 잃고 헤매게 됩니다.

이럴 때 제자리로 돌아오려면 기준점이 있어야 합니다.
주어와 마찬가지로 동사도 바로 그런 기준점이 됩니다.

동사만 제대로 알고 있으면 동사 앞 부분은 주어와 관련된 부분,
동사 뒷 부분은 목적어와 관련된 부분으로 분리하여 구분할 수 있습니다.

동사를 기준으로 앞은 주어 부분, 뒤는 목적어 부분

| 주어 부분 | + | 동사 | + | 목적어 부분 |

해석을 하다가
동사 앞 부분을 모르면 주어 관련 부분을 모르는 것이라고 생각하고,
동사 뒷 부분을 모르면 목적어 관련 부분을 모르는 것이라고 보면 됩니다.
그러면 실마리가 잡힐 것입니다.

이렇게 영어 문장을 '주어 부분+동사+목적어 부분'으로 나누어 이해하면
영어 문장을 보는 눈이 한 단계 높아집니다.

Letter

맨날 블로그 글을 읽기만 하고 유익만 누리다가 진심으로 감사드리고자 이렇게 메일까지 보내게 되었습니다.

여태까지 혼자서 영어를 나름 열심히 공부했다고 생각했는데 막상 대학와서 외국인들과 이야기를 하자니 깊은 얘기보다는 쉽고 피상적인 말만 하고, 나의 마음속 생각을 어떻게 영어로 표현할지 몰라서 간단하게만 이야기한적이 많았습니다.

그런데 영어의 어순과 영어는 주어 동사 목적어 구조에서 각 주어와 목적어 부분을 설명한다는 이해 방식은 저에게 놀랍고도 많은 진보를 보게 되었습니다. 요새는 회화와 더불어 교수님의 추천으로 뉴욕 타임즈에서 나오는 Editorial을 하나씩 읽고 있는데 이전보다 이해력이 많이 향상되었습니다. 영어의 구조를 이해하니 이제는 어떤 어려운 문장도 조금은 자신감이 붙기 시작합니다.

언제나 힘내시고 새해 복 많이 받으세요~
2011년 1월 24일

예전에 영어와 관련해서 블로그에 글을 올린 적이 있었는데,
제 글을 읽었던 대학생 한 명이 보내온 감사 메일입니다.

영어 문장을 막연하게 대할 것이 아니라 조금이라도 알고 대하면
무엇보다도 영어에 재미가 붙습니다.
영어에 재미가 붙으면 실력은 당연히 향상되죠.
어때요? 지금 아무 책이나 영어 책을 펼쳐 보십시오.
그리고 동사를 먼저 찾고 그 다음에 주어와 목적어를 찾아보십시오.
문장이 눈에 확 들어올 것입니다.

연습을 한번 해 볼까요.

Cisco routers provide accessibility to services.
Cisco 시스코 **router** 라우터/통신장비 **provide** 제공하다 **accessibility** 접근성 **service** 서비스

위의 문장은 네트워크 제품으로 유명한
Cisco Systems의 Router 소개 문구입니다.
IT 분야에 있다면 시스코를 모두 알고 계시겠죠.

위의 영어 문장을 보니 우리가 잘 아는 동사인 **provide**가 있습니다.

provide는 **제공하다**라는 뜻의 동사로
명사나 다른 품사로 사용되지 않아요. 항상 동사로만 사용되니까
provide는 확실하게 동사라는 것을 알 수 있죠.

동사를 찾았으니 주어와 목적어를 찾아 보겠습니다.

영어 문장 구조상 주어는 동사 앞에 있죠.
그래서 **provide** 앞에 있는 **Cisco routers**가 주어입니다.

영어 문장 구조상 목적어는 동사 뒤에 있죠.
그래서 **provide** 뒤에 있는 첫 번째 명사인
accessibility가 목적어입니다.

정리하면 다음과 같습니다.

<u>Cisco routers</u> <u>provide</u> <u>accessibility</u> to services.
    주어   동사   목적어

주어, 동사, 목적어를 찾았으니 자연히 나머지가 무엇인지 궁금합니다.
주어, 동사, 목적어를 뺀 나머지인 **to services**는 설명입니다.
그러면 무엇을 설명하는 것일까요?

앞에 나온 말(명사)을 뒤에서 설명한다.라는 영어 문장의 특징에 따라
to services는 앞에 나온 명사(목적어)인 **accessibility**를 설명합니다.
왜냐하면 **to services**가 목적어 **accessibility** 뒤에 있기 때문이죠.

문장 구조를 다음과 같이 정리할 수 있겠죠.

<u>Cisco routers</u> <u>provide</u> <u>accessibility</u> to services.
    주어   동사   목적어   목적어 설명

주어, 동사, 목적어를 찾았고 목적어 설명도 찾았으니 해석해 볼까요.
주어부터 시작해서 거꾸로 한 바퀴 돌면서 해석합니다.

|해석| 시스코 라우터들은 서비스들에 접근성을 제공합니다.

> **MEMO**
> 직역이라 딱딱하지만 영어 문장 구조를 이해하기 위한 것입니다.
> 처음부터 의역을 하면 문장이 매끄러워 좋지만 영어 문장 배우기에는 적합하지 않으므로
> 이 책에서는 직역 위주로 해석하겠습니다.

1.3.3 주어, 목적어, 보어의 품사

주어와 목적어 자리에는 명사만 올 수 있습니다.
즉, 명사가 아닌 전치사, 형용사, 부사는
주어나 목적어 자리에 올 수 없습니다.

▦ **주어와 목적어는 명사**

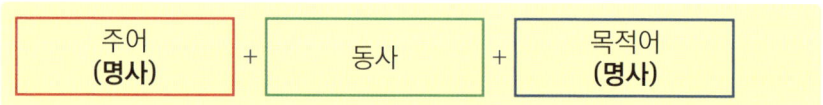

보어는 어떨까요? 보어 자리에는 명사 또는 형용사가 올 수 있습니다.

보어는 움직이지 않는 Be동사 뒤에서
주어의 존재가 '무엇인지', 주어라는 존재가 '어떤지'를 나타냅니다.

존재가 '무엇인지'는 명사로 나타낼 수 있지만,
존재가 '어떤지', 즉 성질을 나타낼 때는 형용사를 사용해야 합니다.
그래서 보어에는 명사도 올 수 있고, 형용사도 올 수 있습니다.

보어는 명사 또는 형용사

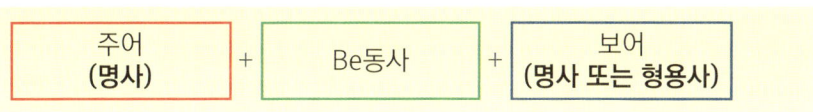

명사가 보어인 문장을 먼저 살펴볼까요? 다음 예문으로 설명하겠습니다.

Security is the core of Cloud Computing.
security 보안 **core** 핵심 **Cloud Computing** 클라우드 컴퓨팅

위의 문장은 Be동사 문장입니다. 주어, 동사, 보어를 찾아보겠습니다.

주어는 첫 번째로 나오는 명사이므로 **Security**가 주어입니다.

주어를 찾았으니 동사를 찾아 볼까요?
동사는 주어 다음에 나온다고 했는데, 주어 **Security** 다음을 보니
Be동사인 **is**가 왔습니다.

Be동사가 나왔으니 목적어가 아닌 보어를 찾아야겠죠.
보어는 Be동사 다음에 첫 번째로 나오는 명사 또는 형용사입니다.
Be동사인 **is** 다음에 명사 **the core**가 있네요.
the core가 보어입니다.

이렇게 해서 주어, Be동사, 보어를 찾았으니 다음과 같이 표시를 합니다.

<u>Security</u>　<u>is</u>　<u>the core</u> of Cloud Computing.
　주어　　Be동사　　보어

주어, Be동사, 보어가 나왔으니 기본적인 영어 문장은 되었죠.
그 뒤에 있는 **of Cloud Computing**은 설명입니다.
무엇을 설명할까요?

보어인 **the core** 뒤에 있으므로 보어인 **the core**를 설명합니다.

다음과 같이 표시해 볼까요.

Security   is   the core   of Cloud Computing.
주어   Be동사   보어   보어 설명

주어, Be동사, 보어, 설명 부분을 모두 찾았으므로 해석을 합니다.
주어인 **Security**부터 시작해서 거꾸로 한 바퀴 돌면서 해석합니다.

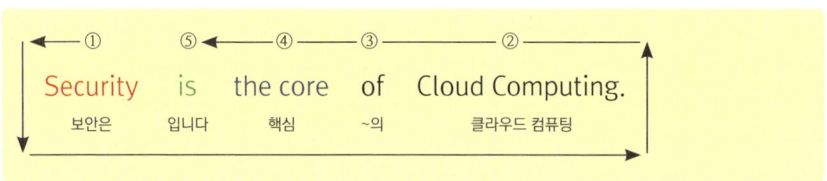

|해석| 보안은 클라우드 컴퓨팅의 핵심입니다.

Tip
전치사 of의 해석 방법

전치사 of에는 속한다(⊂)라는 뜻이 있습니다. A of B 하면 A가 B에 속한다(A⊂B)가 됩니다. 수학적으로, ⊂가 ⊂와 =의 뜻을 함께 갖고 있듯이 A of B를 'B의 A'로 해석하거나 'A=B'로 해석할 수도 있습니다.

- an angel of wife   천사 같은 아내(A=B)
- most of profits   이익의 대부분(A⊂B)

A⊂B로 해석할지 A=B로 해석할지는 문맥으로 판단하세요.

이번에는 형용사가 보어인 문장을 살펴보겠습니다.
다음 예문으로 설명하겠습니다.

Cloud Computing is useful for customers.
Cloud Computing 클라우드 컴퓨팅 **useful** 유용한 **for** ~을 위해 **customer** 고객

주어는 첫 번째로 나온 명사인 **Cloud Computing**입니다.

동사는 주어 뒤에 있는 Be동사인 **is**입니다.

주어와 Be동사를 찾았으니 보어를 찾아 보겠습니다.
보어는 Be동사 뒤에 나오는 첫 번째 명사 또는 형용사입니다.
Be동사 **is** 다음에 형용사 **useful**이 있네요.
useful이 보어입니다.

이렇게 해서 주어, Be동사, 보어를 찾았으니 다음과 같이 표시를 합니다.

<u>Cloud Computing</u>   <u>is</u>   <u>useful</u> for customers.
    주어   Be동사   보어

주어, Be동사, 보어가 나왔으니 기본적인 영어 문장은 되었죠.
그 뒤에 있는 **for customers**는 설명입니다.
무엇을 설명할까요?
설명해 줄 명사가 앞에 없으므로 문장의 동사를 설명하는 것입니다.

> **MEMO**
> 전치사는 동사를 설명할 수 있으며, 전치사가 동사를 설명할 때 "부사로 쓰였다"라고 합니다.

다음과 같이 표시해 볼까요.

<u>Cloud Computing</u>   <u>is</u>   <u>useful</u> <u>for customers</u>.
    주어   Be동사   보어   동사를 설명

주어, Be동사, 보어, 설명 부분을 알았으므로 해석을 합니다.
주어인 **Cloud Computing**부터 시작해서
거꾸로 한 바퀴 돌면서 해석합니다.

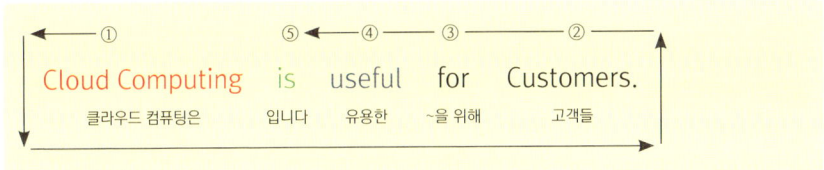

|해석| 클라우드 컴퓨팅은 고객들을 위해 유용합니다.

> **Summary**
>
> **영어 문장에서 주어, 동사, 목적어, 보어**
> ① 주어: 영어 문장의 주인입니다. 명사만 주어가 될 수 있습니다.
> ② 동사: 주어의 움직임을 나타내는 일반동사, 주어가 움직이지 않는 Be동사 그리고 다른 동사를 도와주는 조동사가 있습니다.
> ③ 목적어: 동사가 움직일 때 필요로 하는 것입니다. 명사만 목적어가 될 수 있습니다.
> ④ 보어: Be동사 뒤에서 주어를 보충 설명합니다. 명사나 형용사가 보어가 될 수 있습니다.

1.4 영어 문장 해석 방법

영어 문장의 기본 단위가 '주어+동사+목적어'라는 것과
영어 문장에서 주어, 동사, 목적어를 찾는 방법을 배웠습니다.

이번에는 주어, 동사, 목적어를 찾고 나서
해석하는 방법을 자세히 알아보도록 하죠.

아직은 영어의 기본 문장을 갖고 시작합니다.
하지만 너무 조급해 하지는 마세요.

길고 복잡한 영어 문장이라도 '주어+동사+목적어'를 벗어나지 않으므로
영어의 기본 문장을 잘 이해하면
길고 복잡한 영어 문장이라도 문제가 없습니다.

1.4.1 '주어+동사+목적어'로 된 영어 문장 해석

다음 예문으로 설명하겠습니다.

Gartner makes reports.
Gartner 가트너(컨설팅 회사명) **make** 만들다 **report** 보고서

먼저, 주어, 동사, 목적어를 찾습니다.
주어는 문장의 첫 번째 명사인 **Gartner**입니다.
동사는 주어 **Gartner** 다음에 나온 **makes**죠.
주어가 3인칭 단수라 동사 make에 -s가 붙었습니다.
목적어는 동사 뒤의 첫 번째 명사인 **reports**입니다.

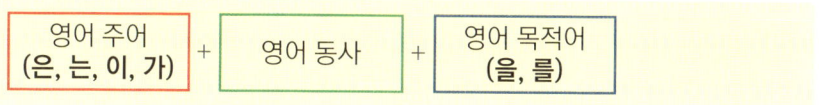

자, 이렇게 해서 주어, 동사, 목적어를 찾았습니다.
어떻게 해석을 할까요?
주어에는 '은', '는', '이', '가'를, 목적어에는 '을', '를'을 붙입니다.

▦ 주어와 목적어 해석

| 영어 주어
(은, 는, 이, 가) | + | 영어 동사 | + | 영어 목적어
(을, 를) |

그리고 나서 순서를 맞추어 해석을 하는데
우리말과 영어의 순서를 먼저 비교해 볼까요?

우리말은 주어 다음에 목적어가 나오고 마지막으로 동사가 나옵니다.
그러나 영어는 주어 다음에 동사가 나오고 마지막으로 목적어가 나옵니다.

▦ 우리말과 영어의 순서

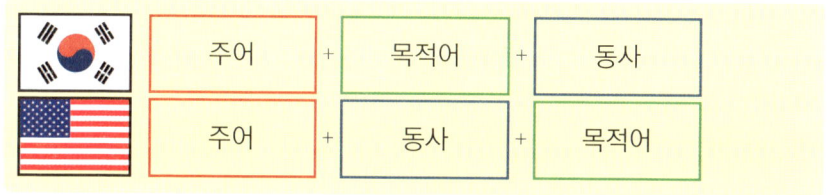

영어를 우리말로 바꾸는 것이 해석이니까,
영어 주어 ⇨ 영어 목적어 ⇨ 영어 동사의 순서로 해석합니다.

영어 주어부터 시작해서 거꾸로 돌아가면서 영어 동사에서 끝내는 순서죠.

▦ 일반동사 영어 문장을 우리말로 해석하는 순서

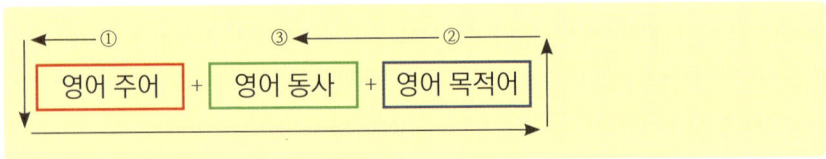

개념을 설명했으니, 앞에서 예로 든 영어 문장을 해석해 볼까요.
먼저, 영어 문장의 단어 아래에 단어의 뜻을 적습니다.

Gartner는 주어 자리에 있어 주어이기 때문에 **는**을 붙입니다.
reports는 목적어 자리에 있어 목적어이기 때문에 **를**을 붙입니다.

마지막으로, 주어 **Gartner**부터 시작해서 문장 끝으로 가서
거꾸로 돌아가면서 동사에서 해석을 끝냅니다.

아래 그림과 같이 해석되겠죠.

|해석| 가트너는 보고서를 만듭니다.

이렇게 영어를 거꾸로 해석하는 방법이 원어민의 방식은 아니죠.
하지만 영어의 어순과 우리말의 어순은
근본적으로 거꾸로 되어 있기 때문에

거꾸로 해석하는 방법을 무조건 무시할 수는 없어요.

처음에는 영어 문장을 우리말에 맞게 거꾸로 해석하여 이해도를 높이고,
영어 실력이 늘어서 영어 문장의 구성과 순서를 정확히 이해했을 때
원어민처럼 앞에서 뒤로 가면서 해석하는 것이 좋습니다.

영어 문장의 원리를 모르고 처음부터 무리해서 앞에서부터 뒤로 해석하다
보면 잘 되는 것 같지만 길고 복잡한 문장을 만나면 헤매게 됩니다.
어떻게 잘 아냐고요? 제 경험이니까요.

주위 사람들에게 영어 문장을 해석하라고 하면
대부분의 사람들이 앞에서부터 순서대로 해석합니다.

문장이 간단하면 이렇게도 해석을 잘하는데,
문장이 길어지고 복잡해지면 해석을 제대로 하지 못하더군요.

해석을 제대로 하려면, 앞에서부터 뒤로 해석하는 것이 아니라
주어, 동사, 목적어를 찾고,
주어, 동사, 목적어를 뺀 나머지의 구조를 이해해야 합니다.
그러고 나서야 앞에서부터 뒤로 해석을 해도 무리가 없습니다.

Summary
일반 동사 영어 문장의 해석 방법
① 주어, 동사, 목적어를 찾습니다.
② 주어에는 '은', '는', '이', '가'를 붙이고, 목적어에는 '을', '를'을 붙입니다.
③ 주어부터 시작해서 문장의 끝으로 가서 거꾸로 해석하여 동사에서 끝냅니다.

1.4.2 '주어+Be동사+보어'로 된 영어 문장 해석

다음 예문으로 설명하겠습니다.

Gartner is a consulting firm.
Gartner 가트너(컨설팅 회사명) **consulting firm** 컨설팅 회사

주어는 첫 번째 명사인 **Gartner**입니다.
동사는 주어 **Gartner** 다음에 나온 Be동사인 **is**죠.
Be동사 **is** 뒤의 첫 번째 명사인 **a consulting firm**은 보어입니다.

Gartner	is	a consulting firm.
주어	Be동사	보어

자, 이렇게 해서 주어, Be동사, 보어를 찾았습니다.
해석을 어떻게 할까요?

주어에는 '은', '는', '이', '가'를 붙이고, Be동사에는 '있다', '이다', '~하다' 중에서 하나를 붙입니다.

▦ 주어와 Be동사의 해석

주어 (은, 는, 이, 가)	+	Be동사 (있다, 이다, ~하다)	+	보어

참고로, Be동사는 다음 세 가지로 해석을 합니다.

▦ Be동사 해석 유형

Be동사 영어 문장	Be동사와 보어	Be동사 해석	Be동사 문장 해석
She is at school.	Be동사+보어 없음	있다	그녀는 학교에 있습니다.
She is a reporter.	Be동사+명사	이다	그녀는 기자입니다.
She is smart.	Be동사+형용사	~하다	그녀는 영리합니다.

Gartner is a consulting firm.에 위의 공식을 적용하면
Be동사 **is** 다음에 보어로
명사 **a consulting firm**이 왔으므로 **이다**로 해석합니다.

영어를 우리말로 바꾸는 것이 해석이니까,

영어 주어 ➪ 영어 보어 ➪ 영어 Be동사의 순서로 해석합니다.

영어 주어부터 시작해서 거꾸로 돌아가면서 Be동사에서 끝내는 순서죠.

▦ **Be동사 영어 문장을 우리말로 해석하는 순서**

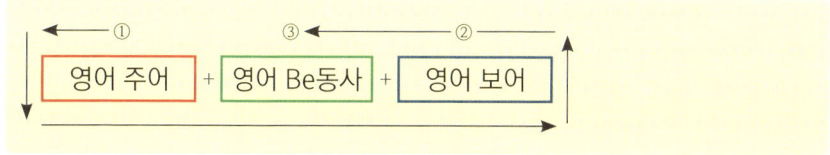

개념을 설명했으니, 앞에서 예로 든 영어 문장을 해석해 볼까요.

먼저, 영어 문장의 단어 아래에 단어의 뜻을 적습니다.

> Gartner   is   a consulting firm
> 가트너   입니다   컨설팅 회사

Gartner는 주어 자리에 있어 주어이기 때문에 '는'을 붙입니다.

Be동사 문장이므로 **a consulting firm**은 보어이고,

앞에서 설명한 대로 'Be동사+명사'이므로 **이다**가 붙습니다.

마지막으로, 주어 **Gartner**부터 시작해서 문장 끝으로 가서

거꾸로 돌아가면서 Be동사에서 해석을 끝냅니다.

아래 그림과 같이 해석되겠죠.

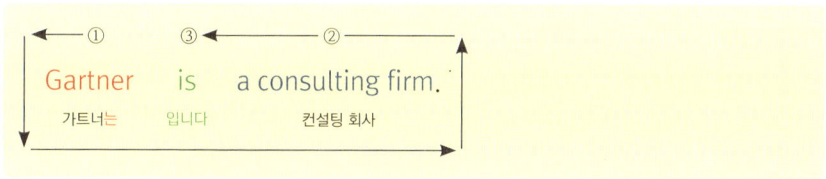

|해석| 가트너는 컨설팅 회사입니다.

> **Summary**
>
> **Be동사 영어 문장의 해석 방법**
>
> ① 주어, Be동사, 보어를 찾습니다.
> ② 주어에는 '은', '는', '이', '가'를 붙이고, Be동사에는 '있다', '이다', '하다'를 붙입니다.
> ③ 주어부터 시작해서 문장의 끝으로 가서 거꾸로 해석하여 Be동사에서 끝냅니다.

1.5 여러 개의 단어로 된 주어와 목적어

주어나 목적어는 단어 한 개로 되어 있기도 하지만
여러 개의 단어로 이루어진 경우도 있어요.

다음 예문으로 설명하겠습니다.

The Technical Center helps partners and customers.
technical 기술적인   **center** 센터   **help** 돕다   **partner** 파트너   **customer** 고객

이 문장에서 주어는 무엇일까요?
첫 번째 명사인 **The Technical Center**입니다.
지금까지와는 달리 주어가 여러 개의 단어로 된 명사입니다.

The Technical Center는
관사인 **The**, 형용사인 **Technical**, 명사인 **Center**로 구성되어 있습니다.

여러 개의 단어가 하나로 묶인 '하나의 명사 묶음'으로 이해해야 합니다.
이렇게 묶인 하나의 명사 묶음이 문장의 처음에 와서 주어 역할을 합니다.

> **Memo**
>
> 주어뿐만 아니라 목적어 자리에도 한 개의 단어로 된 명사뿐만 아니라 여러 개의 단어가
> 하나로 묶여진 명사 묶음이 올 수 있습니다.
> 이렇게 여러 개의 단어로 묶여진 명사는 아무리 길어도 '하나의 명사 묶음'으로 취급합니다.

동사는 주어 **The Technical Center** 뒤에 있는 **helps**입니다.
목적어는 동사 **helps** 뒤의
첫 번째 명사인 **partners and customers**입니다.

그런데 이상하네요.
목적어는 동사 뒤에 나오는 첫 번째 명사라고 했으니까
partners만 목적어 아닌가요?

이 문장의 주어가 여러 개의 단어로 된 것처럼
이 문장의 목적어도 두 개의 명사인 **partners**와 **customers**로
되어 있으며, 이 둘을 '하나의 명사 묶음'으로 보면 됩니다.

정리하면 다음과 같이 됩니다.

<u>The Technical Center</u> <u>helps</u> <u>partner and customers</u>.
     주어   동사   목적어

영어 문장을 읽다 보면 의외로 주어나 목적어가 긴 경우가 많아요.
이때 당황하지 않고 이해할 수 있으려면 여러 단어로 묶여진 명사 묶음도
주어나 목적어가 될 수 있다는 사실을 알아야 합니다.

예문을 해석해 볼까요?

먼저, 단어의 밑에 뜻을 적습니다. 그리고 주어
The Technical Center에는 **는**을,
목적어 **partners and customers**에는 **을**을 붙입니다.

The Technical Center	helps	partners and customers
그 기술(적인) 센터는	돕습니다	파트너들과 고객들을

그런 다음에, 주어부터 시작해서 거꾸로 해석해서

동사에서 끝내면 해석이 끝납니다.

|해석| 센터는 기술 그 고객들과 파트너들을 돕습니다.(?)

센터는 기술 그 고객들과 파터너들을 돕습니다.
어? 그런데 해석이 이상하네요.
주어부터 거꾸로 해석하라고 해서 했는데...
왜 이렇게 어색한 해석이 된 것일까요?

영어 문장을 해석할 때 한 가지 더 알아야 할 것이 있어요.
영어 문장에서 여러 개의 단어로 묶여진 명사 묶음을 해석할 때는
하나의 명사처럼 해석해야 합니다.

주어인 **The Technical Center**는
여러 개의 단어가 묶여서 하나의 명사 묶음이 된 것입니다.
묶여서 하나가 된 명사 묶음은 아무리 길어도 앞에서부터 뒤로 해석합니다.
The Technical Center가 주어 역할을 하니 **는**을 붙입니다.
다음과 같이 됩니다.

목적어인 **partners and customers**도
여러 개의 단어가 묶여서 하나의 명사 묶음이 되었습니다.
묶여서 하나가 된 명사 묶음은 아무리 길어도 앞에서부터 뒤로 해석합니다.

목적어 역할을 하니 **을**을 붙여야 겠죠.
다음과 같이 됩니다.

자, 여기에 맞춰서 위의 문장을 다시 해석해 보겠습니다.

②	③	②
The Technical Center	helps	partners and customers.
그 기술 센터는	돕습니다	파트너들 과 고객들을

|해석| 그 기술 센터는 파트너들과 고객들을 돕습니다.

어때요. 이제야 해석이 제대로 된 것 같죠?
이렇게 영어에서는 여러 개의 단어가 묶여서
하나의 명사 묶음이 된다는 점을 이해해야 합니다.

Summary
① 여러 개의 단어가 묶여진 명사 묶음은 단어의 순서대로 앞에서 뒤로 해석합니다.
② 영어 문장은 주어부터 시작해서 거꾸로 해석합니다.

1.5.1 여러 개의 단어로 된 명사 묶음

여러 개의 단어가 묶여서 하나의 명사 묶음이 될 수 있습니다.
자세히 설명하기 전에 다음의 표와 같이 정리할 수 있습니다.

▦ 여러 개의 단어로 된 명사 묶음

구성	묶여진 단어의 품사	예측
관사(a, an, the)+명사	명사	관사 뒤에는 명사가 나온다.
소유격+명사	명사	소유격 뒤에는 명사가 나온다.
형용사+명사	명사	형용사 뒤에는 명사가 나온다.
관사+형용사 관사+부사+형용사	명사	'관사+형용사' 뒤에는 명사가 나온다. '관사+부사+형용사' 뒤에는 명사가 나온다.
소유격+형용사 소유격+부사+형용사	명사	'소유격+형용사' 뒤에는 명사가 나온다. '소유격+부사+형용사' 뒤에는 명사가 나온다.

하나씩 자세히 살펴볼까요.

① 관사(a, an, the) 뒤에는 반드시 명사가 나옵니다.

관사는 뒤에 따라 나오는 명사와 함께 묶여서 하나의 명사 묶음이 됩니다. 아무리 길어도 하나의 명사 묶음이므로 앞에서 뒤로 해석합니다.

- a summary: (하나의) 요약
- an idea: (하나의) 생각
- the Internet: (그) 인터넷

② 소유격 뒤에는 반드시 명사가 나옵니다.

소유격은 뒤에 따라 나오는 명사와 함께 묶여서 하나의 명사 묶음이 됩니다. 아무리 길어도 하나의 명사 묶음이므로 앞에서 뒤로 해석합니다.

- our system: 우리의 시스템
- your data: 당신의 데이터
- their resources: 그들의 자원들

③ 형용사 뒤에는 반드시 명사가 나옵니다.

형용사는 뒤에 따라 나오는 명사와 함께 묶여서 하나의 명사 묶음이 됩니다.
아무리 길어도 하나의 명사 묶음이므로 앞에서 뒤로 해석합니다.

- tremendous opportunities: 엄청난 기회들
- smart workspace: 스마트한 작업 공간
- fast recovery: 빠른 복구

④ '관사+형용사' 또는 '관사+부사+형용사' 뒤에는 반드시 명사가 나옵니다.

'관사+형용사' 또는 '관사+부사+형용사'는 뒤에 따라 나오는
명사와 함께 묶여서 하나의 명사가 됩니다.
아무리 길어도 하나의 명사이므로 앞에서 뒤로 해석합니다.

- a remote system: (하나의) 원격의 시스템(관사+형용사+명사)
- the very perfect package: (그) 매우 완벽한 패키지(관사+부사+형용사+명사)
- the most important log data:
  (그) 가장 중요한 로그 데이터(관사+부사+형용사+명사)

⑤ '소유격+형용사' 또는 '소유격+부사+형용사' 뒤에는 반드시 명사가 나옵니다.

'소유격+형용사' 또는 '소유격+부사+형용사'는 뒤에 따라 나오는
명사와 함께 묶여서 하나의 명사 묶음이 됩니다.
아무리 길어도 하나의 명사 묶음이므로 앞에서 뒤로 해석합니다.

- our new tools: 우리의 새로운 도구들(소유격+형용사+명사)
- company's best excellent servers:
  회사의 최고의 훌륭한 서버들(관사+부사+형용사+명사)
- Cloud's first critical mission:
  클라우드의 첫 번째 중대한 임무(관사+부사+형용사+명사)

> **Summary**
>
> **여러 개의 단어로 된 명사 묶음**
>
> ① 관사(a, an, the) + 명사
> ② 소유격 + 명사
> ③ 형용사 + 명사
> ④ '관사+형용사+명사', '관사+부사+형용사+명사'
> ⑤ '소유격+형용사+명사', '소유격+부사+형용사+명사'

1.5.2 여러 개의 단어로 된 형용사 묶음 또는 부사 묶음

전치사와 여러 개의 단어가 묶여서
형용사 묶음이나 부사 묶음이 될 수 있습니다.
다음의 표와 같이 정리할 수 있습니다.

▦ 여러 개의 단어로 된 형용사 묶음과 부사 묶음

구성	묶여진 단어의 품사	예측
전치사+명사	형용사 또는 부사	전치사 뒤에는 명사가 나온다.
전치사+기타+명사	형용사 또는 부사	전치사+기타 뒤에는 명사가 나온다.

하나씩 자세히 살펴볼까요.

① 전치사 뒤에는 반드시 명사가 나옵니다.

전치사와 명사는 함께 묶여서
하나의 형용사 묶음 또는 하나의 부사 묶음이 됩니다.

전치사와 명사는 묶여서
하나의 형용사 묶음 또는 하나의 부사 묶음이 되지만
명사 묶음과는 달리 **뒤에서부터 앞으로 해석을 해야** 합니다.
이것만 주의하기 바랍니다.

Summary

전치사+명사

전치사+명사는 문장이 압축되어 생략된 것이므로 일반 영어 문장처럼 뒤에서 앞으로 해석합니다.

That is on the table → ~~That is~~ on the table (That is 생략)

← ② —— ① ——•

with strategy

|해석| 전략을 갖고

전치사+명사는 명사부터 해석을 합니다.

- in website: 웹사이트 안에서
- at Data Center: 데이터 센터에서
- on servers: 서버들에

② 전치사+기타(관사/소유격/부사/형용사) 뒤에는 명사가 나옵니다.

전치사와 기타(관사/소유격/부사/형용사)가 묶여서
하나의 형용사 묶음 또는 하나의 부사 묶음이 됩니다.

이때는 기타 부분을 먼저 해석하고 나서 거꾸로 가야 합니다.

이렇게 말로 설명하니 이해가 잘 안되시죠.
아래의 그림들을 보면 쉽게 이해될 것입니다.

③ ←——————————┐

with meaningful option

•—— ① ——— ② ——→┘

|해석| 의미있는 옵션과 함께 (전치사+형용사+명사)

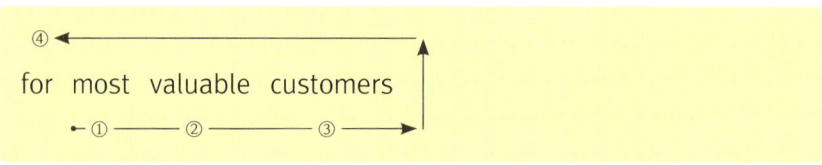

|해석| 가장 소중한 고객들을 위해 (전치사+부사+형용사+명사)

|해석| 그 새로운 전략 안에서 (전치사+관사+형용사+명사)

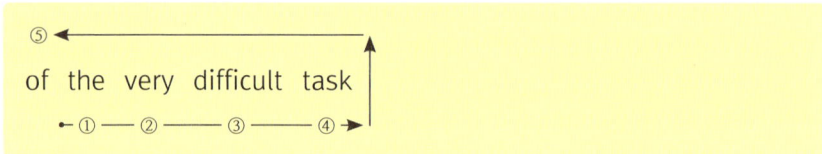

|해석| 그 매우 어려운 일의 (전치사+관사+부사+형용사+명사)

|해석| 우리의 최고의 기술을 통해 (전치사+소유격+형용사+명사)

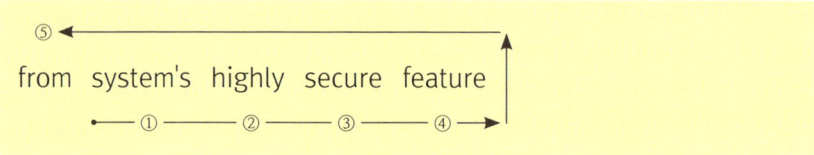

|해석| 시스템의 매우 안전한 기능으로부터 (전치사+소유격+부사+형용사+명사)

Summary

여러 개의 단어로 된 형용사 묶음 또는 부사 묶음

① 전치사 + 명사
② 전치사 + 기타(관사/소유격/부사/형용사) + 명사

> **Mini Grammer**
>
> - 형용사는 명사를 꾸며주거나 설명합니다.
>   beautiful flowers(아름다운 꽃들): beautiful은 명사 flower를 꾸며주는 형용사입니다.
> - 부사는 주로 동사를 꾸며주거나 설명합니다. (물론 형용사나 다른 부사도 꾸며줍니다.)
>   He runs fast.(그는 빠르게 달립니다.): fast는 동사 runs를 꾸며주는 부사입니다.

1.5.3 여러 개의 단어로 된 동사

주어나 목적어가 여러 개의 단어로 될 수 있는 것처럼
동사도 여러 개의 단어로 될 수 있어요.

그렇다고 새로운 문법은 아니고 문장을 파악할 때
주어, 동사, 목적어의 영역으로 나누기 위해
동사와 관련된 단어들을 묶어서 하나의 동사 묶음으로 보는 것이죠.

1. 조동사 문장

조동사는 뒤에 따라 나오는 동사와 함께 묶여
하나의 동사 묶음으로 해석합니다.

> **Mini Grammer**
>
> **조동사**
>
> 동사를 도와 뜻을 더하는 것으로 will, shall, can, may 등이 있습니다. 조동사는 혼자 사용되지 않고 항상 동사와 함께 있어야 합니다. 조동사와 함께 나오는 동사는 항상 동사 원형이어야 합니다.
>
> | I can swim in the river. (O) | 조동사 can + swim 동사 원형 |
> |---|---|
> | I can studied English. (X) | 조동사 can + studied 동사 과거형 |

다음 예문으로 설명하겠습니다.

Users can charge smartphones all the time.
users 사용자들 **can** 할 수 있다 **charge** 충전하다 **smartphones** 스마트폰 **all the time** 항상

주어는 첫 번째 명사인 **Users**입니다.

동사를 찾으려고 주어 다음을 보니
'조동사+동사 원형'인 **can charge**가 있습니다.
can charge를 함께 묶어서 하나의 동사 묶음으로 봅니다.

목적어는 동사 **can charge** 뒤의 첫 번째 명사인 **smartphone**입니다.

all the time은 **항상**이라는 뜻의 부사로
동사 **can charge**를 꾸며줍니다.

정리하면 다음과 같이 됩니다.

Users can charge smartphones all the time.

> **Note**
> 지금부터는 주어, 동사, 목적어, 보어 등을 별도로 표시하지 않겠습니다.
> 적색은 주어, 녹색은 동사, 청색은 목적어와 보어로 보면 됩니다.

주어 **Users**부터 시작해서 문장 끝으로 가서 거꾸로 해석합니다.
'조동사+동사 원형'인 **can charge**는
'하나의 동사 묶음'으로 다른 동사들처럼 마지막에 해석합니다.

예문을 다음과 같이 정리합니다.

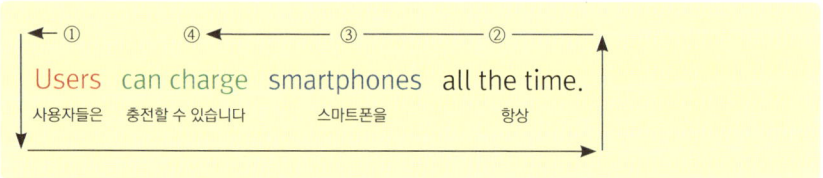

|해석| 사용자들은 항상 스마트폰을 충전할 수 있습니다.

2. 부정문

부정어(not)는 동사와 함께 묶어 하나의 동사 묶음으로 파악하고 해석합니다.
Be동사 뒤에 not이, 일반 동사의 조동사 do 뒤에 not이,
조동사 뒤에 not이 나옵니다.

Be동사 뒤에 not이 온 경우를 먼저 보겠습니다.

Innovation is not a simple process.
innovation 혁신 not 아니다 simple 간단한 process 과정

주어는 첫 번째 명사인 Innovation입니다.
동사를 찾으려고 주어 다음을 보니
'Be동사+부정어'인 is not이 있습니다.
is not을 함께 묶어서 하나의 동사 묶음으로 봅니다.
보어는 동사 묶음 is not 뒤의 첫 번째 명사인 a simple process입니다.

정리하면 다음과 같이 됩니다.

Innovation is not a simple process.

주어 Innovation부터 시작해서 거꾸로 해석합니다.
'Be동사+부정어'인 is not은 하나의 동사 묶음으로
다른 동사들처럼 마지막에 해석합니다.

예문을 다음과 같이 정리합니다.

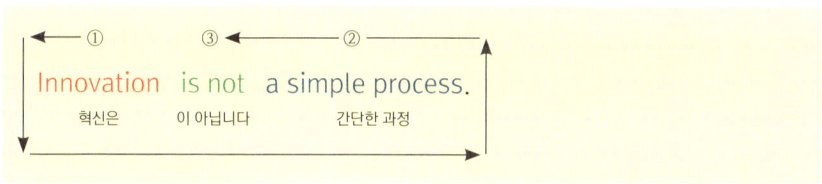

|해석| 혁신은 간단한 과정이 아닙니다.

일반 동사의 조동사 do 뒤에 not이 온 경우를 보겠습니다.

You do not know whole image.
do 일반 동사의 조동사 not 아니다 know 알다 whole image 전체적인 이미지

주어는 첫 번째 명사인 **You**입니다.

동사를 찾으려고 주어 다음을 보니
'일반 동사의 조동사+부정어+동사 원형'인 **do not know**가 있습니다.
do not know를 함께 묶어서 하나의 동사 묶음으로 봅니다.

목적어는 동사 **do not know** 뒤의 첫 번째 명사인 **whole image**입니다.

정리하면 다음과 같이 됩니다.

You do not know whole image.

주어 **You**부터 시작해서 거꾸로 해석합니다.
'일반 동사의 조동사+부정어+동사 원형'인
do not know는 하나의 동사 묶음으로
다른 동사들처럼 마지막으로 해석합니다.

예문을 다음과 같이 정리합니다.

|해석| 당신은 전체적인 이미지를 알지 못합니다.

> **Mini Grammer**
> 일반 동사도 조동사 do를 갖고 있습니다.
> 평소에는 조동사 do가 숨어 있지만 부정문과 의문문에서는 do가 나타납니다.
> 영어는 조동사 뒤에 부정어 not을 둡니다.
> 그래서 **do not know**의 순서입니다.

조동사 can 뒤에 not이 온 경우를 보겠습니다.

Artificial Intelligence cannot replace the dignity of human.
Artificial Intelligence 인공지능 **cannot** 할 수 없다 **replace** 대신하다
the dignity of human 인간의 존엄성

주어는 첫 번째 명사인 **Artificial Intelligence**입니다.
동사를 찾으려고 주어 뒤를 보니
'조동사+부정어+동사 원형(cannot replace)'이 있습니다.

cannot replace를 함께 묶어서 하나의 동사 묶음으로 봅니다.
목적어는 동사 **cannot replace** 뒤의 명사인
the dignity of human입니다.

Artificial Intelligence cannot replace the dignity of human.

주어 **Artificial Intelligence**부터 시작해서 거꾸로 해석합니다.
'조동사+부정어+동사'인 **cannot replace**는
하나의 동사 묶음으로 다른 동사들처럼 문장에서 마지막으로 해석합니다.

예문을 다음과 같이 정리합니다.

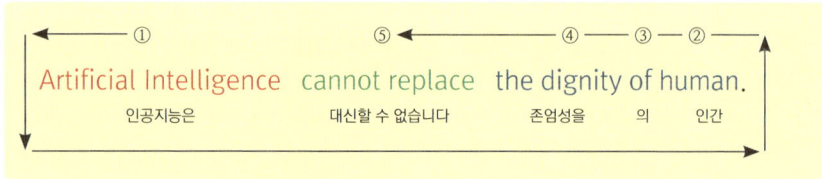

|해석| 인공지능은 인간의 존엄성을 대신할 수 없습니다.

3. 현재진행형 문장

주어 다음에 'Be동사+동사ing'가 오면
함께 묶어 하나의 동사로 파악하고 해석합니다.
뜻은 '~하고 있는 중'이 되며, 문법적으로는 '현재진행형'이라고 하죠.

Mini Grammer

'Be동사+동사ing'에서 동사ing는 현재분사입니다.
현재분사는 동사로 만든 형용사인데, Be동사와 함께 쓰이면 '~하고 있는 중'의 뜻이 됩니다.

다음 예문으로 설명하겠습니다.

The security system is filtering abnormal login.
security system 보안 시스템　**filtering** 걸러내는(filter의 현재분사)　**abnormal** 비정상적인
login 로그인

주어는 첫 번째 명사인 **The security system**입니다.

동사를 찾으려고 주어 다음을 보니 Be동사 **is**가 나왔습니다.

Be동사가 나왔으니 명사 또는 형용사가 나와야 하는데,
이상하게도 동사ing가 나왔네요. 이럴 때는
'Be동사+동사ing'인 **is filtering**을 묶어서 하나의 동사 묶음으로 봅니다.
'Be동사+동사ing'는 '(주어가) ~하고 있는 중이다'라는 뜻의
현재진행형 문장입니다.

목적어는 동사 묶음 **is filtering** 뒤에 있는 명사 **abnormal login**입니다.

정리하면 다음과 같이 됩니다.

The security system is filtering abnormal login.

주어 **The security system**부터 시작해서 거꾸로 진행합니다.
'Be동사+동사ing'는 다른 동사들처럼 마지막으로 해석합니다.

예문을 다음과 같이 정리합니다.

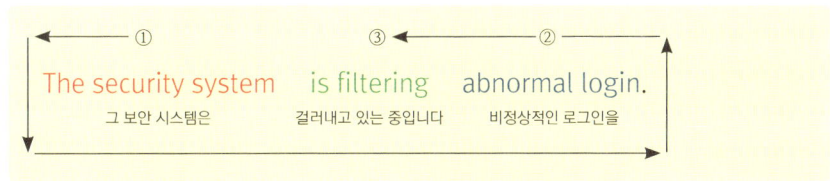

|해석| 그 보안 시스템은 비정상적인 로그인을 걸러내고 있는 중입니다.

'Be동사+동사ing'의 활용

형식	원래의 뜻	주로 사용하는 뜻	문법 용어
Be동사+동사ing	주어가 움직이고 있는 상황	주어가 ~을 하고 있는 중	현재진행형

4. 수동태 문장

주어 다음에 'Be동사+동사ed'가 오면
함께 묶어 하나의 동사 묶음으로 파악하고 해석합니다.
뜻은 '~되어진' 혹은 '~된'이 되며, 문법적으로는 '수동태'라고 하죠.

> **Mini Grammer**
> 동사ed는 과거분사입니다. 과거분사는 동사로 만든 형용사인데, Be동사와 함께 쓰이면 '~되어진'이나 '~된'의 뜻을 나타냅니다.

다음 예문으로 설명하겠습니다.

The red LED was attached to the chassis.
red 빨간 **attached** 붙여진(attach의 과거분사) **chassis** 외함

주어는 첫 번째 명사인 **The red LED**입니다.

동사를 찾으려고 주어 다음을 보니 Be동사 **was**가 나왔습니다.

Be동사가 나왔으니 명사 또는 형용사가 나와야 하는데,
이상하게도 동사ed가 나왔네요. 이럴 때는
'Be동사+동사ed'인 **was attached**를 묶어
하나의 동사 묶음으로 파악합니다.
'Be동사+동사ed'는 '(주어가) 되어졌다'라는 뜻의 수동태 문장입니다.
이와 관련해서는 뒤에 나오는 Mini Grammer를 참고하십시오.

목적어를 찾으려고 동사 **was attached** 다음을 보니 명사가 없고
전치사 **to the chassis**가 있습니다.
수동태 문장이기 때문에 목적어(명사)가 없습니다.

정리하면 다음과 같이 됩니다.

The red LED was attached to the chassis.

주어 **The red LED**부터 시작해서 거꾸로 해석합니다.
'Be동사+동사ed'는 하나의 동사 묶음으로
다른 동사들처럼 마지막으로 해석합니다.

예문을 다음과 같이 정리합니다.

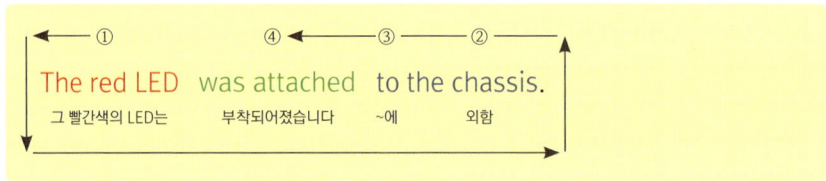

|해석| 그 빨간색의 LED는 외함에 부착되어졌습니다.

'Be동사+동사ed'의 활용

형식	원래의 뜻	주로 사용하는 뜻	문법 용어
Be동사+동사ed	주어의 행동이 끝난 상황	주어가 ~되어졌다	수동태

> **Caution**
> 문장에서 주어 다음에 Be동사가 나오면 대부분의 사람들은 뒤에 동사ing나 동사ed가 있는지 확인도 안하고 해석을 시도하는 경우가 많습니다.
> Be동사만 볼 것이 아니라 뒤에 동사ing나 동사ed가 있는지 반드시 확인해야 합니다.

> **Mini Grammer**
> 'Be동사+동사ed(과거분사)'는 수동태 문장으로,
> 주어가 '외부로부터 힘을 받은 것', '외부로부터 영향을 받은 것'을 나타냅니다.
>
> 수동태 문장의 경우, 'Be동사+동사ed' 뒤에 명사(목적어)가 없습니다
> (단, 4형식 문장의 수동태는 예외).
> 왜냐하면 수동태 문장은 '주어가 외부로부터 힘을 받는 것'을 표시하기 때문입니다.
> 즉, 주어가 힘을 외부로 전달할 필요가 없으니 전달할 물건(목적어)도 필요 없기 때문입니다.
>
> 수동태 문장에서 '힘을 가한 것'을 표시할 때는 'by+~'로 나타내는데 수동태 문장에서는
> 일반적으로 'by+~'이 생략됩니다.
>
> 조심하세요. 'by+~'이 있어야만 수동태가 되는 것은 아닙니다.
> 'by+~'이 없더라도, 주어 다음에 'Be동사+동사ed(과거분사)'가 나오면
> 수동태로 알고 '주어가 힘을 받는구나'라고 생각하면 됩니다.

5. 현재완료 문장

주어 다음에 'have+동사ed'를 묶어
하나의 동사 묶음으로 파악하고 해석합니다.
뜻은 주로 '~해왔다', '~해 본적 있다'로 해석되며
문법적으로는 '현재완료'라고 하죠.

> **Mini Grammer**
> 동사ed는 과거분사입니다. 과거분사는 동사로 만든 형용사이며, have 동사와 함께 쓰이면
> '지금까지 ~해왔다' 또는 '지금까지 ~해 본 적 있다'의 뜻이 됩니다.

다음 예문으로 설명하겠습니다.

The researchers have led IT industry for 10 years.
researchers 연구원들   **led** 이끌어진(lead의 과거분사)   **IT industry** IT산업

주어는 첫 번째 명사인 **The researchers**입니다.

동사를 찾으려고 주어 다음을 보니 **have**가 나왔습니다.
have가 나왔으니 뒤에 명사가 나와야 하는데, 동사ed가 나왔네요.
이럴 때는 **have**와 동사ed를 묶어 하나의 동사 묶음으로 파악합니다.

'have+동사ed'는 주로 과거부터 지금까지
'~을 해왔다'라는 뜻의 현재완료입니다.

목적어는 동사 **have led** 다음의 첫 번째 명사인 **IT industry**입니다.

정리하면 다음과 같이 됩니다.

The researchers have led IT industry for 10 years.

주어 **The researchers**부터 시작해서 거꾸로 해석합니다.
'have+동사ed'는 하나의 동사 묶음으로
다른 동사들처럼 마지막으로 해석합니다.

예문을 다음과 같이 정리합니다.

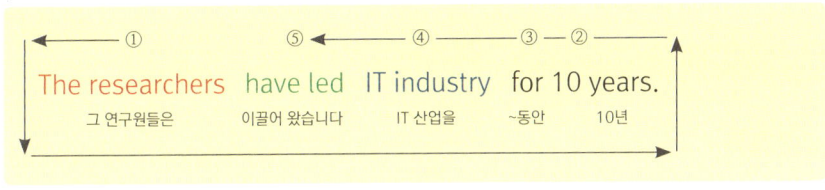

|해석| 그 연구원들은 10년 동안 IT 산업을 이끌어 왔습니다.

▦ 'have 동사+동사ed'의 활용

형식	원래의 뜻	주로 사용하는 뜻	문법 용어
have+동사ed	과거를 갖고 있다는 의미	① 지금까지 ~해오고 있다. ② 지금까지 ~해 본적 있다.	현재완료

Caution

문장에서 주어 다음에 have 동사가 나오면 대부분의 사람들은 뒤에 동사ed가 있는지 확인도 안하고 해석을 시도하는 경우가 많습니다.
현재완료인 'have+동사ed'가 영어 문장에서 자주 사용되니 조심해야 합니다.
have 동사가 나왔다고 무조건 '가지다'라는 뜻의 동사라 생각하지 말고
have 동사 뒤에 동사ed가 나오는지 신중히 살펴야 합니다.

Mini Grammer

영어에서 현재완료를 사용하는 이유는 '~해 오고 있다', '~한 적이 있다'라는
표현을 나타낼 방법이 딱히 없기 때문입니다.

현재완료 형식이 '갖고 있다(have)+과거에 끝난 일(동사ed)'로 된 이유는
'과거의 일을 지금 갖고 있다'는 뜻으로 현재완료의 뜻을 나타내는 데 적합하기 때문입니다.
마치, 과거에 찍은 사진을 지금 보고 있는 것과 같은 느낌을 나타냅니다(과거와 현재의 연결).

현재완료에 관련된 문법 사항은 이 개념을 갖고 보면 거의 다 이해가 됩니다.
현재완료에 왜 have가 쓰이는지 지금까지 몰랐더라도 이제 알게 되었으니 늦은 건 아니겠죠?

6. 구동사 문장(이어 동사)

주어 다음에 '타동사+전치사'가 나오면 묶어서

하나의 동사 묶음으로 파악하고 해석합니다.

타동사와 전치사를 묶은 것을 '구동사' 또는 '이어 동사'라고 합니다.

> **Tip**
>
> 타동사와 전치사를 함께 사용하면 물리적인 느낌이 강해서 원어민들이 자주 사용합니다.

> **Caution**
>
> 원어민은 '타동사+전치사'를 자주 사용합니다.
> 표현이 간단하고 직접적이서 효과적입니다.
> **조심하라**는 말을 할 때 원어민은 **watch out!**이란 말을 합니다.
> '보는 것(watch)을 밖으로(out)!'라고 하면 눈이 직접 따라가므로 즉각적이고 느낌이 강하게 전달됩니다.

> **Mini Grammer**
>
> **타동사와 자동사**
>
> 동작할 때 다른 것(명사)을 직접적으로 필요로 하는 동사를 '타동사'라고 합니다.
> 반대로, 동작할 때 다른 것이 필요 없고 자신만으로 동작 가능한 동사를 '자동사'라고 합니다.
> 그래서 타동사 다음에는 명사(목적어)가 나오고, 자동사 다음에는 명사가 없습니다.
> 타동사는 '주어+동사+목적어'로 문장이 끝나고, 자동사는 '주어+동사'로 문장이 끝납니다.

다음 예문으로 설명하겠습니다.

They gave up software upgrade.
give up 포기하다 **software** 소프트웨어 **upgrade** 업그레이드

주어는 첫 번째 명사인 **They**입니다.

동사를 찾으려고 주어 다음을 보니
'타동사+전치사'인 **gave up**이 있습니다.
타동사 뒤에는 명사가 나와야 하는데 전치사가 나왔습니다.
이럴 때는 타동사와 전치사를 묶어 하나의 동사 묶음으로 파악합니다.

목적어는 동사 묶음 **gave up** 뒤의
첫 번째 명사 **software upgrade**입니다.

정리하면 다음과 같이 됩니다.

They gave up software upgrade.

주어 **They**부터 시작해서 거꾸로 해석합니다.
'타동사+전치사'는 하나의 동사 묶음으로
다른 동사들처럼 마지막으로 해석합니다.

예문을 다음과 같이 정리합니다.

|해석| 그들은 소프트웨어 업그레이드를 포기했습니다.

2장 영어의 특징과 이해

길고 복잡한 영어 문장의 경우
주어, 동사, 목적어를 찾아도 아직 해석을 할 수 없어요.
주어, 동사, 목적어 이외에 무언가가 더 있어서
이것까지 다 알아야 해석을 할 수 있습니다.

하지만 고민하지 마세요.
문장에서 주어, 동사, 목적어 이외의 무언가는
주어와 목적어를 설명하는 것입니다.

재미있게도 영어는 우리말과 달리 설명을
주어나 목적어 앞에 붙이는 것이 아니고 뒤에 붙이는 언어입니다.

영어는 '주어+동사+목적어'의 어순과
주어나 목적어 뒤에 설명을 붙이는 두 가지의 큰 특징을 갖고 있어요.

이 두 가지 큰 특징을 알기만 하면
영어는 더 이상 어렵거나 괴로운 언어가 아니라
내게 쉽게 다가오는 착한 영어가 됩니다.

영어 문장에서 주어 자리, 동사 자리, 목적어 자리를 찾게 되었으면
이제는 그 나머지 부분에 눈을 돌려 보세요.
여러분의 영어 실력이 갑자기 좋아질 것입니다.

2.1 영어의 주어 자리, 동사 자리, 목적어 자리

영어에는 우리말과 다른 영어만의 특징이 있어요.
그 특징을 알면 영어를 더 쉽게, 더 잘 이해할 수 있어요.

앞에서도 설명했지만 영어의 특징 중 하나는
주어, 동사, 목적어가 놓이는 자리가 있다는 것입니다.

같은 단어라도 주어 자리에 있으면 주어, 동사 자리에 있으면 동사,
목적어 자리에 있으면 목적어가 되는 것이 영어입니다.
그래서 자리를 알아내는 것이 중요하죠.

1장에서 미리 설명했지만 2장을 더 잘 이해하기 위해 복습입니다.
첫째, 주어는 문장에서 첫 번째로 나오는 명사입니다.
둘째, 동사는 주어 뒤에 있습니다(주어와 목적어 사이).
셋째, 목적어는 동사 뒤의 첫 번째 명사입니다.
넷째, 보어는 Be동사 뒤의 첫 번째 명사나 형용사입니다.

그런데, 아래 문장에서도 첫 번째로 나오는 명사가 주어인가요?

In a shop, customers can buy computers.
shop 상점 **customer** 고객 **buy** 사다

문장에서 첫 번째로 나오는 명사는 **a shop**입니다. 이게 주어일까요?
느낌으로는 **customers**가 주어 같지 않나요?

이 문장은 원래 다음과 같았습니다.

Customers can buy computers in a shop.

여기서 **in a shop**이 문장 앞으로 간 것입니다.

in a shop 같은 전치사구 또는 설명을 해주는 부분에 들어 있는 명사는

문장의 첫 번째에 있어도 주어로 치지 않습니다.
왜냐하면 **in a shop** 처럼 설명이 문장 앞으로 나간 것이지
주어가 바뀐 것은 아니기 때문입니다.

> **Summary**
>
> **전치사구**
>
> 전치사와 뒤에 따라 나오는 명사를 함께 묶어서 '전치사구'라고 합니다.
> 영어 단어 2개 이상이 모여 어떤 역할을 할 때 '~구'라고 표현합니다.
> **in a shop**에서는 3개의 단어가 모여 전치사 역할을 하므로 '전치사구'라고 하였습니다.

영어에서는 뜻이 아니라 자리로 주어, 동사, 목적어를 찾을 수 있기 때문에
다음 세 가지 중 하나만 확실히 알고 있어도 나머지를 찾을 수 있습니다.
영어만이 갖고 있는 특징이자 장점이기도 합니다.

첫째, **주어만 알고 있는 경우** 주어 뒤에 동사가 나오므로
주어 다음에 있는 동사를 찾아 낼 수 있습니다.

동사를 찾으면 동사 바로 다음에 목적어가 나오므로
동사 다음에 있는 목적어를 찾아낼 수 있죠.

둘째, **동사만 알고 있는 경우** 동사 앞에 주어가 오고,
동사 뒤에 목적어가 오므로 주어와 목적어를 찾을 수 있죠.

셋째, **목적어만 알고 있는 경우** 동사 찾기가 더 쉬워요.
동사와 목적어 사이에는 아무 것도 없이 연달아 있으니까요.
즉, 목적어 바로 앞에 있는 것은 동사가 되죠.
그리고 주어는 동사 앞에 있으므로
동사 앞에 있는 주어를 찾아낼 수 있습니다.

주어 자리, 동사 자리, 목적어 자리라는 개념으로 보니
영어 문장이 예전과는 달리 보이지 않나요? 그렇다면 좋은 징조입니다.

주어, 동사, 목적어의 위치 관계

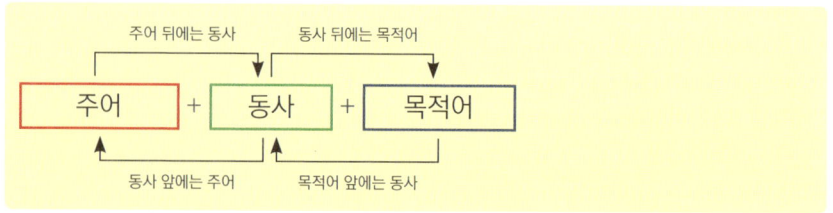

조금 더 자세히 살펴볼까요.
주어는 문장의 첫 번째 명사이기 때문에
조금만 잘 살펴보면 주어를 어렵지 않게 찾을 수 있습니다.
하지만 동사는 찾기가 쉽지 않습니다.

긴 문장을 해석하다 헤매는 것은 동사를 찾지 못했을 경우입니다.
동사는 영어의 어순 구조에서 중요한 역할을 하므로
제대로 찾을 수 있어야 합니다.

팝 그룹 Poco가 부른 <Sea Of Heartbreak>의 가사 한 소절을 소개합니다.

==I'm like a lost ship lost on the sea.==
I'm 나는 존재합니다(=I am) **like** 좋아하다, ~같은 **lost** 길을 잃게 되어진(lose의 과거형 및 과거분사형)
a lost ship 잃어 버려진 배

I'm like a lost ship lost on the sea.에서
동사라고 생각할 수 있는 단어로 **am, like, lost**가 있습니다.

이런 종류의 문장에서 뜻으로는 동사를 찾기가 어렵습니다.
그러나 자리로는 동사를 쉽게 찾을 수 있습니다.

주어는 문장의 첫 번째 명사이니까 **I**입니다.
동사는 주어 다음에 나오니까 **am**입니다.

Be동사 뒤에는 명사나 형용사가 나오는데
Be동사 뒤에 명사도 형용사도 없으므로 문장이 끝났습니다.
(like는 동사 또는 전치사입니다.)
즉, 이 문장은 '주어+Be동사'로 된 1형식 문장입니다.

문장이 끝나고 나오는 것은 전치사구나 설명입니다.
그래서 **like**는 동사가 아니라 전치사입니다.
전치사 **like**의 뜻은 **~같은**입니다.

1장에서 배운 '전치사+명사 묶음(like a lost ship)'을 기억하기 바랍니다.

전치사구 **like a lost ship**에서 lost는 '관사+형용사+명사' 형식인
a lost ship의 묶음 안에 속하는 형용사입니다.

> **MEMO**
> 여기서 lost는 과거분사로써, 과거분사는 동사를 변형하여 만든 형용사입니다. 과거분사의 뜻은 '~되어진'입니다.

문장이 전치사구 **like a lost ship**으로 끝난 줄 알았는데

뒤에 **lost on the sea**가 더 있습니다. **I am**, 즉 '주어+Be동사'의
1형식으로 문장이 끝나고 나왔으니 이 역시 설명입니다.
어렵게 생각하지 마십시오.

주어와 동사인 **I'm**이 이미 있으므로 또 다시 동사가 나오지는 않으니까
두 번째 lost는 동사인 lose의 과거형이 아니라
과거분사라는 것을 알 수 있습니다. 뜻은 **잃어버려진**이 됩니다.

정리하면 다음과 같이 됩니다.

I'm **+** like a lost ship **+** lost on the sea.

주어부터 거꾸로 해석합니다.

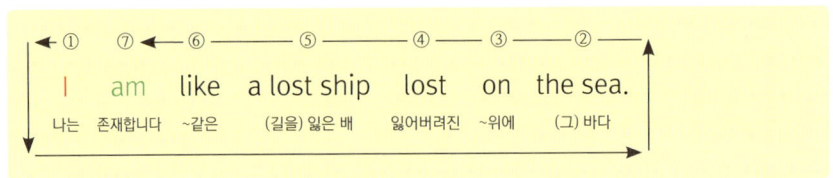

|해석| 나는 (그) 바다 위에 잃어버려진 (길을) 잃은 배와 같이 존재합니다.

문장 구조를 모르면 동사를 찾기 어렵습니다.
동사를 찾더라도 **like**나 **lost**를 또 다른 동사로 생각해서
엉뚱하게 해석할 수 있지만,
여기서 설명한 대로 하면 제대로 찾고 해석할 수 있습니다.

2.2 명사에서 시작해서 명사에서 끝나는 영어 문장

영어 문장을 이해하려면 영어 문장의 시작과 끝을 아는 것이 중요합니다.
영어 문장의 기본 단위는 '주어+동사+목적어'인데
품사로 보면 '명사+동사+명사'입니다.

영어 문장은 "주어에서 시작해서 목적어에서 끝난다"고 할 수 있지만
다른 말로 하면 "명사에서 시작해서 명사에서 끝난다"라고 할 수 있습니다.

"명사에서 시작해서 명사에서 끝난다"는 말이
대단한 이야기가 아닌 것 같지만, 길고 복잡한 문장을
어떻게 끊어서 구분해야 하는 지 알려주는 좋은 정보입니다.

이 책에서 계속해서 설명하지만,
영어 문장은 명사에 설명을 연결하여 길어지므로 명사가 어디에 있고,
그 명사가 문장에서 주어인지, 목적어인지, 보어인지를 아는 것이 중요합니다.

대부분의 영어 문장을 보면 '주어+동사+목적어+전치사'인 경우가 많은데
이때도 역시 영어 문장은 명사에서 시작해서 명사에서 끝납니다.

전치사는 혼자 나올 수 없고 항상 뒤에 명사를 데리고 나옵니다.
그래서 전치사 뒤에는 언제나 명사가 있습니다.
전치사(preposition)라는 말의 뜻도 명사 앞에 위치하는 품사라는 뜻이죠.

따라서 문장의 기본 단위인 '주어+동사+목적어'에 전치사가 연결되더라도
명사(주어)+동사+목적어(명사)+전치사+전치사의 목적어(명사)의
순서가 되어 결국, 영어 문장은 명사에서 시작해서 명사에서 끝납니다.

지금 머리 속에서 떠오르는 영어 문장을 적어보세요.
대부분 "명사에서 시작해서 명사에서 끝난다"는 것을 확인해 줄 것입니다.

아래의 예문을 볼까요?

I'm like a lost ship.

주어 I는 명사입니다. 전치사 **like** 뒤에 나온 **ship**도 명사입니다.
문장이 명사에서 시작해서 명사에서 끝났습니다.

예문을 하나 더 볼까요?

I'm like a lost ship lost on the sea.

주어 I는 명사입니다.
문장 끝에 있는 전치사구 on the sea에서 the sea도 명사입니다.
역시 문장이 명사에서 시작해서 명사에서 끝났습니다.

2.3 영어는 앞에 나온 말(명사)을 뒤에서 설명

영어의 또 다른 특징은 **앞에 나온 말(명사)을 뒤에서 설명하는 것**입니다.
즉, 영어에서는 설명하는 말을 명사 뒤에 놓습니다.

그러나 우리말은 영어와 반대입니다.
우리말은 설명하는 말을 명사 앞에 놓습니다.

물론 영어에서도 명사를 간단히 꾸며 줄 때는
설명하는 말이 명사 앞에 나오기도 합니다.
그러나 명사를 제대로 설명해야 할 경우 또는 길게 설명해야 하는 경우
설명하는 말을 반드시 명사 뒤에 놓습니다.

우리말과 다른 영어의 특징 중에서 제가 가장 중요하게 생각한 것은,
영어는 앞에 나온 명사를 뒤에서 설명한다는 것입니다.
이 말에는 영어 문장이 길고 복잡해지는 중요한 원리가 담겨 있습니다.

영어를 공부하다 보면 이것이 영어의 중요한 핵심임에도 불구하고
제대로 알려지지 않아서 길고 복잡한 문장을 해석하는 데
많은 사람들이 어려움을 겪고 있습니다.

처음 영어를 배울 때 이것을 제대로 알았다면 영어 문장의 구조를
훨씬 쉽게 이해하고 사용할 수 있었을텐데 하는 아쉬움이 있습니다.

그러면 우리말과 비교해서 영어는 어떻게 설명을 연결하는지
좀 더 알아보겠습니다. 아래 그림을 보면서 설명하겠습니다.

▩ **우리말과 영어의 설명 방법의 차이**

그림을 보면 우선 우리말의 순서는 '주어+목적어+동사'로,
영어의 순서인 '주어+동사+목적어'와 다르죠.

이것만 다른 것이 아니고, 우리말과 영어에 다른 점이 하나 더 있어요.

명사에 설명을 연결할 때 설명의 위치가 다릅니다.
우리말은 설명하는 말을 명사 앞에 두지만,
영어는 설명하는 말을 명사 뒤에 놓습니다.

우리말 **의자 위에 앉아 있는 한 남자는**을 분석해 보면
의자 위에 앉아 있는이란 말이
한 남자라는 명사 앞에서 **한 남자**를 설명하고 있어요.

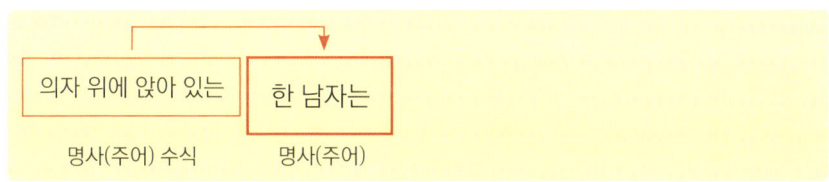

마찬가지로 우리말 **주방장이 만든 피자**를 분석해 보면
주방장이 만든이란 말이

피자라는 명사 앞에서 **피자를**을 설명하고 있어요.

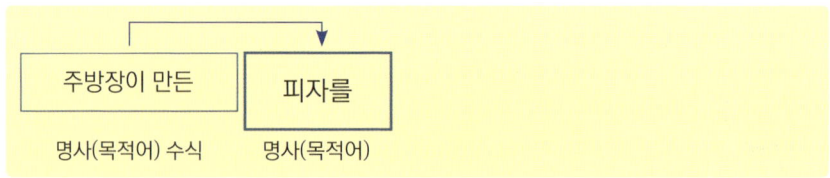

이렇게 우리말은 명사를 앞에서 설명하는 구조입니다.

하지만 영어는 우리말과 달리 설명하는 말을 명사 뒤에 놓습니다.

영어의 **A man sitting on the chair**를 분석해 보면
sitting on the chair란 말이
A man이라는 명사 뒤에서 **A man**을 설명하고 있어요.

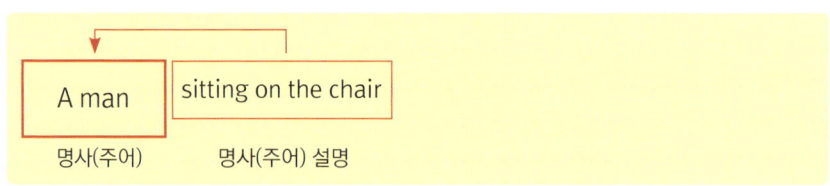

마찬가지로 **pizza made by the chef**를 분석해 보면
made by the chef라는 말이
pizza라는 명사 뒤에서 **pizza**를 설명하고 있어요.

이렇게 영어는 명사를 뒤에서 설명하는 구조입니다.

너무 자주 말하니까 반복되고 지루하시죠?

그 만큼 중요하니까 여러 번 설명하는 것입니다.

한번 더 말하지만,
명사를 뒤에서 설명하는 것은 영어의 아주 중요한 특징으로,
문장이 늘어나 길고 복잡하게 되는 직접적인 원인이 되죠.

'주어+동사+목적어'의 기본 문장이
아무렇게나 늘어나는 것이 아니라 원리가 있습니다.
그 원리는 **주어와 목적어를 뒤에서 설명하는 것입니다.**
(Be동사 문장이면 주어와 보어를 뒤에서 설명합니다.)
이 원리를 알면 길고 복잡한 영어 문장도 충분히 이해할 수 있습니다.

영어의 기본 어순이
'주어+동사+목적어'라는 사실을 아는 것만으로는 부족해요.
명사인 주어와 목적어에 설명이 어떻게 연결되는지를 알아야 해요.
그래야 진정으로 영어의 어순을 이해하는 것이죠.

주어, 동사, 목적어만 알고, 설명이 연결되는 원리를 모르면
길게 늘려진 영어 문장을 읽고 이해할 수 없고,
길게 늘려진 영어 문장을 듣고 이해할 수 없으며,
영어 문장을 길게 늘려서 쓰거나 말할 수 없죠.

이 책에서는 명사에 설명이 연결되는 원리와 방법을 설명합니다.
이것만 제대로 알아도
길고 복잡한 영어 문장을 쉽게 이해하고 해석할 수 있습니다.
그리고 영어에서 that, it, which, who, where 등이 잘 발달되어 있고,
많이 사용되는 이유도 알 수 있죠.

that, it, which, who, where 등을 문법적으로 접근하면 이해가 어려워요.
거꾸로 생각해 보죠.

영어에서는 왜 이런 that, it, which, who, where 같은 것이 필요할까요?

영어라는 언어를 관통하는 맥, 바로
영어는 앞에 나온 말을 뒤에서 설명하기 때문입니다.
that, it, which, who, where 등은
바로 앞에 나온 말(명사)을 설명할 때 사용하는 도구입니다.

사실 그 이상도 이하도 아닌데
문법서에서는 너무 어렵게 이야기하고 있어서
영어 문장을 이해하는 데 걸림돌이 되고 있습니다.

2.4 주어 설명과 목적어 설명 연결

지금까지 읽으면서 영어 문장의 기본 구조인 '주어+동사+목적어' 안에
많은 의미가 담겨 있다는 사실을 알았을 것입니다.
영어 문장이 길고 복잡해지는 것은 주어+동사+목적어를 기준으로
설명이 연결되기 때문이라는 사실도 알았을 것입니다.
그래서 독자 여러분이 영어 문장을 해석할 때 제일 먼저 해야 할 일은
바로 주어, 동사, 목적어를 찾는 것입니다.

일단 주어, 동사, 목적어를 제대로 찾고 나면
이것들을 제외한 나머지 부분이 무엇인지 쉽게 알 수 있습니다.
그리고 나서 나머지 부분들이 어떻게 연결되어 있는지를 파악한 후에
어순에 따라 해석하면 끝입니다.

문장으로 예를 들어 설명하겠습니다.

Girls talking with friends eat cookies made for the party.
girl 소녀　**talk** 말하다　**friend** 친구　**eat** 먹다　**cookie** 쿠키
made 만들어진(make의 과거분사)　**party** 파티

이 문장에서 모르는 단어가 있나요? 어렵지 않은 단어들입니다.
그런데도 주어, 동사, 목적어를 찾기가 쉽지 않고, 해석도 어렵죠.

단어만 안다고 해석이 되는 것은 아닙니다.
어순을 이해하고 있어야 합니다.

그러면 문법은요?
어순을 모아서 정리한 것이 문법이죠.
그래서 **문법보다 어순을 먼저 알고 있어야 합니다.**

실제로 이 영어 문장은 이 책에서 나중에 설명하겠지만,
난이도가 높은 편입니다. 해석이 쉽지 않기 때문이죠.

그러나 이 책에서 제시한 방법대로 하면 전혀 어렵지 않습니다.

자, 먼저 주어, 동사, 목적어를 찾겠습니다.

주어는 문장에서 첫 번째로 나오는 명사라고 했으니까 **Girls**입니다.

주어를 찾았으니 동사를 찾아 보겠습니다.
안타깝게도 주변 사람들에게 물어보면 많은 이들이
동사를 **talking**이라고 대답합니다.
심지어 그 뒤에 있는 **made**라고 대답한 사람들도 있어요.
영어 문장에서 동사ing형인 현재분사(talking)나
동사ed형인 과거분사(made)는 동사가 될 수 없습니다.
이 문장에서 동사는 우리가 잘 알고 있는 **eat**입니다.

동사를 찾았으니 이제 목적어를 찾아 봅니다.
목적어는 동사 다음에 나오는 첫 번째 명사라고 했으니
cookies가 목적어입니다.

정리하면 다음과 같이 됩니다.

Girls talking with friends eat cookies made for the party.

주어, 동사, 목적어로만 해석을 해보면
Girls eat cookies. 소녀들은 쿠키를 먹습니다.가 됩니다.

전체 문장의 핵심 의미는 파악되었어요.
그러면 주어, 동사, 목적어를 제외한 나머지 부분이 무엇인지만 알면
전체 문장의 세밀한 뜻도 알 수 있겠죠?

주어, 동사, 목적어를 제외한 나머지 부분을 어떻게 이해해야 할까요?
뜻으로요?

아니죠 자리를 보고 알아내야 합니다.
어떻게 자리를 보고 찾아내는지, 어떤 기준이 있는지, 궁금하시죠?

네, 궁금증을 풀기 위해 곧 바로 설명하겠습니다.

예문에서 주어, 동사, 목적어를 제외하면 다음과 같이 되겠죠.

(주어) + talking with friends + (동사) + (목적어) + made for the party.

여기서 **talking with friends**와
made for the party는 무슨 역할을 하나요?
이것만 알면 이 길고 복잡한 문장을 쉽게 이해할 수 있겠죠.

동사를 기준으로 문장의 구조와 어순을 그림으로 설명하겠습니다.
이 그림에서 주어 다음에 나오는 **talking with friends**와
목적어 다음에 나오는 **made for the party**는 무엇일까요?

| 주어 | + talking with friends + | 동사 | + | 목적어 | + made for the party |

영어는 앞에 나온 명사를 뒤에서 설명한다는 말을 기억하시나요?

주어 Girls 다음의 **talking with friends**는 주어를 설명합니다.
목적어 다음에 나온 **made for the party**는 목적어를 설명합니다.

▦ 앞에 나온 명사를 설명하는 영어의 특징

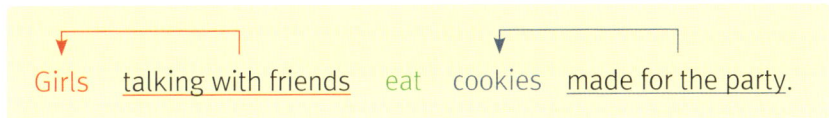

거꾸로 물어보겠습니다.
왜, **talking with friends**는 주어를 설명하는 것일까요?
대답은 '주어 뒤에 있기 때문'입니다.

왜, **made for the party**는 목적어를 설명하는 것일까요?
대답은 '목적어 뒤에 있기 때문'입니다.

▦ 영어 문장의 확장 구조

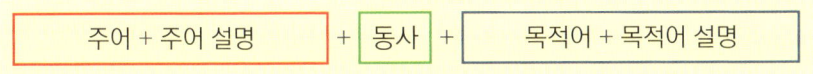

주어, 동사, 목적어를 찾았고 주어 설명과 목적어 설명도 알았으니
마지막으로 해석을 해 보죠.

영어 문장을 해석할 때는
주어부터 시작해서 거꾸로 해석해서 동사에서 끝내면 됩니다.
그러나 **주어 뒤에 주어 설명이 있으면 주어 설명부터 시작해서 거꾸로 해석**
합니다.

예문에서는 주어 **Girls** 뒤에
주어 설명 **talking with friends**가 있습니다.
그래서 주어 설명이 시작되는 **friends**부터 시작해서 거꾸로 해석합니다.

그 전에 주어 설명과 목적어 설명을 잠깐 해석하겠습니다.

talking with friends의 뜻은 **친구들과 함께 이야기하는**이 됩니다.
여기서 동사ing는 '~하는'으로 해석합니다.

made for the party의 뜻은 **파티를 위해 만들어진**이 됩니다.
여기서 동사ed는 '~되어진'으로 해석합니다.

예문을 다음과 같이 정리합니다.

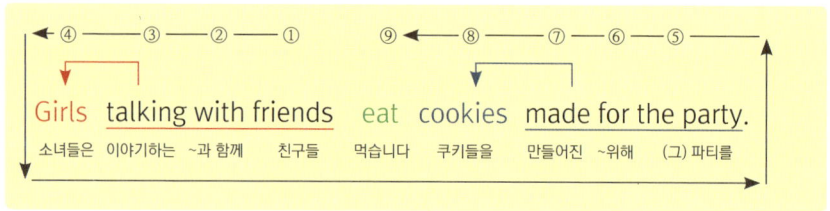

|해석| 친구들과 함께 이야기하는 소녀들은 (그) 파티를 위해 만들어진 쿠키들을 먹습니다.

'주어+동사+목적어'를 찾고 나서 남는 나머지 부분을
어떻게 이해하고 해석해야 하는지 확실히 알았을 것입니다.

아무리 길고 복잡한 문장이라도 기본적으로
'주어+동사+목적어'의 구조를 가지고 있기 때문에
여기서 설명한 방법만 알고 제대로 적용하면
길고 복잡한 영어 문장을 쉽고 정확하게 이해하고 해석할 수 있습니다.

다시 한번 더 주어, 동사, 목적어와 나머지로 구분해 볼까요?
이제 눈에 잘 들어오시죠?

Girls talking with friends eat cookies made for the party.

주어 설명이 있을 때 동사 찾는 법에 대해 더 설명하고 넘어가겠습니다.
영어 문장에서 주어와 목적어는 비교적 쉽게 찾을 수 있는데
동사를 찾기 위해서는 문장 구조를 이해하고 있어야 합니다.

주어 다음에 곧 바로 동사가 나오면 간단하지만
주어만 있는 것이 아니라
주어 설명(예문에서 **talking with friends**)이 함께 있으면
동사를 찾기가 어렵습니다.
무조건 주어 뒤에 있는 것을 동사라고 하면 틀립니다.

주어 다음에 주어 설명이 있고, 주어 설명 뒤에 동사가 나오면
어떤 것이 주어 설명이고, 어떤 것이 동사인지 어떻게 알 수 있을까요?
그 궁금증에 대한 해답은 4장 "영어 문장 늘리기"에서 자세히 설명합니다.

어려울 것 같다고요?
너무 걱정하지 마세요.
저같이 영어를 어려워했던 사람도 가능했으니
여러분도 충분히 잘 할 수 있어요.

이 책을 읽다가 중간에 덮지 말고 끝까지 따라하기만 하면 됩니다.
암기할 것도 많지 않아요. 몇 가지만 이해하고 기억하면 됩니다.

Summary

영어 문장의 특징

① 영어 문장은 주어, 동사, 목적어의 순서로 되어 있습니다.
② 영어는 명사를 뒤에서 설명하는 언어입니다.
③ 주어 뒤에는 주어 설명, 목적어 뒤에는 목적어 설명이 있습니다.

3장 영어 문장의 압축

영어 문장의 기본 단위인 '주어+동사+목적어' 만으로
기본 문장을 만들면 간단한 뜻만 전달할 수 밖에 없는 한계가 생깁니다.

기본 문장에 설명을 더하면 문장이 길어지면서
풍부한 표현과 다양한 의미를 가진 좋은 문장이 됩니다.

영어 문장에 설명을 더하는 방법은 크게 세 가지입니다.

첫째, 문장 안의 명사 자리를 길게 만드는 방법
둘째, 문장 안의 명사에 설명을 연결하는 방법
셋째, 문장에 또 다른 문장을 연결하는 방법

그러나 설명을 더하기 위해 직접 문장을 가져다가 사용하면
문장 안에 주어가 2개, 동사가 2개가 되어 혼란스러워집니다.
그래서 설명으로 사용할 문장은 압축하여 사용합니다.

설명으로 사용할 문장을 압축하면 더 이상 문장이 아니기 때문에
명사, 형용사, 부사로 사용할 수 있게 됩니다.
이것을 '문장의 품사화'라고 합니다.

이번 장에서는 영어 문장을 압축하는 방법을 설명합니다.

3.1 영어 문장 압축 방법

영어 문장을 압축하는 방법에는 크게 네 가지가 있습니다.

첫째, That으로 압축: That~
둘째, 능동태로 압축: 동사ing
셋째, 수동태로 압축: 동사ed
넷째, 미래형으로 압축: To 부정사

하나씩 예문으로 살펴보겠습니다.
'주어+동사+목적어'의 기본 문장인 **I love you.**를 사용합니다.

① That으로 압축: That~

I love you. that I love you

가장 간단한 방법으로 문장 **I love you.** 앞에 **that**을 붙입니다.
that I love you는 더 이상 문장이 아니라
설명을 위해 압축된 문장입니다.

> **MEMO**
> That을 붙인 문장은 더 이상 문장이 아니라 품사가 되므로, 문장이 품사가 되었다는 의미에서 압축으로 분류합니다.

② 능동태로 압축: 동사ing

   I love you.   loving you

주어인 I를 빼고 동사를 동사ing로 바꾸어 압축합니다.
loving you는
(현재) 당신을 사랑하고 있다라는 뜻을 갖습니다.

③ 수동태로 압축: 동사ed

   I love you. → loved (by me)

I love you.의 수동태 문장은 You are loved by me.입니다.
수동태 문장 You are loved by me.에서
주어와 Be동사를 빼고 압축합니다.
수동태 문장에서는 'by~'를 생략하는 경우가 많으므로
loved로 한번 더 압축할 수 있습니다.
이렇게 압축된 loved는 ~되어졌다의 뜻을 갖습니다.

④ 미래형으로 압축: To부정사

   I love you.   To love you

주어를 빼고 To부정사로 만들어 압축합니다.
To love you는
(지금부터 앞으로) 당신을 사랑한다의 뜻을 갖습니다.

네 가지 압축 방법을 다음 그림과 같이 정리할 수 있습니다.

▦ 영어 문장을 압축하는 방법과 의미

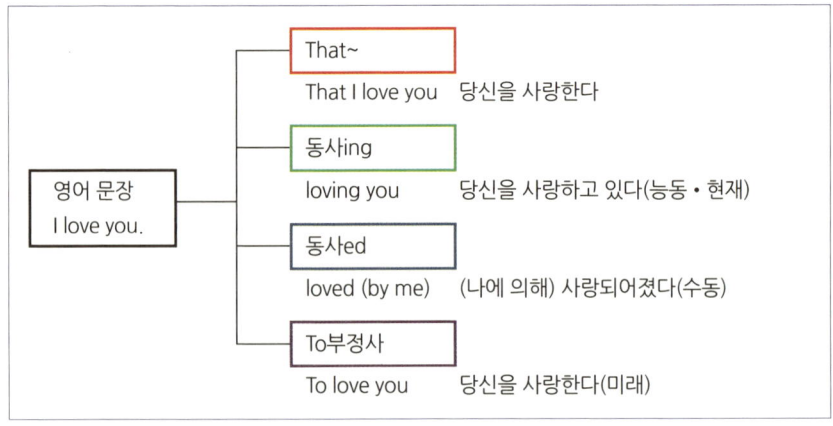

이렇게 압축된 문장은 어떻게 사용되냐에 따라 뜻이 달라집니다.

▦ 압축된 문장을 명사, 형용사, 부사로 사용

구분	명사로 사용	형용사로 사용	부사로 사용
That ~	~하는 것 **명사절**	~하는 **형용사절**	
동사ing(현재)	~하는 것(현재) **동명사**	~하는 **현재분사**	~하면서 **현재분사구문**
동사ed(수동)	~되어진 것 ***수동형 동명사**	~되어진 **과거분사**	~되어져서 **과거분사구문**
To부정사(미래)	~하는 것(미래) **명사적 용법**	~하는 **형용사적 용법**	~하기 위해 **부사적 용법**

*수동형 동명사는 'Being+동사ed'로 나타냅니다.
 Being loved is my wish. (사랑받는 것은 나의 소망입니다.)

Mini Grammer

동명사(동사ing)와 To부정사의 명사적 용법

앞으로 설명할 동사ing와 To부정사의 명사적 용법에 대한 이해를 돕고자 합니다.

① **동명사(동사ing)는 현재 움직이고 있는 동작을 명사로 만들 때 사용합니다.**
시간대를 현재로 집중하여 들여다 보기 때문에 미래보다 현재가 중심입니다.
다만 움직이고 있다는 것은 과거 어느 때부터 시작한 일이기 때문에 과거도 포함됩니다.

I remember sending a letter. (나는 편지를 보낸 것을 기억한다.)
이 문장이 동명사(동사ing)를 사용했지만 '과거에 보낸 것을 기억한다.'라는 의미로 사용되는 이유가 여기에 있습니다.

동사ing의 발음은 "잉, 잉, 잉"으로 마치 지금 용수철이 움직이고 있듯이 반복되고 있는 느낌을 줍니다.

② **To부정사의 명사적 용법은 미래에 대한 동작을 명사로 만들 때 사용합니다.**
시간대를 앞으로 일어날 미래에 집중하여 들여다 보기 때문에 현재보다 미래가 중심입니다.

I remember to send a letter. (나는 편지를 보낼 것을 기억한다.)
이 문장에서는 To부정사 **to send a letter**를 썼기 때문에 To부정사가 갖고 있는 미래의 의미를 반영하여 '앞으로 편지를 보낼 것을 기억한다.'의 뜻으로 해석합니다.

to를 발음해 보면 "투~"하고 입에서 공기가 앞으로 나가는 느낌이 들죠.
미래를 표현하기에 딱 좋은 발음이어서 미래를 나타내는 To부정사에 사용하고 있어요.

이번에는 조금 긴 문장인 We added new functions to our products.를 압축해 볼까요. 이 문장을 해석하면
우리는 우리들의 제품들에 새로운 기능들을 더했습니다.가 됩니다.

① That으로 압축: That~

We added new functions to our products. That we added new functions to our products

문장 앞에 **That**을 붙여 압축했습니다.

② 능동태로 압축: 동사ing

We added new functions to our products. → Adding new features to our products

주어 We를 생략하고
동사 added를 Adding으로 바꾸어 압축했습니다.

③ 수동태로 압축: 동사ed

We added new functions to our products. → Added to our products

수동태 문장인
New functions were added to our products by us.를 만든 후
주어와 Be동사인 New functions were를 생략하여 압축했습니다.
그런 다음에 by us도 생략했습니다.

④ 미래형으로 압축: To부정사

We added new functions to our products. → To add new functions to our products

주어인 We를 생략하고 동사 added를 동사 원형 add로 만든 뒤에
To부정사로 만들어 압축했습니다.

> **Mini Grammer**
> 전치사 To와 To부정사는 어떻게 다를까요?
> 전치사 To의 경우 To 뒤에 항상 명사가 나옵니다.
> To부정사의 경우 To 뒤에 항상 동사가 나오고 압축된 문장이 됩니다.
> • 전치사 To: To customers (customers가 명사); 고객들에게
> • To부정사: To configure systems (configure가 동사); 시스템을 구성하는 것

3.2 압축되어도 문장 형태 유지

문장을 압축하는 방법에 대해 알아보았습니다.

압축 문장에는 아주 중요한 특징이 있습니다.
문장을 압축하더라도 문장의 형태가 파괴되는 것은 아니고
주어만 없을 뿐
문장 형태가 그대로 유지된다는 것입니다(That~은 주어도 유지).

문장 형태를 유지하면서 압축하기 때문에
길고 복잡한 문장에서 주어, 동사, 목적어를 뺀 나머지들(설명들)을 파악할 때
압축된 문장 형태를 기준으로 끊어서 파악할 수 있습니다.

이렇게 되면 길고 복잡한 문장도 단순해져서
놀라울 정도로 쉽게 이해할 수 있게 됩니다.
따라서 압축되어도 문장 형태를 그대로 유지한다는 사실을
아는 것은 매우 중요합니다.

그러면 압축 문장에서 문장 형태를 어떻게 유지하는지 알아보겠습니다.

앞에서 기본 예문으로 사용했던 **I love you.** 문장으로 살펴봅니다.

① **That으로 압축: That~**

That I love you
     S' V' O'

문장 앞에 That만 붙여 압축한 문장입니다.
'주어(S')+동사(V')+목적어(O')'의 문장 형태가 유지되었습니다.

② 능동태로 압축: 동사ing

___ Loving you
(S')　V'　　O'

I love you. 에서 주어를 생략하고
동사를 동사ing로 만들어 압축한 문장입니다.

'(주어(S'))+동사(V')+목적어(O')'의 문장 형태가 유지되었습니다.

③ 수동태로 압축: 동사ed

___ Loved by me
(S')　Ved'

I love you. 를 수동태로 고치면 **You are loved by me.** 가 됩니다.
You are loved by me. 에서
주어와 Be동사를 생략하여 압축한 문장입니다.
'(주어+Be동사)+동사ed(Ved')+전치사구'로
수동태 문장 형태가 유지되고 있습니다.

④ 미래형으로 압축: To부정사

To love you
(S')　V'　O'

I love you. 를 To부정사로 만들어 압축한 문장입니다.
'(주어(S'))+동사(V')+목적어(O')'로 문장 형태가 유지되고 있습니다.

주어가 To인 문장이라고 보면 이해가 더 쉬울 것입니다.

> **MEMO**
> 압축된 문장 안의 주어, 동사, 목적어는 구분을 쉽게 하기 위하여 S', V', O'으로 표시합니다.

예문을 하나 더 볼까요.

I go to school to study English for future.

|해석| 나는 장래를 위해 영어를 공부하기 위해 학교에 갑니다.

이 문장에서 To부정사는 무엇일까요?

이 문장의 To부정사는 **to study English for future**입니다.

To부정사 다음에 동사 **study**가 있고

'(주어')+동사'(study)+목적어'(English)'의

문장 형태가 유지되었기 때문입니다.

그러나 **to school**의 **to**는 전치사입니다.

to 뒤에 명사 **school**이 있기 때문입니다.

■ 문장 형태를 유지한 압축 문장

Mini Grammer

준동사

영문법에서는 동사ing, 동사ed, To부정사를 준동사라고 합니다.
준동사의 공통된 특징은 압축 문장이며 '주어+동사+목적어'의 문장 형태를 갖는다는 것입니다.
영어 문장을 이해할 때 준동사가 문장 형태라는 사실을 아는 것이 중요합니다.

지금까지 살펴본 내용을 정리합니다.

영어에서는 기본 문장을 길게 늘리고자 할 때 다음과 같이 합니다.

① 설명으로 추가할 문장을 압축합니다.
② 압축 문장은 문장 형태를 유지하도록 합니다.
③ 압축 문장은 품사가 되어 명사로서 명사 자리에 들어가거나,
  형용사로서 명사를 설명하거나, 부사로서 문장을 수식합니다.

자, 이렇게 해서 문장을 압축하는 방법을 알아보았습니다.
문장을 압축하더라도 문장 형태가 유지된다는 것을 절대 잊지 마세요.

4장에서는 압축 문장을 이용하여
영어 문장을 길게 늘리는 방법을 본격적으로 설명합니다.

4장 영어 문장 늘리기

짧은 영어 문장과 길고 복잡한 영어 문장의 차이는 무엇일까요?
어떻게 해서 이런 차이가 만들어지는 것일까요?
그 차이를 알면 길고 복잡한 영어 문장의 비밀을 알 수 있지 않을까요?
어떻게 생각하세요?

짧은 영어 문장이나 길고 복잡한 영어 문장이나
모두 '주어+동사+목적어'의 문장 구조로 되어 있죠.

뭐가 다른 것일까요?
길고 복잡한 영어 문장은 짧은 영어 문장에 없는 무언가를 갖고 있습니다.

길고 복잡한 영어 문장에는 있고, 짧은 영어 문장에 없는 그 무언가는
바로 '압축 문장'입니다.

압축 문장을 설명으로 사용하여
문장을 길고 복잡하게 늘릴 수 있습니다.

영어 문장을 길게 늘리는 방법에는 세 가지가 있습니다.

① **문장의 명사 자리에 압축 문장 넣기**

문장의 명사 자리에 압축 문장을 넣으면 문장이 길어집니다.
명사 자리에 들어간 압축 문장은 명사 역할을 합니다.

② 문장의 명사에 압축 문장 연결하기

문장의 명사에 압축 문장을 연결하면 문장이 길어집니다.
명사에 연결된 압축 문장은 형용사 역할을 합니다.

③ 문장 전체에 압축 문장 연결하기

문장 전체에 압축 문장을 연결하면 문장이 길어집니다.
문장 전체에 연결된 압축 문장은 부사 역할을 합니다.

여기서 배울 '영어 문장을 늘리는 세 가지 방법'은
지금까지 배웠던 영어 문법의 분류와는 다르므로 생소할 수 있습니다.
하지만 길고 복잡한 영어 문장을 쉽게 배울 수 있는 아주 좋은 방법입니다.

▦ 영어 문장을 늘리는 세 가지 방법

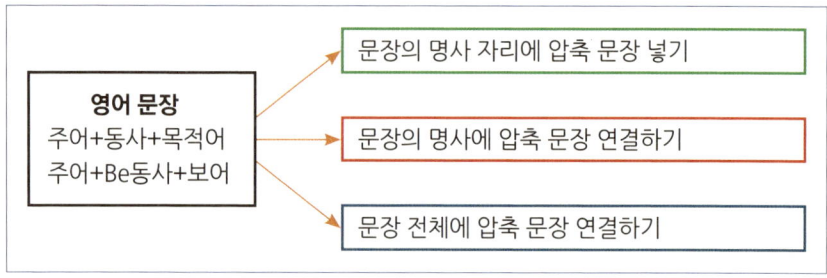

실제로 어떻게 문장을 늘리는지 궁금하시죠?

문장을 늘리는 세 가지 방법 모두에
3장에서 배운 압축 문장이 필요합니다.

그리고 각 방법별로 필요한 압축 문장의 종류가 다릅니다.

① 문장의 명사 자리에 압축 문장 넣기

문장의 명사 자리에 들어갈 압축 문장은 That~, 동사ing, To부정사,

세 가지입니다.

② 문장의 명사에 압축 문장 연결하기

문장의 명사에 연결되는 압축 문장은 전치사, That~, 동사ing, 동사ed, To부정사, 형용사, 여섯 가지입니다.

③ 문장 전체에 압축 문장 연결하기

문장 전체에 연결하는 압축 문장은 전치사, 접속사, 동사ing, 동사ed, To부정사, 다섯 가지입니다.

이것을 그림으로 정리하면 다음과 같습니다.

▦ 영어 문장을 늘리는 세 가지 방법과 압축 문장들

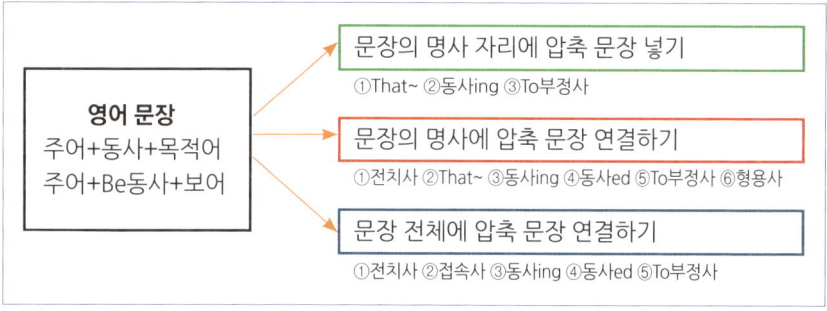

영어 문장을 늘리는 세 가지 방법과 압축 문장들(문장을 늘리는 도구)에 대해서는 다음 페이지부터 하나씩 자세히 설명합니다.

긴장되시나요? 생각보다 어렵지 않아요. ^-^

4.1 문장의 명사 자리에 압축 문장 넣기(명사구/명사절 삽입)

이번 절에서는 '문장의 명사 자리에 압축 문장 넣기'를 설명합니다.

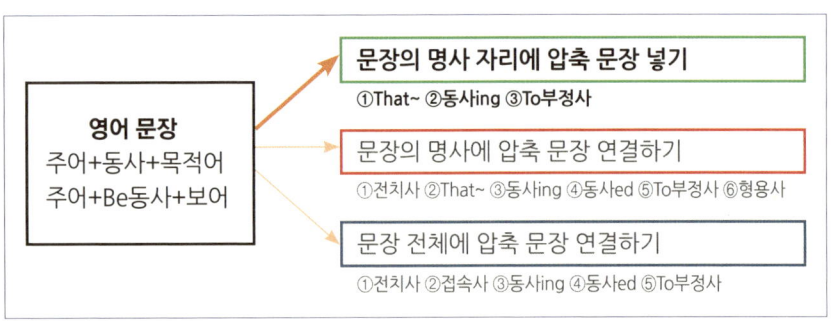

문장의 명사 자리에 들어갈 수 있는 압축 문장으로는
That~, 동사ing, To부정사가 있습니다.
이것들은 문장의 명사 자리에 들어가서 명사로 사용되므로
'문장의 명사화'라고 합니다.

'문장의 명사화'가 되면
That I love you, Loving you, To love you는
모두 **~하는 것**을 붙여서 해석합니다.

▦ 문장의 명사화 세 가지

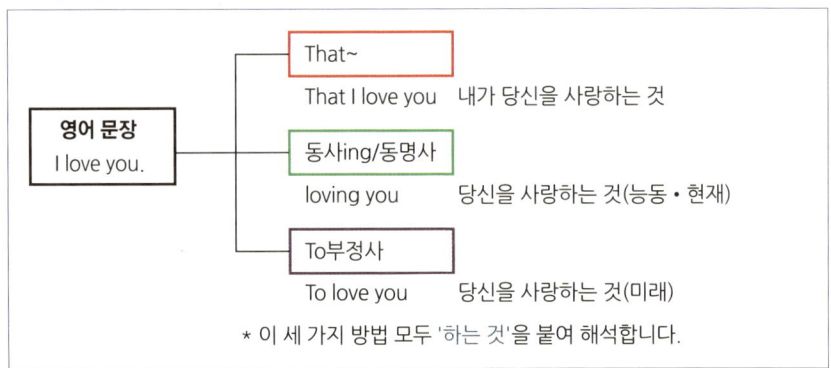

문장의 명사 자리에 압축 문장으로 들어가는
That~, 동사ing, To부정사는 각각 차이가 있습니다.

① That I love you

That이 붙어 압축된 문장이지만
That에는 뜻이 없으므로 빼고 해석합니다.
압축되었어도 주어 I가 살아있으므로 주어 I부터 시작해서 거꾸로 해석합니다.

해석하면, **내가 당신을 사랑하는 것**이 됩니다.

> **M**EMO
> 압축 문장 안에 주어(S')가 있으면 주어(S')부터 해석합니다.

② Loving you

압축된 문장으로 주어가 없으므로 주어 없이 거꾸로 해석합니다.

해석하면, **당신을 사랑하는 것**이 됩니다.

③ To love you

압축된 문장으로 주어가 없으므로 주어 없이 거꾸로 해석합니다.

해석하면, **당신을 사랑하는 것**이 됩니다.

> **C**aution
> 'Loving you'와 'To love you'의 해석이 같지만, 차이가 있습니다.
> - 'Loving you'에는 "현재에 집중하여 당신을 사랑한다"는 의미가 있습니다.
> - 'To love you'에는 "현재부터 앞으로(미래) 당신을 사랑한다"는 의미가 있습니다.

명사로 사용되는 압축된 문장의 특징을 다음과 같이 정리할 수 있습니다.

명사로 사용되는 압축 문장의 비교

기본 문장	I love you.		
문장의 명사화	That I love you	Loving you	To love you
특징	주어(I)가 있음	현재 지향	미래 지향

> **Tip**
>
> **To부정사의 문장 구조**
>
> 영어를 잘못할 때도 To부정사만큼은 자신 있었습니다.
> 중학교 때 사서 본 책에서 To부정사는 문장과 구조가 같다는 것을 배웠기 때문이었습니다.
>
> **I expect to buy new products for operation.**
> |해석| 나는 운영을 위해 새로운 제품들을 사는 것을 기대합니다.
>
> 이 문장은 어디까지가 To부정사일까요?
> 문법책에서는 **to buy**만 To부정사라고 하는데
> 이렇게 하면 To부정사를 제대로 이해할 수 없습니다.
> 문장 형태를 압축한 것이 To부정사이기 때문에
> **to buy new products for operation**까지가 To부정사입니다.
> 문법적으로는 To부정사구라고 하죠.
> **To**를 주어인 I라고 생각하고 바꿔보세요.
> **I buy new products for operation.** 그대로, 문장 구조입니다.

4.1.1 문장의 명사 자리에 That~ 넣기

That~을 목적어 자리, 주어 자리, 보어 자리에 넣을 수 있습니다.
하나씩 살펴보겠습니다.

1. 목적어 자리에 That~ 넣기

문장의 명사 자리에 That~을 넣어 문장을 늘리는
첫 번째 방법을 알아보겠습니다.

다음 예문으로 설명하겠습니다.

You understand that Data Center is the center for business.
understand 이해하다 **Data Center** 데이터 센터 **center** 중심 **for** ~을 위한 **business** 비즈니스

먼저, 주어, 동사, 목적어를 찾아봅니다.
주어는 문장에 첫 번째로 나온 명사인 **You**이고,
동사는 주어 뒤에 있는 **understand**입니다.
목적어는 동사 다음에 나오는 첫 번째 명사인데,
동사 뒤에 명사는 보이지 않고 **that Data Center is~**가 있네요.

동사 다음에 명사(목적어)가 없는 문장인가요?
지금부터 자세히 살펴보겠습니다.

That~이 나오면 [ ]로 묶습니다. That~은 압축 문장이니
문장 형태의 끝인 **for business**까지 묶습니다.

You understand [that Data Center is the center for business].

이렇게 [ ]로 묶으니 [that Data Center is the center for business]가
목적어 자리에 있다는 것이 쉽게 보입니다.
이 문장의 목적어는 [that Data Center is the center for business]입니다.
명사, 즉 목적어 자리에
[that Data Center is the center for business]가 들어와서
목적어 역할을 하고 있습니다.

▦ 목적어 자리에 들어간 That~

```
                            목적어
 You + understand + that Data Center is the core for business
```

That은 우리가 생각하고 있는 것보다
영어에서 중요한 역할을 훨씬 더 많이 하고 있습니다.

영어에는 앞에 나온 말을 뒤에서 설명하는 특징이 있다고 설명했습니다.
잘 알고 계시죠?

앞에 나온 말을 설명한다고 할 때,
설명이 시작된다는 것을 알려주는 도구가 필요하죠.
그 역할을 하는 도구가 바로 That입니다.

또한 **That은 뒤에 문장을 데리고 나옵니다.**
That을 따라 나오는 문장은 무언가를 설명합니다.

이제부터 That을 만나면
뒤에 문장이 따라 나온다는 것을 미리 예상하기 바랍니다.
그리고 That을 만나면
여기부터 설명이 시작되는구나! 라고 알아차리기 바랍니다.

이 문장에서 That이 끌고 나오는 문장인
Data Center is the center for business.는
전체 문장의 명사(목적어) 자리에 들어가 있습니다.

문장의 목적어 자리는 명사이기에
That과 함께 나오는 문장을 합쳐 '명사절'이라 부릅니다.
명사절은 명사 역할을 하는 문장이라는 뜻입니다.

That은 설명을 시작한다는 표시이기 때문에 뜻이 없어요.

해석을 하지 않습니다.

앞으로 문장에서 That~을 만나면
That부터 시작해서 That이 데리고 다니는 문장의 끝까지를
[ ]로 묶어 주세요.
그러면 길고 복잡한 영어 문장을 쉽게 파악할 수 있습니다.

이제부터 예문인
You understand [that Data Center is the center for business].의
해석 과정을 살펴보겠습니다.

우선 [that Data Center is the center for business]를 해석합니다.

[ ] 안의 내부 주어인 **Data Center**부터 시작해서 거꾸로 해석하면
데이터 센터가 비즈니스를 위한 중심이다.가 됩니다.

[that Data Center is the center for business]는
목적어 자리에서 명사로 쓰이므로, '~하는 것'을 붙여서 해석합니다.

그리고 [that Data Center is the center for business]는
목적어 자리에 있기 때문에 목적격 조사인 '~을'을 붙여서 해석합니다.

그러면 목적어 자리에 있는
[that Data Center is the center for business]의 해석은
데이터 센터가 비즈니스를 위한 중심이다는 것을이 됩니다.

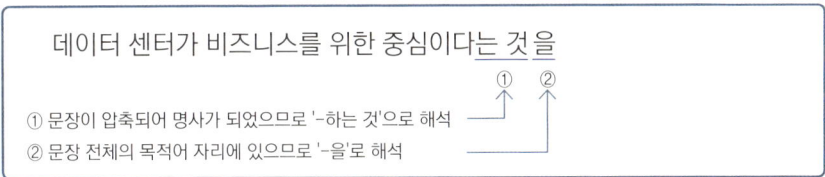

that~을 살펴보았으므로 이제 전체 문장을 해석해 볼까요?

영어 문장을 해석하는 방법은 앞에서 여러 번 설명한 바와 같이
전체 문장의 주어부터 시작해서 거꾸로 해석합니다.

영어 문장에서 전체 문장의 주어든 압축 문장의 내부 주어든
주어는 항상 먼저 해석합니다.
그래서 전체 문장의 주어 You를 먼저 해석하고, 그런 다음에
압축된 문장 That~ 안의 내부 주어 Data Center를 해석합니다.
그리고 나서 문장 끝으로 가서 거꾸로 해석합니다.

예문을 다음과 같이 정리합니다.

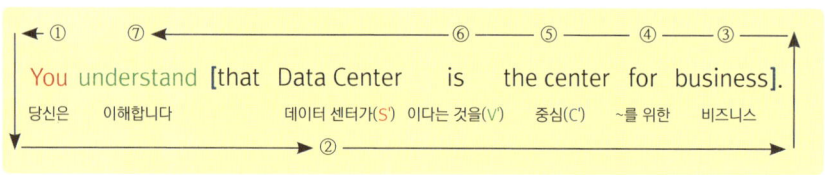

|해석| 당신은 데이터 센터가 비즈니스를 위한 중심이다는 것을 이해합니다.

그런데 영어 문장을 보면 중간에서 That을 생략하는 경우가 많습니다.
원어민들은 문장 구조도 잘 알고 있고, That을 발음하기 귀찮아서 생략합니다.
즉, 예문을 다음과 같이 사용합니다.

You understand [Data Center is the center for business].

아무런 사전 지식 없이,
영어 문장의 구조도 모른 채 이런 문장을 만나면 당황하게 되죠.
물론 자주 접하다 보면 눈에 들어오는데, 쉽게 알아보려면 어떻게 하나요?

역시 해석으로 먼저 하는 것이 아니고, 일단 주어와 동사를 찾아 봅니다.
위의 문장을 보니, 주어 You와 동사 understand가 있습니다.
그런데 곧 바로 다시 주어 Data Center와 동사 is가 나왔네요.
영어 문장 안에서 이렇게 아무런 이유 없이

'주어+동사' 다음에 다시 '주어+동사'가 나올 수 있는 것은
That을 사용할 때뿐이죠.

그래서 의심이 갈 때는 that을 살짝 넣어보고 문장을 분석해 봅니다.
즉, 다음과 같이 해 봅니다.

You understand [(that) Data Center is the center for business].

제대로 된 문장이 되었네요. **that**이 중간에서 빠졌던 것이네요.

2. 주어 자리에 That~ 넣기

앞에서 문장의 명사인 목적어 자리에
That~을 넣을 수 있다고 했습니다.
그러면 문장에서 명사는 목적어뿐만 아니라 주어도 되는데
주어 자리에도 That~을 넣을 수 있을까요?

네, 충분히 그리고 넉넉하게 주어 자리에 That~을 넣을 수 있습니다.

다음 예문으로 설명하겠습니다.

That virtualization can reduce servers is important to operation.
virtualization 가상화 **reduce** 줄이다 **important** 중요한 **operation** 운영

먼저, 주어, 동사, 목적어를 찾아 봅니다.
주어는 문장에서 첫 번째로 나온 명사인 **virtualization**입니다.
동사는 주어 다음에 나온 **can reduce**로 '조동사+동사'이고,
목적어는 동사 다음에 나온 첫 번째 명사인 **servers**입니다.

그런데 **servers** 뒤에 우리가 잘 아는 Be동사 **is**가 나왔습니다.
그러면 생각해 볼까요?
can reduce도 동사고 **servers** 다음에 있는 **is**도 동사인가요?

어느 것이 진짜 동사인가요?

가장 중요한 주어와 동사가 찾아지지 않으니 문장 파악이 안 됩니다.

영어 문장에서 That~이 나오면 [ ]로 묶어 보세요..
어디까지 묶어 줄까요?

That~은 압축된 문장이니까,
문장 형태의 끝인 **servers**까지 [ ]로 묶습니다.

[That virtualization can reduce servers] is important to operation.

이렇게 [ ]로 묶어보니
[That virtualization can reduce servers]가 주어 자리에 있네요.
이제 주어 자리 다음에 Be동사 **is**가 있다는 것도 확인됩니다.

[That virtualization can reduce servers]는 3인칭 단수이므로
Be동사도 3인칭 단수에 맞는 **is**가 됩니다.

Be동사 **is** 다음의 첫 번째 형용사인 **important**는 보어가 되겠네요.

예문은 그림과 같이 That~이 주어 자리에 들어간 모습입니다.

주어 자리에 들어간 That~

주어		
That virtualization can reduce servers	+ is + important	+ to operation

이제부터 이 문장을 해석하겠습니다.

우선 [That virtualization can reduce servers]를 해석합니다.
[That virtualization can reduce servers] 안의 내부 주어인
That virtualization부터 시작해서 거꾸로 해석합니다.

해석하면 **가상화는 서버들을 줄일 수 있다**.가 됩니다.

[That virtualization can reduce servers]가 주어 자리에서
명사로 쓰이므로 '~하는 것'을 붙여서 해석합니다.

[That virtualization can reduce servers]가 주어 자리에 있기 때문에
주격 조사 '~은'을 붙여서 해석합니다.

그러면 주어 자리에 있는 [That virtualization can reduce servers]의
해석은 **가상화가 서버들을 줄일 수 있다는 것은**이 됩니다.

가상화가 서버들을 줄일 수 있다는 것은
                                  ① ②

① 문장이 압축되어 명사가 되었으므로 '-하는 것'으로 해석
② 문장 전체의 주어 자리에 있으므로 '-은'으로 해석

전체 문장의 동사인 Be동사 **is**는
형용사 보어와 함께 쓰이면 '~하다'로 해석됩니다.
형용사 보어 **important**의 뜻은 '중요한'이므로
is important는 **중요합니다**로 해석합니다.

영어 문장은 주어부터 시작해서 거꾸로 해석해야 하는데
주어가 That절이니 난감하네요.

다소 복잡한 그림이 되었지만 해석은 주어부터 시작해야 한다는 것과
주어 부분에 내부 주어인 **That virtualization**이 있으니
그 내부 주어부터 해석한다는 원칙을 지키면
지금까지 배운 것과 동일한 방식의 해석이 가능합니다.

예문을 다음과 같이 정리합니다.

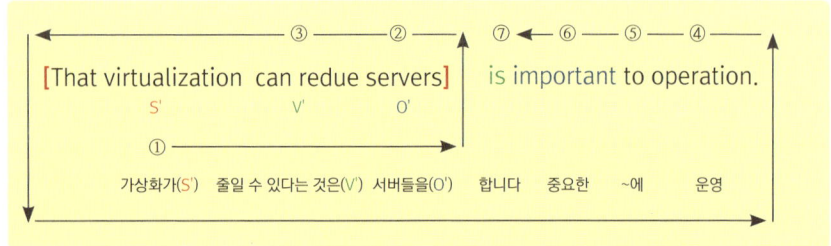

|해석| 가상화가 서버들을 줄일 수 있다는 것은 운영에 중요합니다.

조금 복잡해 보이지만 번호 순서대로 몇 번만 반복하면 크게 어렵지 않을 것입니다.

3. 보어 자리에 That~ 넣기

앞에서 문장의 명사인 목적어 자리에 That~을 넣을 수 있다고 했습니다. 그러면 보어도 명사인데 보어 자리에 That~을 넣을 수 있을까요?

네, 주어와 목적어의 경우처럼 보어 자리에도 That~을 넣을 수 있습니다.

다음 예문으로 설명하겠습니다.

Problem is that our web server has security holes.
problem 문제 **web server** 웹 서버 **security holes** 보안 취약점들

먼저, 이 문장에서 주어, 동사, 보어를 찾아봅니다.
주어는 문장의 첫 번째 명사인 **Problem**입니다.
동사는 주어 다음에 나온 Be동사인 **is**입니다.
보어는 Be동사 뒤의 첫 번째 명사인데,
명사가 보이지 않고 **that our web server~**가 있네요.
Be동사 다음에 명사(보어)가 없는 문장인가요?

앞에서 이야기했듯이 영어 문장에서 That~이 나오면 [ ]로 묶어 보세요..
어디까지 묶을까요?

That~은 압축된 문장이니까, That부터 시작해서
문장 형태의 끝인 **security holes**까지를 [ ]로 묶습니다.
그러면 다음과 같이 되겠죠.

Problem is [that our web server has security holes].

이렇게 [ ]로 묶어 놓고 보니 문장 구조가 잘 보입니다.
[that our web server has security holes]가
보어 자리에 있다는 것이 쉽게 보입니다.

이 문장의 보어는 [that our web server has security holes]입니다.
명사, 즉 보어 자리에 [that our web server has security hole]가 들어와서
보어 역할을 하고 있습니다.

보어 자리에 들어간 That~

Problem + is + that our web server has security holes (보어)

이제부터 이 문장을 해석하겠습니다.

우선 [that our web server has security holes]를 해석합니다.
[ ] 안의 내부 주어인 **our web server**부터 거꾸로 해석을 하면
우리의 웹 서버는 보안 취약점들을 가졌다.가 됩니다.

[that our web server has security holes]는 보어 자리에서
명사로 쓰이므로, '~하는 것'을 붙여서 해석합니다.

보어 자리에 있는 [that our web server has security holes]의 해석은
우리의 웹 서버는 보안 취약점들을 가졌다는 것이 됩니다.

그리고 보어 [that our web server has security holes]는

Be동사와 합쳐져서 '~이다'로 해석합니다.

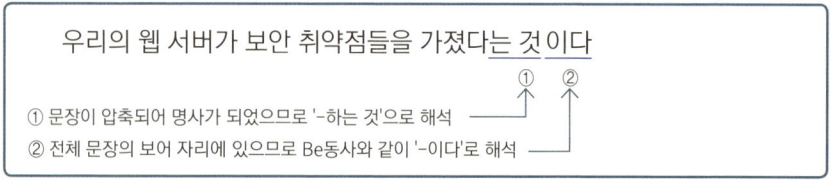

영어 문장은 주어부터 먼저 해석합니다.
그래서 전체 문장의 주어 **Problem**을 먼저 해석하고,

두 번째로 That~ 안의 내부 주어 **our web server**를 해석합니다.
그렇게 하고 난 뒤 문장 끝으로 가서 거꾸로 해석합니다.

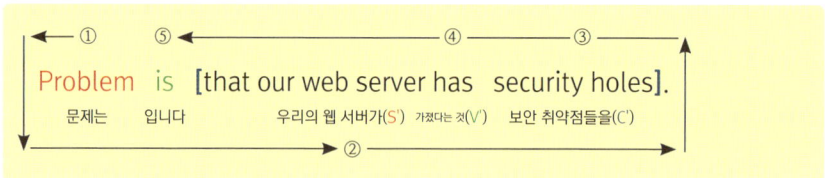

|해석| 문제는 우리의 웹 서버가 보안 취약점들을 가졌다는 것입니다.

앞에서 That~이 목적어로 사용될 때
That이 생략되는 경우가 있다고 했습니다.
마찬가지로 That~이 보어로 사용될 때도 That이 생략될 수 있습니다.
즉, 아래와 같이 사용될 수 있습니다.

Problem is our web server has security holes.

영어 문장에서 '주어+동사'인 **Problem is** 다음에
'주어+동사'인 **our web server has**가 또 나오면
That이 생략된 것으로 추측하고 that을 넣어 보기 바랍니다.

Problem is [(that) our web server has security holes].

이제야 문법적으로도 말끔한 문장이 되었습니다.
That이 중간에서 빠졌던 것이네요.

이제까지 문장의 명사 자리에 That~을 넣는 방법을 알아 보았습니다.

한가지 더 알아야 할 것이 있습니다.
영어 문장에서 명사는 주어, 목적어, 보어, 전치사의 목적어입니다.
명사로 쓰이는 That~은 주어, 목적어, 보어 자리에 들어갈 수 있지만
전치사의 목적어 자리에는 들어갈 수 없습니다.

I have a nice present for [that you want]. (X)

MEMO
예외로 전치사 In과 Except에 That~이 들어갈 수 있습니다(예: In That~ / Expect That~).

▦ 주어, 목적어, 보어 자리에 들어가는 That~

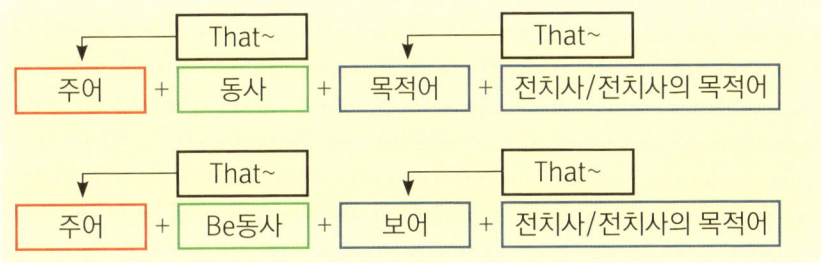

MEMO
'That+문장'이 전체 문장 안에서 주어로 사용되면 '-하는 것은/것이'를 붙여서 해석하고,
목적어로 사용되면 '-하는 것을'을 붙여서 해석하고,
보어로 사용되면 Be동사와 함께 '-하는 것이다'를 붙여서 해석합니다.

Mini Grammer
영어 문장의 주어, 목적어, 보어의 명사 자리에는 That~ 뿐만 아니라
whether~, if~, how~ 등의 명사절도 들어갈 수 있습니다.

4.1.2 문장의 명사 자리에 동사ing 넣기

동사ing를 목적어 자리, 주어 자리, 보어 자리,
전치사의 목적어 자리에 넣을 수 있습니다. 하나씩 살펴보겠습니다.

1. 목적어 자리에 동사ing 넣기

앞에서 문장의 명사 자리에
That~을 넣어 문장이 길어진 것을 설명했습니다.
That~ 대신 문장의 명사 자리에 넣을 수 있는 것이 또 있을까요?

네, 있습니다.
동사ing와 To부정사가 바로 그것입니다.
먼저 동사ing를 설명하고
그 다음에 To부정사를 설명하겠습니다.

사람들은 언어를 사용할 때 항상 간편하고 단순한 것을 원합니다.
그래서 명사 자리에 넣는 That~을 더 압축하는 방법을 고안했습니다.
그래서 That~의 주어를 없애고 That~의 동사를 활용하여
동사ing와 To부정사를 만들었습니다.

이 세 가지가 모두 명사로 사용되면 '~하는 것'으로 해석합니다.

그러면 문장의 목적어 자리에 동사ing를 넣어서
문장을 늘리는 방법을 알아보겠습니다.

다음 예문으로 설명하겠습니다.

They postponed relocating servers for cost.
They 그들은 **postpone** 연기하다 **relocating** 이전하는 **for** 때문에 **cost** 비용

주어는 첫 번째 명사인 **They**이고,
동사는 주어 다음에 있는 **postpone**입니다.
목적어는 동사 뒤의 첫 번째 명사인데
명사가 아니라 동사ing가 붙은 **relocating**이 나왔어요.

앞에서 설명한대로 동사ing도 명사 자리에 들어갈 수 있다고 했으니
That~처럼 [ ]로 묶어 보겠습니다.

어디까지 묶어야 할까요?
동사ing도 압축된 문장 형태이니
압축 문장의 끝인 **cost**까지 묶어야 겠죠.

They postponed [relocating servers for cost].

이렇게 [ ]로 묶으니
[relocating servers for cost]가 목적어 자리에 있는 게 잘 보이네요.
전체 문장의 목적어는 [relocating servers for cost]입니다.

압축된 문장인 [relocating servers for cost]를 자세히 분석해 보면
relocating은 내부 동사, **servers**는 내부 목적어,
for cost는 전치사구로 구분할 수 있습니다.
주어만 없을 뿐 '(주어)+동사+목적어+전치사구'로 된
압축 문장이라는 것을 알 수 있습니다.

```
_____   relocating   servers   for cost
   (S')          V'          O'      전치사구
```

4장 영어 문장 늘리기

**동사ing가 나오면 동사ing만 생각할 것이 아니라
문장 형태로 보고 압축 문장의 끝까지 묶어야 합니다.**

길고 복잡한 문장 구조를 파악하는 중요한 방법입니다.

전체 문장을 해석하기 전에 먼저
[relocating servers for cost]를 해석해 보겠습니다.

[relocating servers for cost]는 문장이 압축된 것인데
[ ] 안에 내부 주어가 없으므로
압축 문장의 끝에서부터 거꾸로 해석합니다.

```
        ④ ←──── ③ ──── ② ──── ①
    relocating  servers    for    cost
      이전한다    서버들을   때문에   비용
```

|해석| (주어는) 비용 때문에 서버들을 이전한다.

[relocating servers for cost]는
전체 문장인 **They postponed relocating servers for cost.**에서
목적어 자리에 있으며, 목적어는 명사이므로
'~하는 것'을 붙여서 해석합니다.

또한 [relocating servers for cost]는
전체 문장의 목적어 자리에 있기 때문에 '~을'을 붙입니다.

그러면 [relocating servers for cost]는
비용 때문에 서버들을 이전하는 것을이 됩니다.

비용 때문에 서버들을 이전하는 것을

① 문장이 압축되어 명사가 되었으므로 '-하는 것'으로 해석
② 전체 문장의 목적어 자리에 있으므로 '-을'로 해석

Mini Grammer
동명사와 동명사구
동사ing가 문장의 명사 자리에 들어가서 명사로 쓰이면 동명사라고 합니다.
동사ing와 단어가 함께 모이면 동명사구라고 하며, 동명사구는 압축된 문장의 형태를 갖습니다.

전체 문장의 주어, 동사, 목적어가 파악되었으니 해석을 합니다.

전체 문장의 목적어 [relocating servers for costs] 안에
내부 주어가 없으니 신경 쓰지 않고
전체 문장의 주어 **They**부터 시작해서 거꾸로 해석합니다.

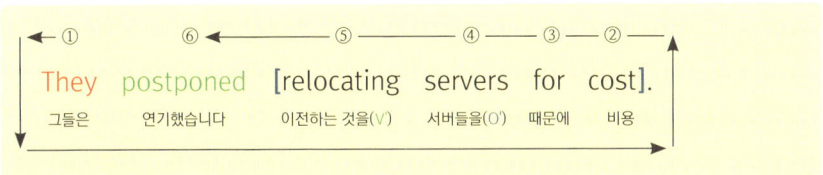

|해석| 그들은 비용 때문에 서버들을 이전하는 것을 연기했습니다.

Mini Grammer
동사ing를 목적어로 쓸 수 있는 동사는 제한되어 있습니다.
문법책에 자주 나오는 '동명사를 목적어로 사용하는 동사'에 해당하는 것입니다.
동명사를 목적어로 사용하는 주요 동사는 다음과 같습니다(이들 동사 다음에는 동사ing가 나옴).
: admit, avoid, consider, deny, enjoy, finish, give, mind, postpone 등

2. 주어 자리에 동사ing 넣기

이번에는 문장의 주어 자리에 동사ing가 들어간

문장을 분석하고 해석해 보겠습니다.

다음 예문으로 설명하겠습니다.

Protecting inside network needs more efforts than before.
protecting 보호하는 inside 내부 network 네트워크 need 필요하다 more 더 많은
effort 노력 than ~보다 before 과거

문장의 주어를 파악하려고 첫 부분을 보니
명사가 나온 것이 아니라 동사ing인 **Protecting~**이 나왔어요.
호흡을 가다듬고 앞에서 설명한 대로 [ ]로 묶어 봅니다.
압축된 동사ing 문장의 끝을 찾아야겠죠. **network**까지 묶습니다.

[Protecting inside network] needs more efforts than before.

[ ]로 묶고 보니까
[Protecting inside network]가 주어 자리에 있는 게 잘 보이네요.
전체 문장의 주어는 [Protecting inside network]입니다.
동사는 주어 [Protecting inside network] 다음에 있는 **needs**입니다.
목적어는 동사 **needs** 다음에 있는
첫 번째 명사인 **more efforts**입니다.

압축된 문장인 [Protecting inside network]를 분석해 보면
protecting은 내부 동사,
inside network는 내부 목적어로 다시 구분할 수 있습니다.
주어만 없을 뿐 '(주어)+동사+목적어'로 된
압축 문장이라는 것을 알 수 있습니다.

```
_____   protecting   inside network
  (S')         V'             O'
```

그러므로 동사ing가 나오면 동사ing만 생각할 것이 아니라

하나의 문장으로 보고 압축 문장의 끝까지 묶은 후 다시 보아야 합니다.

이것이 길고 복잡한 문장 구조를 파악하는 중요한 방법입니다.

전체 문장을 해석하기 전에 먼저
[Protecting inside network]를 해석해 보겠습니다.

[Protecting inside network]는 문장이 압축된 것인데
[ ] 안에 내부 주어가 없으므로
압축 문장의 끝에서부터 거꾸로 해석합니다.

|해석| (주어는) 내부 네트워크를 보호한다.

[Protecting inside network]는
전체 문장에서 주어 자리에 있으며, 주어는 명사이므로
'~하는 것'을 붙여서 해석합니다.

[Protecting inside network]는 전체 문장의 주어 자리에 있기 때문에
주격 조사 '~은'을 붙입니다.
그러면 [Protecting inside network]는
내부 네트워크를 보호하는 것은으로 해석됩니다.

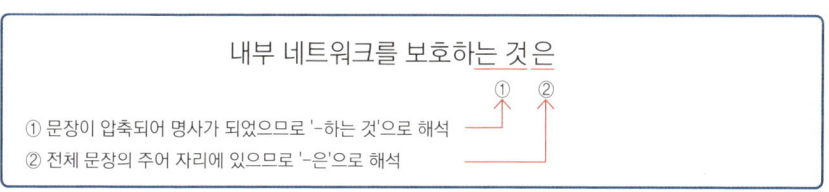

전체 문장의 주어, 동사, 목적어가 파악되었으니 해석을 합니다.

전체 문장의 주어인
[Protecting inside network] 안에는 내부 주어가 없으니 신경 쓰지 않고
[Protecting inside network]의 내부 목적어인
inside network에서 시작하고, 전체 문장 끝으로 가서 거꾸로 해석합니다.

예문을 다음과 같이 정리합니다.

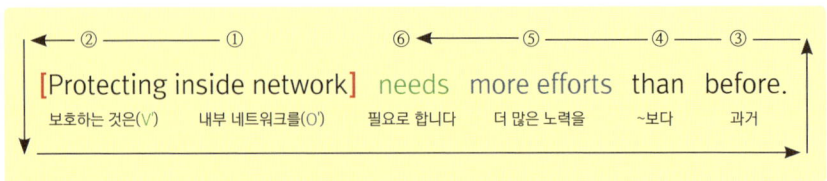

|해석| 내부 네트워크를 보호하는 것은 과거보다 더 많은 노력을 필요로 합니다.

혹시 프랙탈 이론(Fractal Theory)을 들어보셨나요?
"작은 구조가 전체 구조와 비슷한 형태로 끝없이 되풀이 된다."는
프랙탈 이론처럼 길고 복잡한 문장에서도 압축되었지만
'주어+동사+목적어'의 문장 형태가 계속 반복되는 느낌이 드나요?
이 느낌이 든다면 여러분은 길고 복잡한 문장을 이해하는
바른 길로 들어선 것입니다.
압축 문장에서도 '주어+동사+목적어'가
계속 반복된다는 이 느낌을 잊지 마세요!

3. 보어 자리에 동사ing 넣기

이번에는 문장의 보어 자리에
동사ing가 들어간 문장을 분석하고 해석해 보겠습니다.

다음 예문으로 설명하겠습니다.

His role is operating whole system without interruption.
role 역할 **operating** 운영하는 **whole system** 전체 시스템 **without** ~없이 **interruption** 중단

주어는 첫 번째 명사인 **His role**이고,
동사는 주어 다음에 나오는 Be동사 **is**입니다.
보어는 Be동사 뒤의 첫 번째 명사인데
명사가 아니라 동사ing가 붙은 **operating**이 나왔어요.

동사ing도 보어 자리에 들어갈 수 있다고 하니 [ ]로 묶어 봅니다.
압축된 동사ing 문장의 끝인 **without interruption**까지 묶습니다.

His role is [operating whole system without interruption].

이렇게 [ ]로 묶고 보니까
[operating whole system without interruption]이
보어 자리에 있는 것이 잘 보이네요.
전체 문장의 보어는
[operating whole system without interruption]입니다.

압축 문장인
[operating whole system without interruption]을 분석해 보면
operating은 내부 동사, **whole system**은 내부 목적어,
without interruption은 전치사구가 됩니다.

주어만 없을 뿐 '(주어)+동사+목적어+전치사구'의
압축된 문장이라는 것을 확인할 수 있습니다.

_____	operating	whole system	without interruption
(S')	V'	O'	전치사구

전제 문장을 해석하기 전에 먼저
[operating whole system without interruption]을 해석해 보겠습니다.

[operating whole system without interruption]은
문장이 압축된 것인데 [ ] 안에 내부 주어가 없으므로

압축 문장의 끝에서부터 해석합니다.

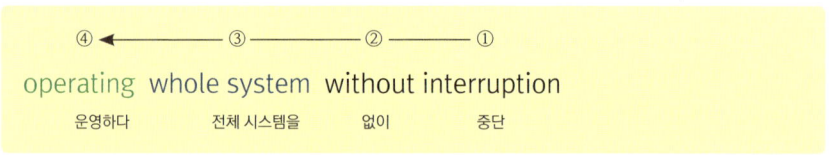

|해석| (주어는) 중단 없이 전체 시스템을 운영하다.

[operating whole system without interruption]은
전체 문장에서 보어 자리에 있으며, 보어는 명사이므로
'~하는 것'을 붙여서 해석합니다.

또한 [operating whole system without interruption]은
전체 문장에서 명사 보어이기 때문에
Be동사와 함께 '~이다'로 해석합니다.

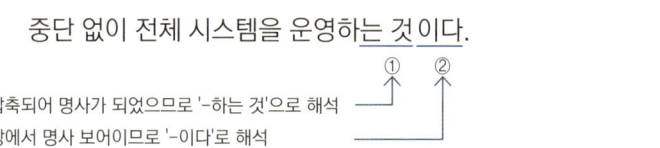

전체 문장의 주어, 동사, 보어가 파악되었으니 해석을 합니다.

전체 문장의 보어 [operating whole system without interruption] 안에
내부 주어가 없으니 신경 쓰지 않고,
전체 문장의 주어 **His role**부터 시작해서 거꾸로 해석합니다.

예문을 다음과 같이 정리합니다.

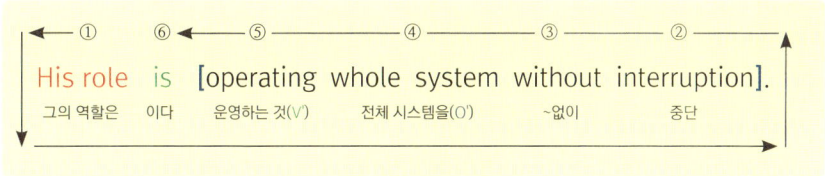

|해석| 그의 역할은 중단 없이 전체 시스템을 운영하는 것이다.

혹시 여기까지 따라오면서 의문이 든 것이 없나요?
'Be동사+동사ing'는 함께 묶어서 현재진행형이고,
'~하고 있는 중'으로 해석한다고 했는데
여기서는 왜, 현재진행형이라 하지 않고 다르게 해석하는지를요?

궁금하시죠?
다음 예문을 가지고 이 둘을 구분하는 방법을 설명하겠습니다.

- He [is finding] his name card.   현재진행형
- His role is [finding better results].   Be동사의 보어

이 두 문장을 문장의 구조로 구분하기는 어렵습니다.
같은 형태이기 때문입니다.
이렇게 **같은 형태의 문장일 경우에는 뜻으로,**
앞뒤 문맥과 맞추어 해석을 해서 구분합니다.

- He is finding his name card.
  : 그는 그의 명함을 찾고 있는 중이다.   현재진행형(O)
  : 그는 그의 명함을 찾고 있는 것이다.   Be동사의 보어로 해석(어색)

- His role is finding better result.
  : 그의 역할은 좋은 결과를 찾고 있는 중이다. 현재진행형으로 해석(어색)
  : 그의 역할은 좋은 결과를 찾는 것이다.   Be동사의 보어(O)

4. 전치사의 목적어 자리에 동사ing 넣기

영어 문장의 기본 단위는 '주어+동사+목적어'이지만
실제로는 '주어+동사+목적어'에
전치사가 붙은 문장이 더 자주 사용됩니다.

그래서 전치사까지 신경 써야 하는데
전치사 뒤에는 항상 명사가 따라 나오며,
이것도 명사이기 때문에
이 자리에 동사ing 문장을 넣을 수 있어요.

참고로 말씀드리면 전치사의 목적어 자리에 동사ing는 들어갈 수 있지만,
That~과 To부정사는 전치사의 목적어 자리에 들어갈 수 없습니다.
영어의 규칙입니다.

다음 예문으로 설명하겠습니다.

They created new paradigm of compiling source code.
create 만들다 **paradigm** 패러다임 **compiling** 컴파일하는 **source code** 소스 코드

주어는 첫 번째 명사인 **They**이고,
동사는 주어 다음에 나오는 **created**입니다.
목적어는 동사 뒤의 첫 번째 명사(형용사+명사)인
new paradigm입니다.

이 문장은 전치사 **of** 뒤에 명사가 있는 것이 아니고
동사ing가 나왔습니다. 동사ing가 나왔으니
압축된 동사ing 문장의 끝인 **source code**까지 [ ]로 묶어봅니다.

They created new paradigm of [compiling source code].

이렇게 [ ]로 묶으니

[compiling source code]가 전치사 of의 목적어라는 것이 잘 보입니다.

압축된 문장인
[compiling source code]를 분석해 보면 **compiling**은 내부 동사로,
source code는 내부 목적어로 다시 구분할 수 있습니다.

전체 문장을 해석하기 전에 [compiling source code]을 해석하겠습니다.
[compiling source code]은 문장이 압축된 것인데
[ ] 안에 내부 주어가 없으므로 압축 문장의 끝에서부터 해석합니다.

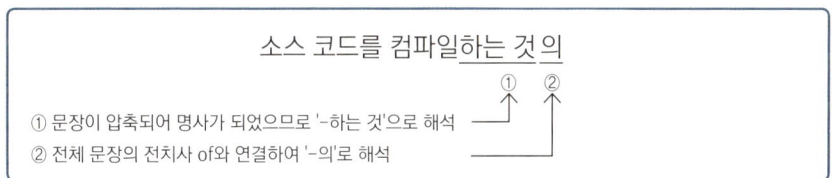

|해석| (주어가) 소스 코드를 컴파일하다.

그런데 [compiling source code]는
전체 문장에서 전치사의 목적어 자리에 있으며,
전치사의 목적어는 명사이므로 '~하는 것'을 붙이고,
전치사 of에 연결되었으므로 '~의'를 붙여 해석합니다.
그러면 [compiling source code]는
소스 코드를 컴파일 하는 것의로 해석됩니다.

```
            소스 코드를 컴파일하는 것의
                          ①  ②
                          ↑  ↑
 ① 문장이 압축되어 명사가 되었으므로 '-하는 것'으로 해석 ──┘  │
 ② 전체 문장의 전치사 of와 연결하여 '-의'로 해석 ──────────┘
```

전체 문장의 주어, 동사, 목적어가 파악되었으니 해석합니다.

전치사의 목적어 자리에 있는
[compiling source code] 안에 내부 주어가 없으니 신경 쓰지 않고
전체 문장의 주어 **They**부터 시작해서 거꾸로 해석합니다.

예문을 다음과 같이 정리합니다.

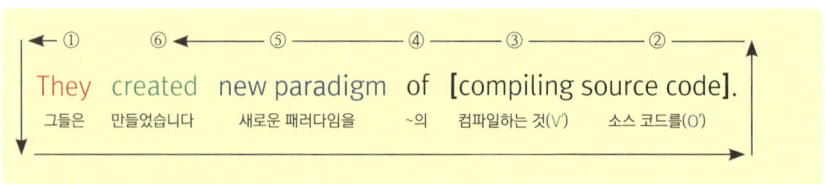

|해석| 그들은 소스 코드를 컴파일하는 것의 새로운 패러다임을 만들었습니다.

▦ 주어, 목적어, 보어, 전치사의 목적어 자리에 들어가는 동사ing

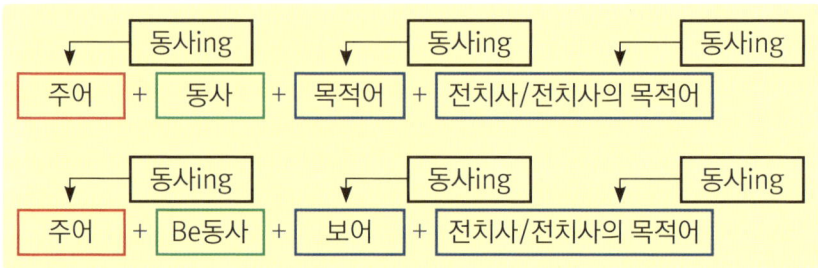

참고 | 문장의 명사 자리에 수동형 동명사(Being+동사ed) 넣기

이제까지 동사ing가 문장의 명사 자리에 들어가는 것을 배웠습니다.
동사ing가 문장의 명사 자리에 들어가면
동사지만 명사가 되었다고 해서 '동명사'라 합니다.

동사ing로 압축된 문장은 '(주어)+동사ing+목적어'의 구조로 되어 있고
주어가 능동적으로 무언가를 하는 능동태 구조입니다.

그렇다면 "주어가 외부로부터 영향을 받는다."는 뜻을 가진
수동태 문장을 압축하여 만든 동사ing는 없나요? 네, 있습니다.

수동태 문장을 압축하여 만들어진 동사ing는
'Being+동사ed(과거분사)'의 형태가 됩니다.
문법적으로 '수동형 동명사'라고 합니다.

다음 예문으로 설명하겠습니다.

Customers like being invited to the interesting event.
customer 고객 like 좋아하다 invited 초대되어진 interesting 재미있는 event 행사

주어는 첫 번째 명사인 customers이고,
동사는 주어 다음에 있는 like입니다.
목적어는 동사 뒤의 첫 번째 명사인데
명사가 아니라 동사ing의 모습인 Being이 나왔어요

동사ing가 나왔으니 [ ]로 묶어봅니다.
압축 문장 Being의 끝인 event까지요.

Customers like [being invited to the interesting event].

이렇게 [ ]로 묶으니 [being invited to the interesting event]가
목적어 자리에 있는 게 잘 보이네요.
전체 문장의 목적어는 [being invited to the interesting event]입니다.

압축 문장을 가진
[being invited to the interesting event]를 분석해 보면
being 다음에 invited가 나왔어요. 뭔가 기억이 나시나요?

혹시, 'Be동사+동사ed(과거분사)'라면 수동태?
네, Be동사 다음에 동사ed(과거분사)가 나오면 수동태라고 했습니다.

[being invited to the interesting event]는
수동태 문장을 압축한 형태입니다.

원래 문장 "(주어) are invited to the interesting event"를 압축하여
명사로 만든 것입니다.

문장 "(주어) are invited to the interesting event"에서
주어를 생략하고, Be동사 **are**를 **being**으로 바꾸어 압축했습니다.

[being invited to the interesting event]를 분석해 보면
'Be동사+동사ed(being+invited)'와 같은 수동태 모습이 보입니다.

[ ] 안은 수동태가 압축된 문장이니까 내부 주어와 내부 목적어가 없고
곧 바로 전치사구 **to the interesting event**가 나왔습니다.

[being invited to the interesting event]는
수동태의 의미를 살려서 '~되어진다'로 해석합니다.
[ ] 안에 내부 주어가 없고, 수동태가 압축된 문장이므로 거꾸로 해석합니다.

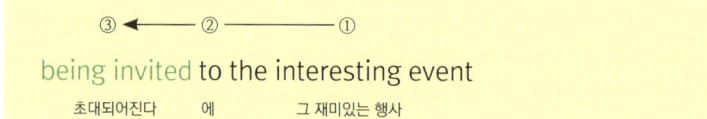

|해석| 그 재미있는 행사에 초대되어진다.

그런데 [being invited to the interesting event]는
전체 문장에서 목적어 자리에 있으며, 목적어는 명사이므로
'~되어지는 것'을 붙여 해석합니다.

또한 [being invited to the interesting event]는
전체 문장의 목적어 자리에 있기 때문에 '~을'을 붙입니다.

그러면 [being invited to the interesting event]의 뜻은
그 재미있는 행사에 초대되어지는 것을이 됩니다.

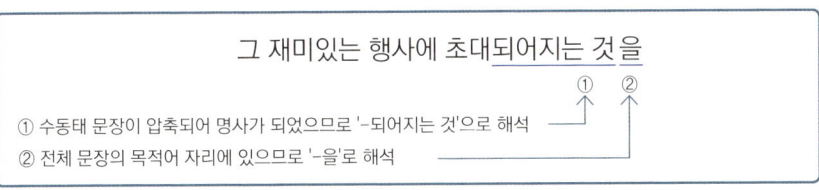

전체 문장의 주어, 동사, 목적어가 파악되었으니 해석합니다.

전체 문장의 목적어 [being invited to the interesting event] 안에
내부 주어가 없으니 신경 쓰지 않고
전체 문장의 주어 **Customers**부터 시작해서 거꾸로 해석합니다.

예문을 다음과 같이 정리합니다.

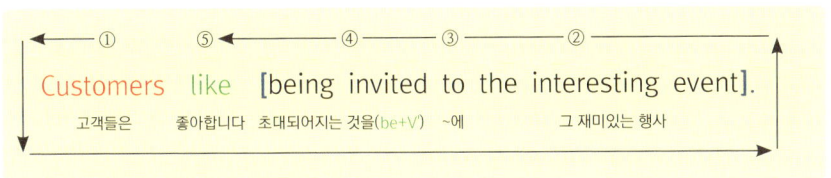

|해석| 고객들은 그 재미있는 행사에 초대되어지는 것을 좋아합니다.

여기서는 수동형 동명사 'Being+동사ed'가
문장의 목적어 자리에 들어간 예만 다루었지만
문장의 주어, 목적어, 보어, 전치사의 목적어 자리에도 들어가서
동일하게 명사로 사용될 수 있으므로 기억하기 바랍니다.

4.1.3 문장의 명사 자리에 To부정사 넣기

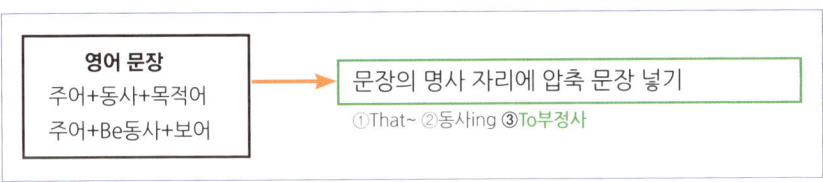

1. 목적어 자리에 To부정사 넣기

지금까지 문장의 명사 자리에 들어가는 세 가지 방법 중에서
That~과 동사ing를 설명했습니다.
이제 마지막 남은 To부정사를 설명합니다.

앞에서 That~과 동사ing를
문장의 명사 자리에 넣어 사용하는 방법을 배웠으므로
문장의 명사에 들어가는 To부정사도 쉽게 배울 수 있을 것입니다.

다음 예문으로 설명하겠습니다.

Engineers want to upgrade their notebooks.
engineer 엔지니어 want 원하다 upgrade 업그레이드 notebook 노트북 컴퓨터

주어는 첫 번째 명사인 **Engineers**이고,
동사는 주어 다음에 나온 **want**입니다.
동사 뒤에서 목적어를 기대하면서 문장을 보았는데 목적어는 보이지 않고
To부정사가 보입니다. 어떻게 된 일일까요?

걱정하지 말고 To부정사가 나왔으니 [ ]로 묶습니다.
어디까지 묶어야 할까요?

네, To부정사는 압축 문장이니까
압축 문장의 끝인 **their notebooks**까지 묶어야 합니다.
이제 꽤 익숙해지셨죠?

Engineers want [to upgrade their notebooks].

이렇게 [ ]로 묶어보니 주어와 동사가 보이고 목적어 자리에
To부정사 [to upgrade their notebooks]가 있는 것이 잘 보입니다.

To부정사로 압축된 문장 [to upgrade their notebooks]을 분석합니다.

to가 주어 자리에 있어서 내부 주어라 하면(주어는 아니지만) **upgrade**는 내부 동사, **their notebooks**는 내부 목적어가 되죠.

<u>to</u> <u>upgrade</u> <u>their notebooks</u>
(S')　　V'　　　　O'

전체 문장을 해석하기 전에
[to upgrade their notebooks]를 먼저 해석해 보겠습니다.
[to upgrade their notebooks]는 [ ] 안에 내부 주어가 없으므로
압축 문장의 끝에서부터 해석합니다.

|해석| (주어가) 그들의 노트북을 업그레이드한다.

[to upgrade their notebooks]는
전체 문장에서 목적어 자리에 있으며, 목적어는 명사이므로
'~하는 것'을 붙여서 해석합니다.

또한 [to upgrade their notebooks]는 목적어 자리에 있기 때문에
'~을'을 붙입니다.

그러면 [to upgrade their notebooks]의 해석은
그들의 노트북을 업그레이드하는 것을이 됩니다.

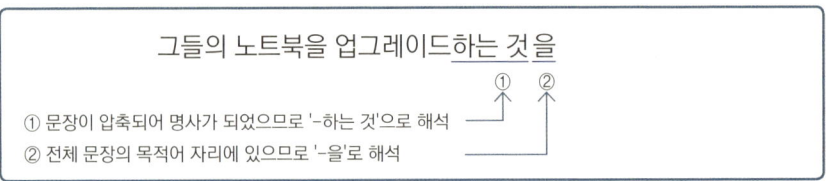

전체 문장의 주어, 동사, 목적어가 파악되었으니 해석을 합니다.

전체 문장의 목적어인
[to upgrade their notebooks] 안에 내부 주어가 없으니 신경 쓰지 말고 전체 문장의 주어 Engineers부터 시작해서 거꾸로 해석합니다.

예문을 다음과 같이 정리합니다.

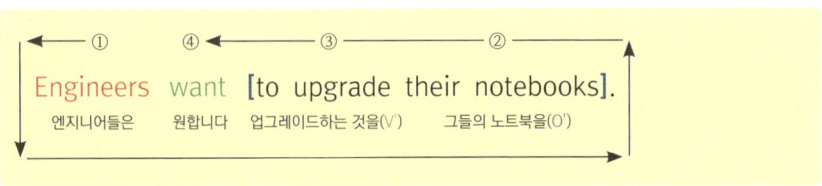

|해석| 엔지니어들은 그들의 노트북을 업그레이드하는 것을 원합니다.

Mini Grammer

To부정사를 목적어로 쓸 수 있는 동사는 제한되어 있습니다.
문법책에 자주 나오는 'To부정사를 목적어로 사용하는 동사'에 해당하는 것입니다.
학교 다닐 때 많이 외우셨죠.
To부정사를 목적어로 사용하는 동사는 동작이 미래를 향하는 동사들입니다.
To부정사를 목적어로 사용하는 동사는 다음과 같습니다(이들 동사 다음에는 To부정사가 나옴).
: agree, ask, choose, decide, expect, hop, promise, refuse, want, wish 등

2. 주어 자리에 To부정사 넣기

문장의 주어 자리에 To부정사가 있는 문장을 해석해 보겠습니다.

다음 예문으로 설명하겠습니다.

To stop data leakage is our product's important function.
stop 멈추다 **data** 데이터 **leakage** 누출 **product** 제품 **important** 중요한 **function** 기능

이 문장에서 주어를 찾으려는데 To부정사가 나왔네요.
To부정사가 나왔으니까 [ ]로 묶습니다.

어디까지 묶어야 할까요?
네, To부정사는 압축 문장이니까
압축된 문장의 끝인 **data leakage**까지 묶어야 합니다.

[To stop data leakage] is our product's important function.

이렇게 [ ]로 묶어보니 주어와 동사의 문장 흐름이 눈에 쉽게 파악됩니다.

이 문장에서 주어는 [To stop data leakage]이고,
동사는 주어 다음의 Be동사 **is**입니다.
보어는 Be동사 다음에 있는
첫 번째 명사인 **our product's important function**입니다.

보어가 좀 깁니다.
'소유격(our)+product의 소유격(product's)+
형용사(important)+명사(function)'로 여러 단어가 모여
하나의 명사가 되었기 때문이죠.

To부정사로 압축된 [To stop data leakage]을 분석합니다.
to가 주어 자리에 있어 내부 주어라 하면(주어는 아니지만)
stop은 내부 동사, **data leakage**는 내부 목적어가 되죠.

to stop data leakage
(S') V'   O'

전체 문장을 해석하기 전에

[To stop data leakage]를 먼저 해석하겠습니다.
[To stop data leakage]는 [ ] 안에 내부 주어가 없으므로 압축 문장의 끝에서부터 해석합니다.

```
        ② ←———— ①
    to stop  data leakage
       막는다   데이터 누출을
```

|해석| (주어가) 데이터 누출을 막는다.

[To stop data leakage]는 전체 문장에서
주어 자리에 있으며, 주어는 명사이므로
'~하는 것'을 붙여서 해석합니다.

또한 [To stop data leakage]는
주어 자리에 있기 때문에 '~은'을 붙입니다.
그러면 [To stop data leakage]의 해석은
데이터 누출을 막는 것은이 됩니다.

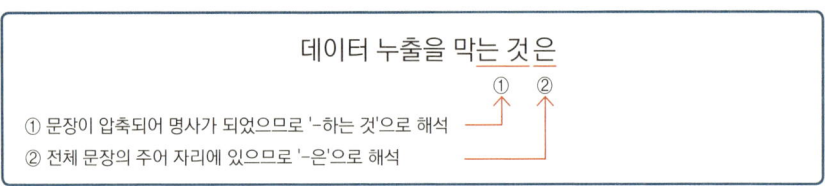

① 문장이 압축되어 명사가 되었으므로 '-하는 것'으로 해석
② 전체 문장의 주어 자리에 있으므로 '-은'으로 해석

전체 문장의 주어, 동사, 목적어가 파악되었으니 해석을 합니다.

전체 문장의 목적어인 [To stop data leakage] 안에 내부 주어가 없으니 신경 쓰지 말고 **data leakage**부터 시작해서 거꾸로 해석합니다.

예문을 다음과 같이 정리합니다.

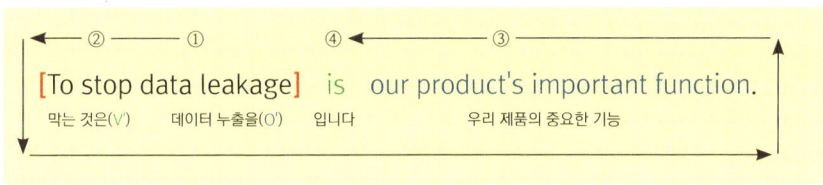

|해석| 데이터 누출을 막는 것은 우리 제품의 중요한 기능입니다.

3. 보어 자리에 To부정사 넣기

이번에는 문장의 보어 자리에 To부정사가 있는 문장을 해석하겠습니다.

다음 예문으로 설명하겠습니다.

Our plan is to migrate old phones to IP phones.
our 우리의 plan 계획 migrate 이행하다, 바꾸다 old 오래된 phone 전화기 IP phone IP 전화기

주어는 첫 번째 명사인 Our plan이고,
동사는 주어 뒤에 있는 Be동사인 is입니다.
보어를 찾으려고 하는데 보어는 보이지 않고 To부정사가 나왔습니다.

To부정사가 나왔으니 [ ]로 묶어 봅니다.
이제는 예상이 되시죠? 압축된 문장이므로
To부정사의 끝인 IP Phones까지 묶어야 하는 것을요.

Our plan is [to migrate old phones to IP phones].

이렇게 [ ]로 묶어 보니 주어와 동사의 문장 흐름이 눈에 쉽게 파악됩니다.

주어와 Be동사가 보이고, 보어 자리에
To부정사 [to migrate old phones to IP phones]이 있는 것이 보입니다.

To부정사로 압축된 문장인
[to migrate old phones to IP phones]을 분석해 봅니다.

to가 주어 자리에 있어 내부 주어라고 하면(주어는 아니지만) migrate는 내부 동사가 되고, **old phones**는 내부 목적어가 되죠.

<u>to</u> <u>migrate</u> <u>old phones</u> to IP phones
(S')   V'   O'

전체 문장을 해석하기 전에
[to migrate old phones to IP phones]을 먼저 해석해 보겠습니다.

[to migrate old phones to IP phones]은 [ ] 안에 내부 주어가 없으므로 압축 문장의 끝에서부터 해석합니다.

|해석| (주어가) IP 전화기들로 오래된 전화기들을 바꾼다.

[to migrate old phones to IP phones]은
전체 문장에서 보어 자리에 있으며, 보어는 명사이므로
'~하는 것'을 붙여서 해석합니다.

또한 [to migrate old phones to IP phones]은
전체 문장에서 보어이기 때문에 Be동사와 함께 '~이다'로 해석합니다.

[to migrate old phones to IP phones]은
보어로서 Be동사 **is**와 함께 사용되어
IP 전화기들로 오래된 전화기들을 바꾸는 것이다의 뜻이 됩니다.

IP 전화기들로 오래된 전화기들을 바꾸는 것이다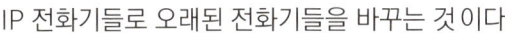

① 문장이 압축되어 명사가 되었으므로 '-하는 것'으로 해석
② 전체 문장의 보어 자리에 있으므로 '이다'로 해석

전체 문장의 주어, 동사, 목적어가 파악되었으니 해석을 합니다.

전체 문장의 보어인 [to migrate old phones to IP phones] 안에
내부 주어가 없으니 신경 쓰지 말고
전체 문장의 주어 **Our plan**부터 시작해서 거꾸로 해석합니다.

예문을 다음과 같이 정리합니다.

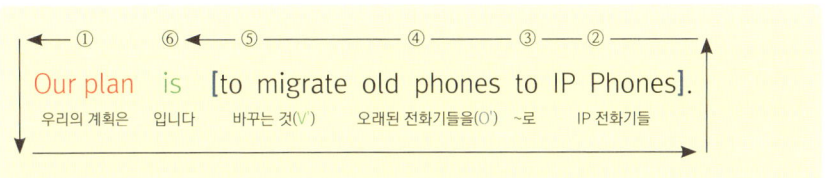

|해석| 우리의 계획은 IP 전화기들로 오래된 전화기들을 바꾸는 것입니다.

That~처럼 To부정사는
문장의 명사 자리 중에서 주어, 목적어, 보어 자리에 들어가지만
전치사의 목적어 자리에는 들어갈 수 없습니다.

▦ 주어, 목적어, 보어 자리에 들어가는 To부정사

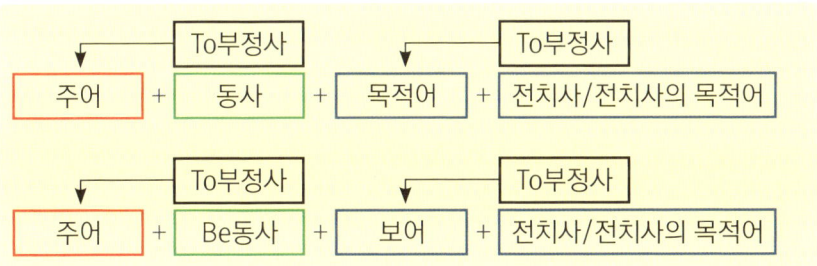

4장 영어 문장 늘리기

4.2 문장의 명사에 압축 문장 연결하기(형용사구/형용사절 연결)

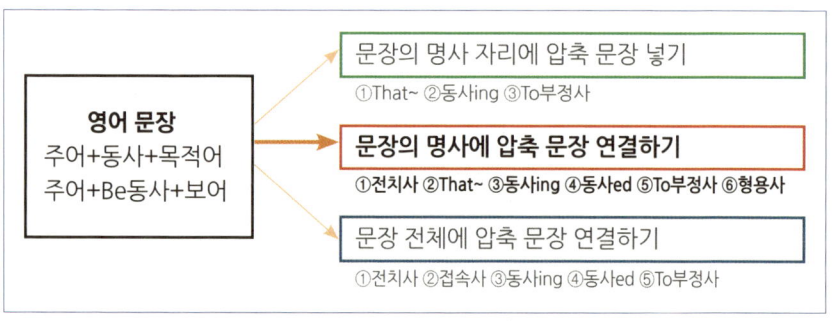

영어 문장을 길고 복잡하게 늘리는 방법 중에서
두 번째 방법을 설명하겠습니다.
이 방법은 영어 문장이 길고 복잡해지는 중요한 원리를 보여줍니다.

여기만 통과하면 더 이상 올라갈 곳이 없어요.
그러니 힘내세요. 사실 알고 보면 어렵지 않고 의외로 간단합니다.

아무리 복잡한 이론도 사실은 간단한 원리에서 출발했습니다.
영어 문장이 길고 복잡해지는 원리도 간단한 원리에서 출발한 것입니다.

계속해서 반복하지만, 아무리 길고 복잡한 영어 문장이라 할지라도
자세히 들여다 보면 영어 문장의 기본 단위인
'주어+동사+목적어'에 무언가가 연결되어 있는 것을 알 수 있어요.
'주어+동사+목적어'에 연결되는 그 무언가는
바로 앞에서 배운 압축 문장 형태로 만든 설명입니다.

압축 문장 형태의 설명이 문장의 명사에 연결되어
문장이 길어지고 복잡해집니다.
바로 이것이 영어 문장이 길어지고 복잡해지는 비밀입니다.

1. 영어 문장이 길게 늘어나는 원리

영어 문장이 길고 복잡해지는 원리는 영어의 특징에서 비롯됩니다.
앞에서 설명했지만
영어에는 **"앞에 나온 말(명사)을 뒤에서 설명한다"**는 특징이 있습니다.

계속해서 반복하지만 그 만큼 중요하기 때문에 꼭 잊지 말아야 합니다.
영어는 앞에 나온 명사를 뒤에서 설명하기에
영어 문장을 길어지게 하는 출발점은 바로 명사입니다.

영어 문장에서 설명을 연결할 수 있는 명사에는 무엇이 있을까요?
기억나세요? 주어, 목적어, 보어, 전치사의 목적어입니다.
그래서 주어, 목적어, 명사 보어, 전치사의 목적어에
설명을 연결할 수 있어요.

▦ 주어, 목적어, 보어, 전치사의 목적어에 설명 연결

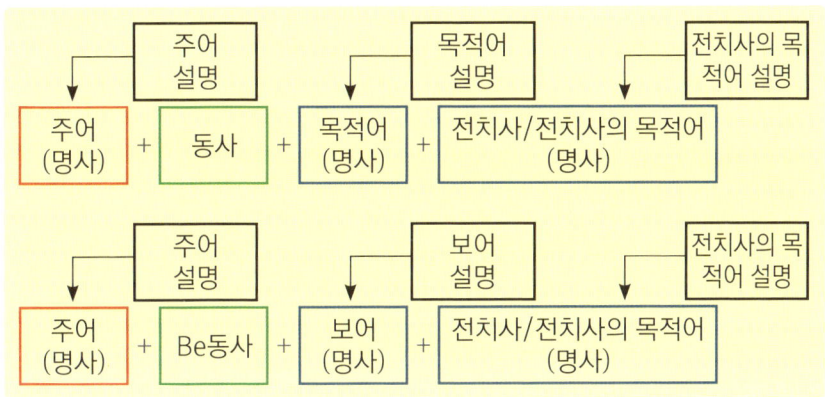

명사에 설명을 연결할 때 앞에서 설명한 압축 문장들을 사용합니다.
압축 문장도 문장 형태를 갖고 있기에
내부에 주어, 목적어, 보어, 전치사의 목적어가 있습니다.

압축 문장의 내부에 있는 주어, 목적어, 보어, 전치사의 목적어도

명사이기 때문에 여기에 설명을 또 연결할 수 있습니다.

주어, 동사, 목적어, 보어, 전치사의 목적어에 압축 문장을 연결하고,
압축 문장의 내부에 있는 주어, 동사, 목적어, 보어에
또 압축 문장이 연결되면서 영어 문장은 더 길어지고 더 복잡해집니다.

이해하기 어려우시면 영어 문장의
모든 명사에 설명을 연결할 수 있다고 생각하면 됩니다.

영어에서는 이렇게 명사가 중요한 역할을 합니다.

EBS 다큐프라임 동과서
"1부 명사로 세상을 보는 서양인, 동사로 세상을 보는 동양인"을 보면
아이들이 말을 배울 무렵에 동양의 엄마들은 동사 위주로 가르치는데,
서양의 엄마들은 명사를 위주로 가르친다고 합니다.

저도 처음에는 '서양인 엄마들의 특징이구나' 정도로 생각했었는데
영어를 알아갈수록 서양의 엄마들이
명사를 중요하게 가르치는 이유가 있다고 생각하게 되었습니다.

영어를 배울 때 우리는 명사를 문법 위주로 배웠죠.
그래서 문법은 잘 하지만 어순에 대한 이해력이 낮아
영어 문장을 제대로 해석하지 못하는 어려움을 겪고 있습니다.

영어에서는 명사가 문장이 시작되는 출발점이고
문장이 끝나는 마지막입니다.
명사를 문장의 구조와 어순 중심으로 하여 영어 문장을 이해하고 해석하면
중학교 수준의 영어 실력만 가지고 있어도
웬만한 영어 문장을 충분히 이해할 수 있습니다.

영어는 문법을 배우기에 앞서 문장의 형태, 구조와 어순을 알아야 합니다.

문법이 필요 없다는 말이 아니라
영어를 배우는 순서를 바꾸어 한다는 말입니다.

2. 영어는 왜, 명사를 뒤에서 설명할까?

앞에서 배운 내용을 다시 한 번 복습하면서 시작하겠습니다.

A boy holding a black cap watches a girl talking to him.

위의 예문을 다음과 같이 분석할 수 있습니다.

우리말은 명사를 앞에서 설명하는데
이와는 다르게 영어는 명사를 뒤에서 설명합니다.

구성	주어	목적어
우리말	검은 모자를 들고 있는 + 소년이	그에게 이야기하는 + 소녀를
영어	a boy + holding a black cap	a girl + talking to him

우리말과 다르게 영어에서는 앞에 나온 말(명사)을 뒤에서 설명하는 구조이기 때문에 생소하고 어렵게 느껴집니다.

그렇다면 영어는 왜 명사를 뒤에서 설명할까요?
영어는 먼저 결론을 말하고 나서
그것에 대해 설명하는 언어이기 때문입니다.

결론을 먼저 말하고 설명하는 이유는 왜일까요?
그 이유는 다음과 같습니다.

언어학자들이 연구한 결과를 보면 똑같은 그림이나 사진을 볼 때 동양인과 서양인의 시선이 움직이는 방향이 다르다고 합니다.

예를 들어, 아프리카 초원에 사자가 있는 사진을 보여주면
동양인은 사진의 배경을 먼저 보고 나서
가운데의 사자로 시선이 이동하는 데 비해
서양인은 반대로 가운데에 있는 사자를 먼저 보고
사진의 배경으로 시선이 이동한다고 합니다.

동양인: 배경 먼저 보고 그러고 나서 가운데로

서양인: 사자 먼저 보고 그러고 나서 배경으로

시선의 방향은 바로 사고가 움직이는 방향이기 때문에
사고 활동인 언어에도 그대로 반영됩니다.

아프리카를 배경으로 한 사자의 사진을 보고 나서
동양인은 "나는 아프리카 초원 위에 있는 사자를 본다."라 하고,
서양인은 "I see a lion on the grass in Africa."라 합니다.

동양인은 관계성을 중시하기 때문에
'아프리카 초원(배경) → 사자(중심 목표)'로 시선이 이동하지만
서양인은 개별 대상을 중시하기 때문에
'사자(중심 목표) → 아프리카 초원(배경)'으로 시선이 이동하는 것입니다.

이러한 서양인의 사고가 반영된 영어에서는
중심 목표와 배경 설명이 있을 때
중심 목표가 먼저 나오고 그 다음에 배경 설명이 나오는 것입니다.
즉, 영어 문장에서는 중심 목표인 명사가 먼저 나오고,
중심 목표를 설명하는 배경 설명이 나중에 나오는 것입니다.

이것이 영어 문장에서
앞에 나온 말(명사)을 뒤에서 설명하는 이유이자 원리입니다.

> **MEMO**
> EBS 다큐프라임 동과서 "1부 명사로 세상을 보는 서양인, 동사로 세상을 보는 동양인"을 보면 자세하게 설명되어 있습니다.

▦ 영어 문장과 우리말 문장의 어순 차이

I eat → bananas → in refrigerator → at kitchen. (I eat → bananas로 시선이동)

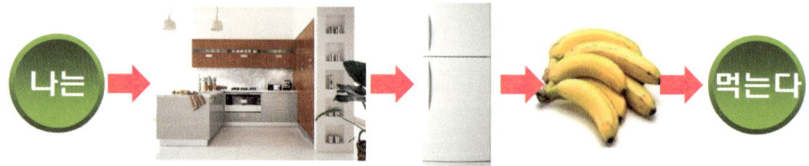

나는 → 부엌의 → 냉장고 안에 있는 → 바나나를 → 먹는다. (나 → 부엌배경으로 시선이동)

4.2.1 문장의 명사에 설명을 연결하는 방법 6가지

영어에서 명사에 설명을 하기 위해 압축 문장을 사용하는데,
압축 문장의 종류는 6가지입니다.
영어 문장이 아무리 길고 복잡해도 명사에 설명을 연결하는 방법은
이 6가지 밖에 없습니다.

▦ 명사에 연결하는 6가지의 압축 문장 형태

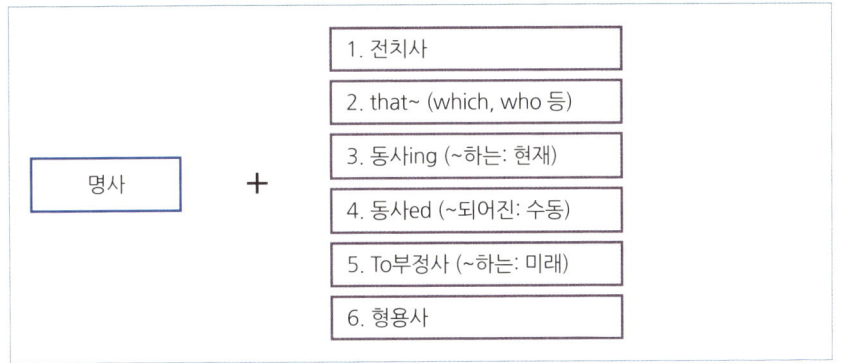

이 6가지의 압축된 문장 형태는 모두 다
That~ 문장에서부터 압축되었다는 공통점을 갖고 있습니다.

That은 설명을 위한 도구로서 뒤에 문장을 데리고 나온다고 했습니다.
이러한 That의 기능을 이용해 문장을 압축하고,
압축한 문장으로 명사를 설명합니다.

That이 데리고 나오는 문장 형식이 6가지이기 때문에
압축 문장 형태도 6가지입니다.

우와, 6가지나 된다니 힘들겠다고요? 거꾸로 생각해 보세요.
영어 문장이 아무리 복잡하고 길어도 설명을 위해
압축된 문장을 연결하는 방법은 **6가지 방법 밖에 없어요**.

이 6가지와 맞추어 보기만 하면 됩니다.

영어 문장을 읽다가 설명이 어떻게 연결되었는지 알 수 없다면
막연해하거나 포기할 필요가 없어요.
6가지 압축 문장을 기준으로 하나씩 비교해서 찾아 나가면 됩니다.

없으면 어떡하냐고요? 없을 수가 없어요.
설명을 연결하는 방법은 이 6가지 밖에 없으니까요.
그래서 이 6가지를 알고 있으면
영어 문장을 파악하고 해석할 때 무척 큰 도움이 됩니다.

자, 이제부터 그 6가지를 알려드립니다.

1. 압축된 전치사 문장

다음 예문으로 설명하겠습니다.

a computer that the computer is at home.

❶ 명사를 That이 설명

명사를 설명할 때
명사 뒤에 That~ 문장을 연결하고 설명할 수 있습니다.
명사 **a computer**를
That~ 문장 **that the computer is at home**이 설명합니다.

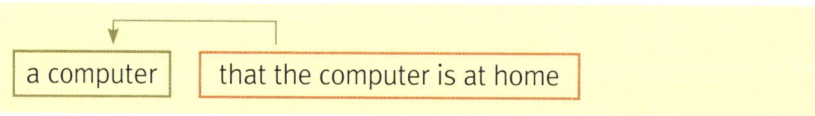

|해석| 컴퓨터, 그 컴퓨터는 집에 있습니다.

❷ 중복 명사 생략

영어는 중복을 싫어하므로 중복된 **the computer**를 생략합니다.

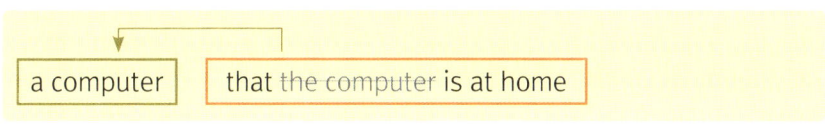

|해석| 집에 있는 컴퓨터

❸ that is 생략

that is에는 **같다(equal)**의 뜻이 있으므로 한번 더 생략할 수 있어요.
that is를 생략하면 전치사와 명사만 남게 됩니다.

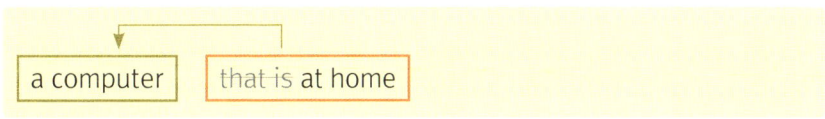

|해석| 집에 있는 컴퓨터

> **Tip**
> 이 과정이 복잡하면 명사(a computer) 뒤에 곧 바로 전치사를 연결하면 됩니다.

❹ 해석

a computer에 압축 문장 **at home**이 연결되었으므로
문장처럼 거꾸로 해석합니다.
(명사 뒤의 전치사구는 문장이 압축된 것입니다.)

명사를 설명하는 것은 형용사이므로 **at home**은 형용사 역할을 합니다.
그래서 형용사처럼 '~ㄴ'을 붙여 해석합니다.

|해석| 집에 있는 컴퓨터

2. 압축된 That~ 문장

명사를 설명하는 방법으로
'압축된 That~ 문장'을 연결하는 방법이 있어요.

바로 앞에서 배운 '압축된 전치사 문장'은
명사에 'That+is~'로 설명하는 데 비해서
'압축된 That~ 문장'은 'That+일반동사~'로 설명하는 차이가 있습니다.

또한 설명하는 명사의 종류에 따라 That~ 뿐만 아니라
Which~, Who~ 등을 사용하기도 합니다.
That~, Which~, Who~ 등은 같은 계열입니다.

압축된 That~ 문장은 That이 어떻게 사용되는가에 따라서
주격관계대명사, 목적격관계대명사, 전치사의 목적격 관계대명사로
구분되는데 문법적으로 접근하면 어렵지만 명사를 That~으로 설명할 때
주어를 생략했는지, 목적어를 생략했는지, 전치사의 목적어를 생략했는지로
구분하면 훨씬 더 쉽게 이해할 수 있어요. Tip이에요!

2-1. 압축된 That~ 문장: 주격관계대명사 That

다음 예문으로 설명하겠습니다.

a computer that the computer has recovery functions

❶ 명사를 That이 설명

명사를 설명할 때
명사 뒤에 That~ 문장을 연결하고 설명할 수 있습니다.
명사 **a computer**를
that the computer has recovery functions이 설명합니다.

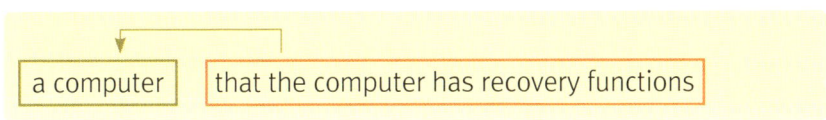

|해석| 컴퓨터, 그 컴퓨터는 복구 기능들을 갖고 있습니다.

❷ 중복 명사 생략

영어는 중복을 싫어하므로 중복된 **the computer**를 생략합니다.

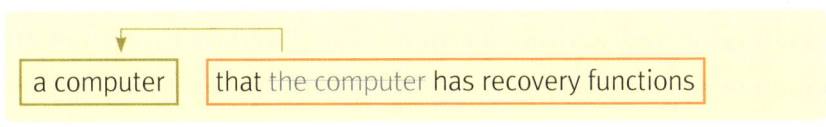

|해석| 복구 기능들을 가진 컴퓨터

> **Caution**
> that is에는 같다(equal)의 뜻이 있어서 생략할 수 있지만
> that has에는 그런 뜻이 없으므로 생략할 수 없습니다.

❸ 해석

a computer에 압축 문장 **that has recovery functions**가 연결되었으므로 문장처럼 거꾸로 해석합니다.

명사를 설명하는 것은 형용사이므로
that has recovery functions는 형용사 역할을 합니다.
그래서 형용사처럼 '~ㄴ'을 붙여 해석합니다.

That has recovery functions 복구 기능들을 갖고 있는
(복구 기능들을 갖고 있다)   (형용사)

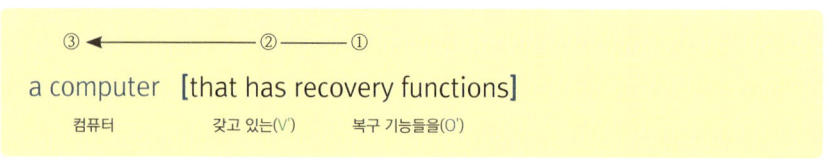

|해석| 복구 기능들을 갖고 있는 컴퓨터

> **Memo**
> that has recovery functions 안에 주어가 없습니다. 대신에 that이 주어 역할을 하고 있습니다. 이때 that을 '주격관계대명사'라고 합니다. 주어 역할을 하는 관계대명사란 뜻입니다.

2-2. 압축된 That~ 문장: 목적격관계대명사 That

다음 예문으로 설명하겠습니다.

a computer that father bought the computer for me

❶ 명사를 That이 설명

명사를 설명할 때
명사 뒤에 That~ 문장을 연결하고 설명할 수 있습니다.
명사 **a computer**를
That~ 문장 **that father bought the computer for me**가 설명합니다.

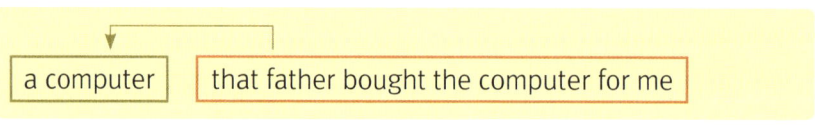

|해석| 컴퓨터, 아버지는 나를 위해 그 컴퓨터를 사주었습니다.

❷ 중복 명사 생략

영어는 중복을 싫어하므로 중복된 **the computer**를 생략합니다.

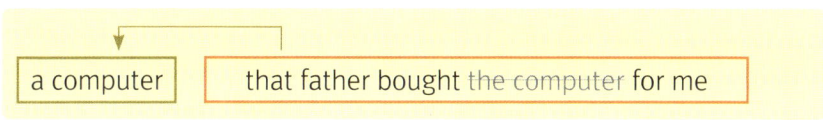

|해석| 아버지가 나를 위해 사주었던 컴퓨터

❸ 해석

a computer에 압축 문장 **that father bought for me**가 연결되었으므로 문장처럼 거꾸로 해석합니다.

명사를 설명하는 것은 형용사이므로
that father bought for me는 형용사 역할을 합니다.
그래서 형용사처럼 '~ㄴ'을 붙여 해석합니다.

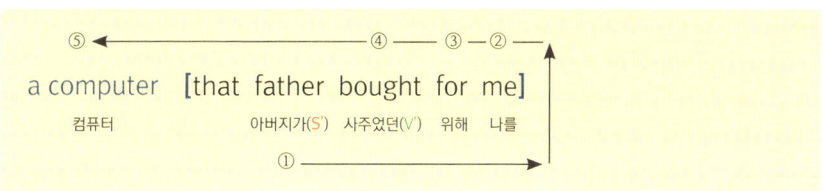

|해석| 아버지가 나를 위해 사주었던 컴퓨터

> **Memo**
> that father bought for me 안에 목적어가 없습니다. 대신에 that이 목적어 역할을 하고 있습니다(father bought that for me).
> 이때 that을 '목적격 관계대명사'라고 합니다. 목적어 역할을 하는 관계대명사란 뜻입니다.

2-3. 압축된 That ~ 문장: 전치사의 목적격관계대명사 That

다음 예문으로 설명하겠습니다.

a computer that mother puts money on the computer

❶ 명사를 That이 설명

명사를 설명할 때
명사 뒤에 That~ 문장을 연결하고 설명할 수 있습니다.
명사 **a computer**를
That~ 문장 **that mother puts money on the computer**가 설명합니다

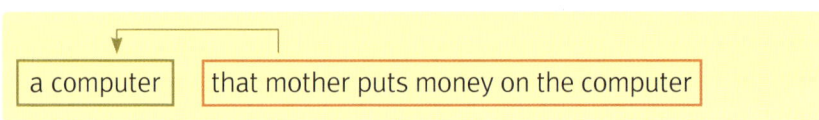

|해석| 컴퓨터, 어머니가 컴퓨터 위에 돈을 올려 놓습니다.

❷ 중복 명사 생략

영어는 중복을 싫어하므로 중복된 **the computer**를 생략합니다.

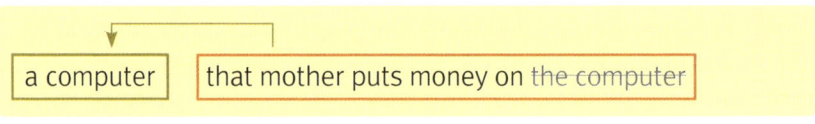

|해석| 어머니가 컴퓨터 위에 돈을 올려 놓은 컴퓨터

❸ 해석

a computer에 압축 문장 **that mother puts money on**이 연결되었으므로 문장처럼 거꾸로 해석합니다.

명사를 설명하는 것은 형용사이므로
that mother puts money on이 형용사 역할을 합니다.

그래서 형용사처럼 '~ㄴ'을 붙여 해석합니다.

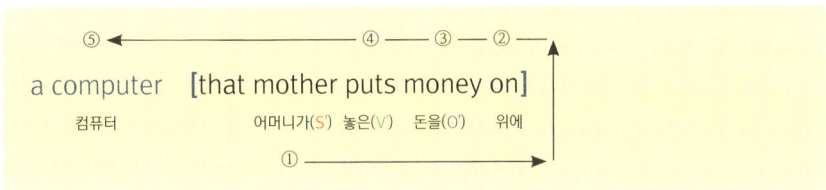

|해석| 어머니가 위에 돈을 놓은 컴퓨터

> **Memo**
>
> that mother puts money on 안에 that이 전치사 on의 목적어 역할을 하고 있습니다(mother puts money on that).
> 이때 that을 '전치사의 목적격 관계대명사'라고 합니다.
> 전치사의 목적어 역할을 하는 관계대명사라는 뜻입니다.

참고 전치사의 목적격관계대명사 that을 which로 바꾸어 사용

❶ a computer that mother puts money on

문장 끝에 전치사 on만 남으면 어색하므로 앞으로 가져옵니다.

❷ a computer on that mother puts money

이때 **that**은 전치사와 친한 **which**로 바꾸어 줍니다.

❸ a computer on which mother puts money

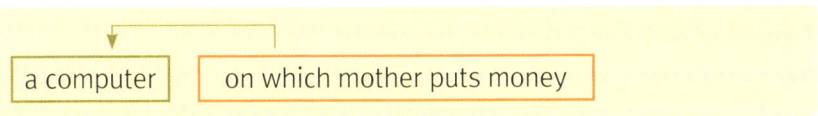

|해석| 그 위에 어머니가 돈을 놓은 컴퓨터

❹ 해석

a computer에
압축된 문장 on which mother puts money가 연결되었으므로
문장처럼 거꾸로 해석합니다.

명사를 설명하는 것은 형용사이므로
on which mother puts money는 형용사 역할을 합니다.
그래서 형용사처럼 '~ㄴ'을 붙여 해석합니다.

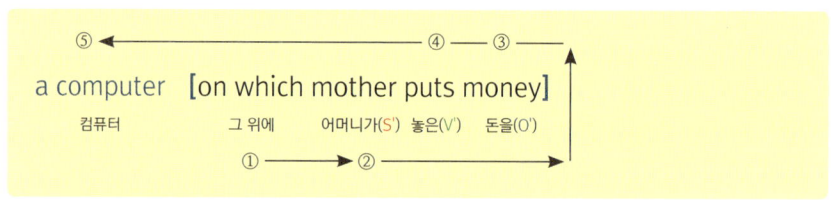

|해석| 그 위에 어머니가 돈을 놓은 컴퓨터

영문 자료를 읽을 때 항상 거슬리는 '전치사+관계대명사'는
웬만큼 영어를 잘 하지 않으면 해석을 제대로 할 수 없죠.
저도 항상 이것 때문에 애를 먹고 힘들었었죠.
그러나 이제부터는 '전치사+관계대명사'를 문장에서 만나면
어렵게 생각하지 말고 아래와 같이 해석하면 됩니다.
알면 쉽고 모르면 헤매게 되는 Tip입니다.
다소 어색할 수도 있지만
전치사의 느낌을 그대로 살릴 수 있는 좋은 방법입니다.

'전치사+which'를 간편하게 해석하는 방법

in which	on which	for which	with which	about which
그것 안에	그것 위에	그것을 위해 그것 때문에	그것을 가지고 그것과 함께	그것에 관해

at which	from which	by which	during which	through which
그것에	그것으로부터	그것에 의해	그 동안	그것을 통해

앞에서 설명했듯이 전치사와 that은 함께 사용하지 않습니다.
그 대신 전치사와 which를 사용합니다.

> **Mini Grammer**
>
> '전치사+which' 뒤에는 '주어+동사+목적어'의 완전한 문장이 나오죠.
> (예) on which mother(S') puts(V') money(O')
> '전치사+which'를 부사인 where로 바꾸어 쓸 수도 있어요.
> 이때 where를 관계부사라고 합니다(= where mother puts money).
> '전치사+which' 뒤나, 관계부사 where 뒤에는 '주어+동사+목적어'의 완벽한 문장이 나옵니다.
> 이것도 잊지 마세요.

3. 압축된 동사ing 문장(능동태 연결)

다음 예문으로 설명하겠습니다.

a computer that the computer plays music

❶ 명사를 That이 설명

명사를 설명할 때
명사 뒤에 That~ 문장을 연결하고 설명할 수 있습니다.
명사 **a computer**를
That~ 문장 **that the computer plays music**이 설명합니다.

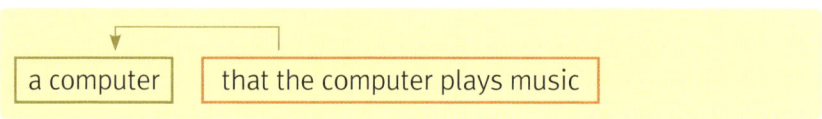

|해석| 컴퓨터, 그 컴퓨터는 음악을 연주합니다.

❷ 중복 명사 생략

영어는 중복된 것을 싫어하므로 **the computer**를 생략합니다.

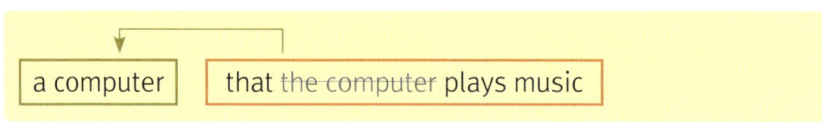

|해석| 음악을 연주하는 컴퓨터

❸ that 생략

that도 생략을 할 수 있습니다.
that을 생략하면 **plays**를 **playing**으로 바꾸어 줍니다.
이렇게 일반 문장(능동태 문장)은 **that**을 생략하고
동사를 동사ing로 바꾸어 연결합니다.

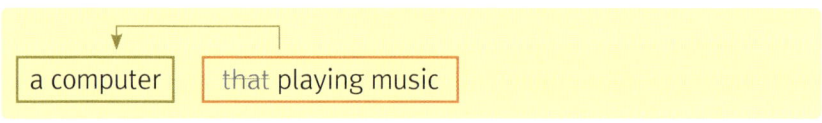

|해석| 음악을 연주하는 컴퓨터

> **Tip**
> 이 과정이 복잡하면 명사(a computer) 뒤에 곧 바로 동사ing를 연결하면 됩니다.

❹ 해석

a computer에 압축 문장 **playing music**이 연결되었으므로
문장처럼 거꾸로 해석합니다.

명사를 설명하는 것은 형용사이므로
playing music은 형용사 역할을 합니다.
형용사처럼 '~하는/~하고 있는'을 붙여 해석합니다.

앞에서 배운 대로 playing music은
능동태 문장(the computer plays music)이 압축된 것으로
주어가 생략되었습니다.
주어가 없기에 맨 끝의 목적어 music부터 해석하죠.

```
        ③ ←────── ② ──── ①
     a computer   [playing music]
        컴퓨터      연주하는(V')  음악을(O')
```

|해석| 음악을 연주하는 컴퓨터

다음의 설명도 알고 있으면 도움이 됩니다.
playing music은 능동태 문장이 압축된 것으로
역할은 앞의 명사를 설명하는 것입니다.

이때 현재(plays music) 뿐만 아니라
현재진행형(is playing music) 문장도 능동태 문장이므로
동사ing 형태로 압축할 수 있습니다.

해석은 모두 동일하게 '~하는'으로 해석합니다.

a computer that plays music ───→ a computer playing music
음악을 연주하는 컴퓨터

a computer that is playing music ───→ a computer playing music
음악을 연주하는 컴퓨터

이렇게 동사 play에 ~ing을 연결하여 만든 **playing**을
현재분사라고 합니다.

어? 앞에서는 동사에 ing를 붙여 동명사라고 했는데
이번에는 현재분사라고 하네요. 뭐가 맞는 말인가요?

동사에 ~ing를 붙이면
사용하는 용도에 따라 동명사 또는 현재분사가 됩니다.

동명사는 이름에서 느껴지듯이 동사ing가 명사로 사용되는 것입니다.
현재분사는 동사ing가 형용사로 사용되는 것으로
'(현재) ~을 하는'이라는 뜻을 가지고 있어요.

그래서 동명사는 명사이기 때문에 문장의 명사 자리에 들어가고,
현재분사는 형용사이기 때문에 명사 뒤에서 명사를 설명하게 되죠.

▦ 동명사와 현재분사 비교

구분	동명사	현재분사
모양	동사+ing	동사+ing
용도	명사로 사용	형용사로 사용
해석	(현재) ~하는 것	(현재) ~하는

아래 예문으로 살펴보겠습니다.

① I like [playing music]. (동명사)

[playing music]이 목적어 자리에 있어 명사로 쓰이며,
'~하는 것'으로 해석합니다.
해석하면, **나는 음악을 연주하는 것을 좋아합니다.**가 됩니다.

② I like a party [playing music]. (현재분사)

[playing music]이 명사 뒤에서 명사를 설명하고 있어 형용사로 쓰이며, '~하는'으로 해석합니다.

해석하면, **나는 음악을 연주하는 파티를 좋아합니다.**가 됩니다.

동명사나 현재분사나 중요한 것은
둘 다 문장의 형태를 갖고 압축한다는 것입니다.
왜냐하면 문장을 만들던 동사에서 왔기 때문입니다.
그래서 동명사와 현재분사를 동사ing로만 보면 안되고
압축 문장의 형태로 보아야 합니다.

```
_____   playing   music
 (S')     (V')      (O')
```

현재분사가 형용사라고 하면 일반 형용사와 어떻게 다를까요?
현재분사는 형용사인데 동사에서 유래한 형용사입니다.
그래서 압축 문장 형태를 갖고 있죠.
일반 형용사는 원래부터 형용사이고 단어입니다. 압축된 문장이 아닙니다.

> **Mini Grammer**
> 현재분사가 명사 뒤에서 설명한다고 했지만, 명사 앞에서 명사를 꾸며주기도 합니다.
> 해석은 똑같이 '~하는'으로 해석합니다.
> 차이점은 현재분사가 명사 뒤에서 설명할 때는 압축 문장을 갖고 설명하지만,
> 현재분사가 명사 앞에서 꾸며줄 때는 한 단어로서만 사용됩니다.
>
> ① the surprising news (한 단어)   : 놀라게 하는 뉴스
> ② the news surprising people (압축 문장) : 사람들을 놀라게 하는 뉴스

4. 압축된 동사ed 문장(수동태 연결)

다음 예문으로 설명하겠습니다.

a computer that the computer is fixed by a maker

❶ 명사를 That이 설명

명사를 설명할 때
명사 뒤에 That~ 문장을 연결하고 설명할 수 있습니다.
명사 **a computer**를
That~ 문장 **that the computer is fixed by a maker**가 설명합니다.

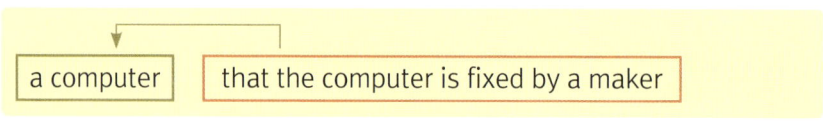

|해석| 컴퓨터, 그 컴퓨터는 제작자에 의해 고쳐졌습니다.

❷ 중복 명사 생략

영어는 중복을 싫어하므로 중복된 **the computer**를 생략합니다.

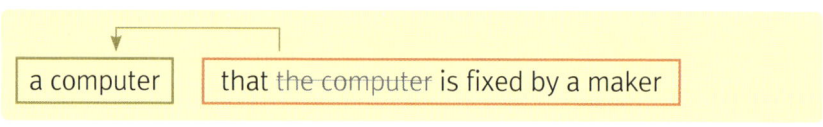

|해석| 제작자에 의해 고쳐진 컴퓨터

❸ that is 생략

that is에는 **같다(equal)**의 뜻이 있으므로 한번 더 생략할 수 있습니다.
이렇게 수동태 문장은 **that**과 **is**를 생략하여 연결합니다.

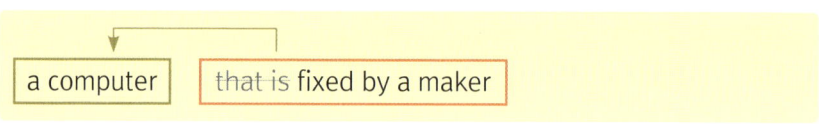

|해석| 제작자에 의해 고쳐진 컴퓨터

> Tip
> 이 과정이 복잡하면 명사(a computer) 뒤에 곧 바로 동사+ed를 연결하면 됩니다.

❹ 해석

a computer에 압축 문장 fixed by a maker가 연결되었으므로
문장처럼 거꾸로 해석합니다.

명사를 설명하는 것은 형용사이므로
fixed by a maker는 형용사 역할을 합니다.
그래서 형용사처럼 '~되어진/~된'을 붙여 해석합니다.

앞에서 배운 대로 fixed by a maker는
수동태 문장(the computer is fixed by a maker)이 압축된 것으로
주어가 생략되었습니다.
주어가 없으므로 맨 끝의 a maker부터 해석합니다.

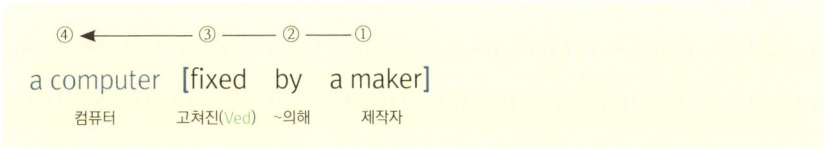

|해석| 제작자에 의해 고쳐진 컴퓨터

fixed by a maker는
수동태 문장 that the computer is fixed by maker가 압축된 문장입니다.
수동태 문장은 과거분사를 사용합니다.
이 문장에서는 fixed가 과거분사입니다.

과거분사는 '~되어진'의 뜻을 가진 형용사로
동사를 변형하여 만들었습니다.
과거분사는 현재분사처럼 압축된 문장 구조를 갖고 있습니다.

일반 형용사와 다른 차이점입니다.

> **Mini Grammer**
>
> 과거분사가 명사를 뒤에서 설명하지만, 명사 앞에서 명사를 꾸며주기도 합니다.
> 해석은 똑같이 '~되어진'으로 해석합니다.
> 차이점은 과거분사가 명사 뒤에서 설명할 때는 압축된 문장을 갖고 설명하지만,
> 과거분사가 명사 앞에서 꾸며줄 때는 한 단어로서만 사용됩니다.
> ① invited guests (한 단어)　　　　　　　　: 초대되어진 손님들
> ② guests invited through email (압축 문장)　: 이메일을 통해 초대되어진 손님들

5. 압축된 To부정사 문장(미래형 연결)

다음 예문으로 설명하겠습니다.

a computer that the computer will send email

❶ 명사를 That이 설명

명사를 설명할 때
명사 뒤에 That~ 문장을 연결하고 설명할 수 있습니다.
명사 **a computer**를
That~ 문장 **that the computer will send email**이 설명합니다.

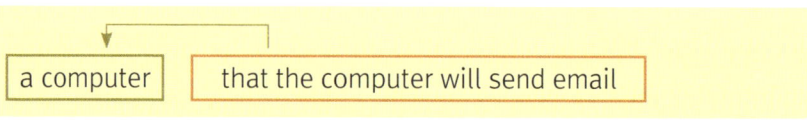

|해석| 컴퓨터, 그 컴퓨터는 이메일을 보낼 것입니다.

❷ 중복 명사 생략

영어는 중복을 싫어하므로 중복된 **the computer**를 생략합니다.

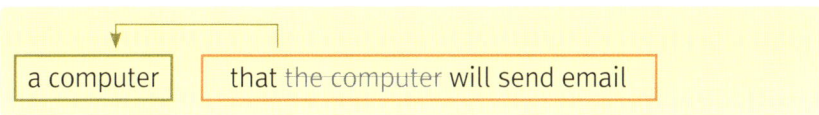

|해석| 이메일을 보낼 컴퓨터

❸ that 생략

that을 생략할 수 있어요.
that을 생략하면 will send가 남게 되는데,
will send를 미래의 뜻을 갖고 있는 To부정사 to send로 바꿉니다.

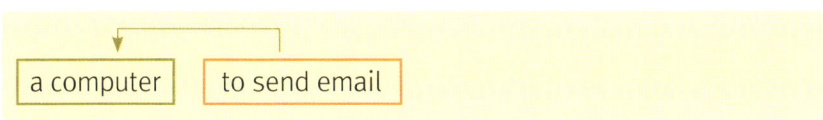

|해석| 이메일을 보낼 컴퓨터

> **Tip**
> 이 과정이 복잡하면 명사(a computer) 뒤에 곧 바로 To부정사를 연결하면 됩니다.

❹ 해석

a computer에 압축 문장 to send email이 연결되었으므로
문장처럼 거꾸로 해석합니다.

명사를 설명하는 것은 형용사이므로
to send email은 형용사 역할을 합니다.
형용사처럼 '(미래에) ~하는'을 붙여 해석합니다.

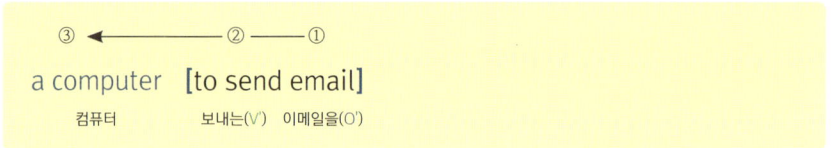

|해석| 이메일을 보내는 컴퓨터

▶ 준동사(동사ing, 동사ed, To부정사) 비교

동사ing	동사ed	to부정사
~하는(현재)	~되어진	~하는(미래)
능동태 연결	수동태 연결	미래형 연결

다시 반복하지만 **준동사의 공통점은 문장이 압축된 형태**라는 것입니다.
그래서 문장의 형태로 준동사를 이해해야 합니다.
중요하므로 꼭 기억하십시오.

6. 압축된 형용사 문장

다음 예문으로 설명하겠습니다.

a computer that the computer is expensive

❶ 명사를 That이 설명

명사를 설명할 때
명사 뒤에 That~ 문장을 연결하고 설명할 수 있습니다.
명사 **a computer**를
That~ 문장 **that the computer is expensive**가 설명합니다.

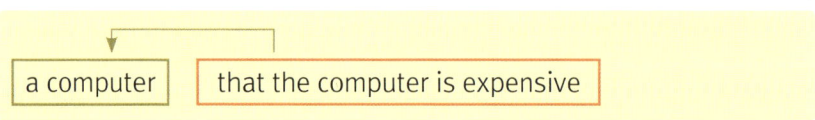

|해석| 컴퓨터, 그 컴퓨터는 값비쌉니다.

❷ 중복 명사 생략

영어는 중복을 싫어하므로 중복된 **the computer**를 생략합니다.

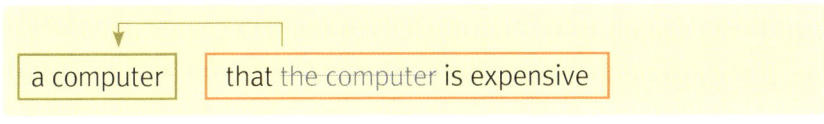

|해석| 값비싼 컴퓨터

❸ that is 생략

that is에는 **같다(equal)**의 뜻이 있으므로 한번 더 생략할 수 있어요.
that is를 생략하면 형용사 expensive만 남습니다.
expensive의 뜻은 **값비싼**입니다.

|해석| 값비싼 컴퓨터

> **Tip**
> 이 과정이 복잡하면 명사(a computer) 뒤에 곧 바로 형용사를 연결하면 됩니다.

❹ 해석

a computer에 압축 문장 **expensive**(That is expensive가 압축)가 연결되었으므로 문장처럼 거꾸로 해석합니다.

|해석| 값비싼 컴퓨터

Mini Grammer

an expensive computer와 a computer expensive의 차이

형용사 expensive는 명사 the computer 앞과 뒤에 모두 올 수 있습니다.
어떨 때 형용사를 명사 앞에 사용하고, 어떨 때 형용사를 명사 뒤에 사용하는지 궁금합니다.
이렇게 생각하세요.
명사에 집중하려면 형용사를 명사 앞에 넣어서 꾸며주고(an expensive computer)
명사를 설명하려면 형용사를 명사 뒤에 놓아서 설명한다라고요(a computer expensive).

명사 뒤에 설명으로 형용사를 연결한다고 했는데
영어에서 명사 뒤에 형용사가 자주 보이지 않아
영문 자료를 읽다가 이런 형식의 문장을 만나면 당황하게 됩니다.

명사 뒤에 형용사,
아직은 눈에 익지 않아 문장에서 알아 볼 수 있을 지 걱정되겠지만,
명사인 주어, 목적어 또는 보어 뒤에 형용사가 곧 바로 나오면
"아! 이거구나, **명사를 설명하기 위해 형용사가 뒤에 나왔구나!**"라고
생각하세요. 아무런 이유 없이 명사 뒤에 형용사가 나올 수 없으니까요.

이상으로, 명사인 주어, 목적어, 보어, 전치사의 목적어에
설명을 연결하는 6가지의 압축 문장을 배웠습니다.

정리하면 다음과 같습니다.

▦ 설명을 연결할 수 있는 문장의 명사들

주어	+	압축 문장 6가지	+	동사	+	목적어	+	압축 문장 6가지	+	전치사/전치사의 목적어	+	압축 문장 6가지
주어	+	압축 문장 6가지	+	Be 동사	+	보어	+	압축 문장 6가지	+	전치사/전치사의 목적어	+	압축 문장 6가지

▦ 설명을 연결할 수 있는 문장의 명사들 상세

여러분, 여기까지 오시느라 정말 수고 많으셨습니다.
여러분이 곧 바로 느끼지는 못하시겠지만
수고한 만큼 여러분의 영어 실력은 놀랄 정도로 높아졌을 것입니다.

영어 문장을 파악할 때 알아야 할 중요한 내용은 다 나왔습니다.
이제부터는 정리를 하고 응용만 하면 됩니다.

영어 문장에서는 앞에 나온 말(명사)을 설명할 때
압축 문장 6가지 중 하나로 연결합니다.
명사에 설명을 연결하는 방법은 이 6가지 밖에 없고
이 6가지 안에서 해결이 다 됩니다.

명사에 설명을 연결하는
압축된 문장 6가지를 마지막으로 정리하면 아래와 같습니다.
①전치사 ②That~ ③동사ing ④동사ed ⑤To부정사 ⑥형용사

첫 번째는 압축한 **전치사** 문장으로 설명하는 방법입니다.

두 번째는 압축한 **That~** 문장으로 설명하는 방법입니다.
 That으로 설명을 연결하는 방법은 6가지 방법의 기본이 되는 방법입니다.
 잘 배우셨죠?

잊지 마세요. That은 뒤에 문장을 갖고 다니며,
뒤에 문장을 이끌고 나오는 도구라는 것을요.
단, 앞에 나온 명사와 중복을 피하기 위해
That~ 안에 무언가가 빠져있습니다.

That~으로 압축된 문장은 주어, 목적어, 전치사의 목적어 중
하나가 빠져 있지만 문장 형태는 유지됩니다.

세 번째는 압축한 **동사ing** 문장으로 설명하는 방법입니다.
능동태 문장을 압축하여 설명을 연결하는 것이죠.

네 번째는 압축한 **동사ed** 문장으로 설명하는 방법입니다.
수동태로 문장을 압축하여 설명을 연결하는 것입니다.

다섯 번째는 압축한 **To부정사** 문장으로 설명하는 방법입니다.
미래를 나타내는 문장을 압축하여 설명을 연결하는 것입니다.

여섯 번째는 압축한 **형용사** 문장으로 설명하는 방법입니다.
자주 보이지는 않지만 알고 있어야 합니다.

다음 절부터는 개별 명사가 아니라
문장의 명사에 6가지 압축 문장을 연결하는 방법을 알려드립니다.

4.2.2 문장의 명사에 전치사 연결하기

전치사를 문장의 명사인
목적어, 주어, 보어, 전치사의 목적어에 연결할 수 있습니다.
하나씩 살펴보겠습니다.

1. 문장의 목적어에 전치사 연결

문장의 목적어(명사)에 전치사로 설명을 연결하는 방법을
다음 예문으로 설명하겠습니다.

I read manuals for PC.
read 읽다 manual 설명서

문장에서의 자리로 주어, 동사, 목적어를 찾습니다.

주어는 첫 번째 명사인 I이고,
동사는 주어 뒤에 있는 read입니다.
목적어는 동사 read 다음에 있는 첫 번째 명사인 manuals입니다.

문장 기본 단위인 '주어+동사+목적어'가 완성되어 문장이 끝났습니다.
그런데 문장의 목적어 manuals 뒤에
전치사구(전치사+명사)인 for PC가 있습니다.

> **MEMO**
> 전치사+명사를 합쳐서 전치사구라고 합니다.

전치사구 for PC를 [ ]로 묶어 봅니다.

I read manuals [for PC].

전치사구 for PC를 묶어보니 '주어+동사+목적어' 문장 끝에 전치사구
for PC가 연결된 것이 잘 보입니다.

영어는 앞에 나온 말을 뒤에서 설명한다는 원칙에 따라

for PC는 앞에 있는 목적어인 명사 **manuals**를 설명합니다.

▓ 문장의 목적어에 전치사 연결

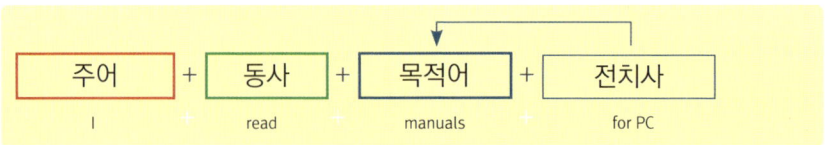

명사에 설명을 연결하는 압축 문장 6가지(도구) 중에서
목적어에 전치사로 설명을 연결하였습니다.

전치사구 **for PC**는 목적어 **manuals**를 뒤에서 설명하는
형용사 역할을 합니다.
전치사구 **for PC**는 형용사로 해석되므로
뜻은 '~ㄴ'을 붙여 **PC를 위한**이 됩니다.

주어, 동사, 목적어와 설명이 파악되었으므로 해석을 합니다.
해석은 전체 문장의 주어 I부터 시작하고
문장 맨 끝으로 가서 진행합니다.

예문을 다음과 같이 정리합니다.

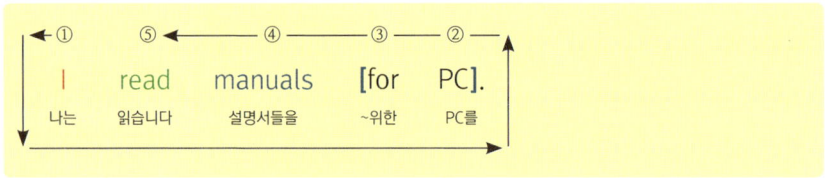

|해석| 나는 PC를 위한 설명서들을 읽습니다.

> **MEMO**
> 목적어 뒤에 전치사가 나오면 [ ]로 묶으세요. 문장이 훨씬 더 잘 보입니다.

2. 문장의 주어에 전치사 연결

문장의 주어(명사)에 전치사로 설명을 연결하는 방법을
다음 예문으로 설명하겠습니다.

The man with dogs sings old songs.
man 남자 dog 개, 강아지 sing 노래하다 old 오래된 song 노래

문장에서의 자리로 주어, 동사, 목적어를 찾습니다.

전체 문장의 주어는 첫 번째 명사인 The man입니다.
주어 뒤에서 동사를 찾으려는데 보이지 않고
전치사구(전치사+명사)인 with dogs가 나왔습니다.
전치사구 with dogs를 [ ]로 묶어 봅니다.

The man [with dogs] sings old songs.

전치사구 with dogs를 묶어보니 '주어+동사+목적어' 문장에서
주어 뒤에 전치사구 with dogs가 연결된 것이 잘 보입니다.

영어는 앞에 나온 말을 뒤에서 설명한다는 원칙에 따라
with dogs는 앞에 있는 주어인 명사 The man을 설명합니다.

▦ 문장의 주어에 전치사 연결

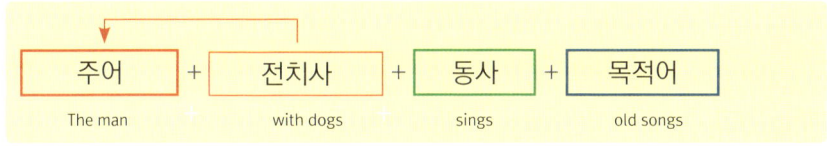

명사에 설명을 연결하는 압축 문장 6가지 중에서
전치사로 설명이 연결되었습니다.

전치사구 with dogs는 주어 The man을 뒤에서 설명하는

형용사 역할을 합니다.
전치사구 **with dogs**를 형용사로 해석하므로 '~ㄴ'을 붙여
뜻은 **강아지들을 가진**이 됩니다.

동사는 주어 설명 **with songs** 다음에 있는 **sings**입니다.
주어가 **The man**으로 3인칭 단수이므로
동사에도 3인칭 단수를 표시하는 -s가 붙었습니다.
목적어는 동사 **sings** 다음의 첫 번째 명사인 **old songs**입니다.

주어, 동사, 목적어와 설명이 파악되었으므로 해석을 합니다.
전체 문장의 주어 **The man**부터 시작하고,
문장 맨 끝으로 가서 거꾸로 진행합니다.

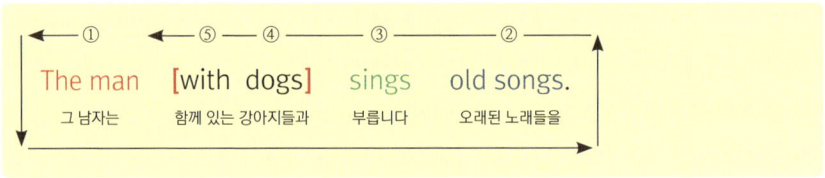

|해석| 그 남자는 오래된 노래들을 부릅니다. 강아지들과 함께 있는(?)

그런데 뭔가 해석이 어색하네요.

with dogs의 역할은 **The man**을 설명하는 것입니다.
이렇게 주어에 설명이 연결되어 있으면 **주어 설명 with dogs부터**
거꾸로 해석을 해야 합니다.

예문을 다음과 같이 정리합니다.

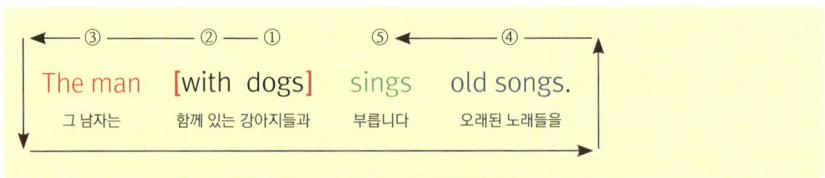

|해석| 강아지들과 함께 있는 그 남자는 오래된 노래들을 부릅니다.

문장에서 주어만 있을 때와 **주어에 설명이 연결되어 있을 때**는
해석하는 방법이 달라야 합니다.
3장에서 배운 것 기억나시죠?
그렇다고 원칙에서 벗어나는 것은 아니죠.

> **Tip**
> 영어 문장의 해석 규칙
> ① 주어만 있는 문장: 주어부터 시작해서 거꾸로 해석합니다.
> ② 주어에 설명이 연결된 문장: 주어의 설명부터 시작해서 거꾸로 해석합니다.

> **Memo**
> 주어 뒤에 전치사가 나오면 [ ]로 묶으세요. 문장이 훨씬 더 잘 보입니다.

3. 문장의 보어에 전치사 연결

문장의 보어(명사)에 전치사로 설명을 연결하는 방법을
다음 예문으로 설명하겠습니다.

This card is a graphic card with memory.
card 카드 **graphic card** 그래픽용 카드 **memory** 기억장치

문장에서의 자리로 주어, Be동사, 보어를 찾습니다.

주어는 첫 번째 명사인 **This card**이고, 동사는 **is**입니다.
보어는 동사 **is** 다음의 첫 번째 명사인 **a graphic card**입니다.

기본 단위인 '주어+Be동사+보어'가 완성되어 문장이 끝났습니다.
그런데 문장의 보어 **a graphic card** 뒤에
전치사구(전치사+명사)인 **with memory**가 있습니다.
전치사구 **with memory**를 [ ]로 묶어 봅니다.

This card is a graphic card [with memory].

전치사구 with memory를 묶어보니 '주어+Be동사+보어' 문장의
보어 a graphic card에
전치사구 with memory가 연결된 것이 잘 보입니다.

영어는 앞에 나온 말을 뒤에서 설명한다는 원칙에 따라
with memory는 앞에 있는
보어인 명사 a graphic card를 설명합니다.

▦ 문장의 보어에 전치사 연결

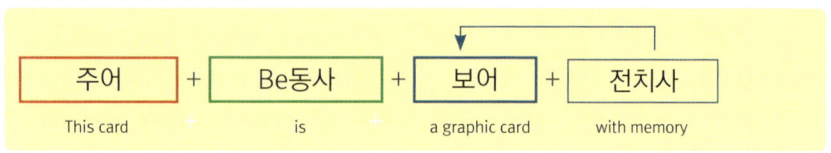

명사에 설명을 연결하는 압축된 문장 6가지 중에서
전치사로 설명이 연결되었습니다.

전치사구 with memory는 보어 a graphic card를
뒤에서 설명하는 형용사 역할을 합니다.
전치사구 with memory는 형용사로 해석되므로
뜻은 '~ㄴ'을 붙여 **기억장치를 가진**이 됩니다.

주어, Be동사, 보어와 설명이 파악되었으므로 해석을 합니다.
주어 뒤에 설명이 없으므로
해석은 전체 문장의 주어 This card부터 거꾸로 합니다.

예문을 다음과 같이 정리합니다.

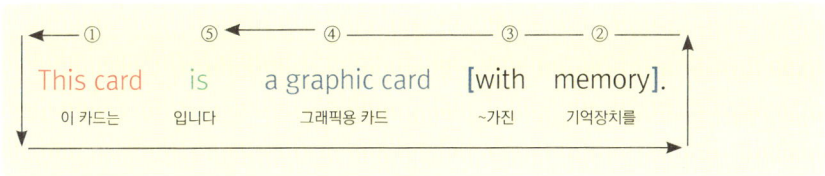

|해석| 이 카드는 기억장치를 가진 그래픽용 카드입니다.

> **MEMO**
> 보어 뒤에 전치사가 나오면 [ ]로 묶으세요. 문장이 훨씬 더 잘 보입니다.

4. 전치사의 목적어에 전치사 연결

전치사의 목적어에 전치사가 또 연결되는 것을
다음 예문으로 설명하겠습니다.

Mobile device leads wireless trend for mobile workers in the company.
mobile 이동형 **device** 장비 **lead** 이끌다, 주도하다 **wireless** 무선 **trend** 트렌드, 동향
worker 작업자

문장에서의 자리로 주어, 동사, 목적어를 찾습니다.

주어는 문장의 첫 번째 명사인 **Mobile device**이고,
동사는 주어 **Mobile device** 다음에 있는 **leads**입니다.
목적어는 동사 **leads** 다음에 있는 첫 번째 명사인 **wireless trend**입니다.

문장이 목적어로 끝난 것이 아니고 목적어 **wireless trend** 뒤에
전치사구(전치사+명사)인 **for mobile workers**가 연결되어 있습니다.
이것을 [ ]로 묶습니다.

Mobile device leads wireless trend [for mobile workers] in the company.

문장의 전치사구인 **for mobile workers**를 [ ]로 묶어 보니
목적어인 **wireless trend**를 뒤에서 설명하고 있는 것이 잘 보입니다.

그런데 전치사구 for mobile workers 뒤에
또 다른 전치사구인 in the company가 연결되어 있습니다.
이것도 [ ]로 묶습니다.

Mobile device leads wireless trend [for mobile workers] [in the company].

전치사구인 in the company를 [ ]로 묶어보니
전치사 for의 목적어인 mobile workers를
in the company가 뒤에서 설명하고 있는 것이 잘 보입니다.

목적어 wireless trend를 전치사구 for mobile workers가 설명하고
전치사 for의 목적어인 mobile workers를
in the company가 설명하는 다단 연결 구조입니다.

▨ 문장의 전치사의 목적어에 전치사 연결

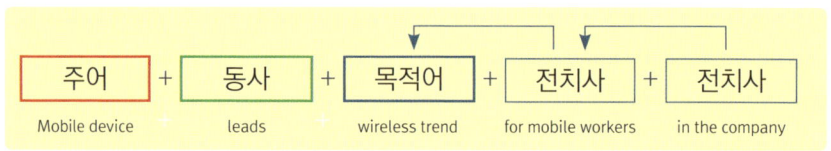

for mobile workers는 목적어 wireless trend를 설명하는
형용사 역할을 하므로
'~ㄴ'을 붙여 **이동형 작업자들을 위한**으로 해석합니다.

전치사구 in the company는
전치사 for의 목적어인 mobile workers를 설명하는
형용사 역할을 하므로 '~하는'을 붙여
회사 안에 있는으로 해석합니다.

전체 문장을 해석해 보겠습니다.
주어에 설명이 없으므로
주어 Mobile device부터 시작해서 거꾸로 해석합니다.

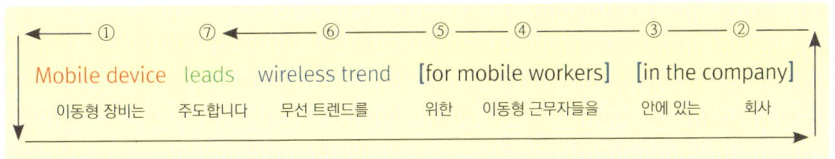

|해석| 이동형 장비는 회사 안에 있는 이동형 근무자들을 위한 무선 트렌드를 주도합니다.

4.2.3 문장의 명사에 That~ 연결하기

That~을 문장의 명사인
목적어, 주어, 보어, 전치사의 목적어에 연결할 수 있습니다.
하나씩 살펴보겠습니다.

> **Tip**
> 명사에 설명을 연결하는 That~을 차분히 살펴보면
> **주어, 목적어, 보어, 전치사의 목적어 중 어느 하나가 빠져 있다**는 특징이 있습니다.
> 그래서 그 빠진 것을 먼저 알아내면 문장 파악이 쉬워집니다.
> 빠진 것을 알아내는 간단한 방법은 That을 가리고 난 뒤,
> That 뒤에 따라 나오는 문장에서 주어가 없는지, 목적어가 없는지,
> 전치사의 목적어가 없는지를 확인하는 것입니다.

1. 문장의 목적어에 That~ 연결

문장의 목적어(명사)에 That~으로 설명을 연결하는 방법을
다음 예문으로 설명하겠습니다.

This shows the seaplane that can accommodate 200 persons.
show 보여주다　**seaplane** 수상비행기　**accommodate** 수용하다　**person** 사람, 승객

문장에서의 자리로 주어, 동사, 목적어를 찾습니다.

전체 문장의 주어는 첫 번째 명사인 **This**이고,
동사는 주어 뒤에 있는 **shows**입니다.
목적어는 동사 **shows** 다음 첫 번째 명사인 **the seaplane**입니다.

기본 단위인 '주어+동사+목적어'가 완성되어 문장이 끝났습니다.
그런데 문장의 목적어 **the seaplane** 뒤에 **that~**이 있습니다.

that~을 [ ]로 묶어 봅니다. 어디까지 묶나요?
that~은 압축 문장이므로 끝까지 묶습니다.

This shows the seaplane [that can accommodate 200 persons].

that~를 묶어보니 문장 끝에 **that~**이 연결된 것이 잘 보입니다.

영어는 앞에 나온 말을 뒤에서 설명한다는 원칙에 따라
that~은 앞에 있는 명사인 목적어 **the seaplane**을 설명합니다.

■ 문장의 목적어에 That~ 연결

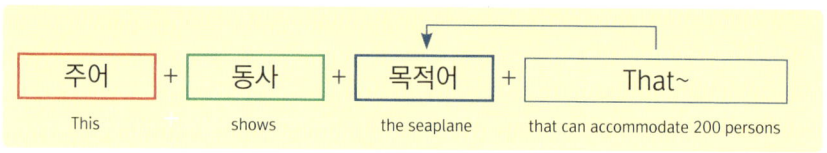

명사에 설명을 연결하는 압축 문장 6가지 중에서
that~으로 설명이 연결되었습니다.

that 뒤에 따라 나오는 문장에서
내부 동사와 내부 목적어는 있는데 내부 주어가 보이지 않습니다.
내부 주어가 보이지 않으므로 **that**은 주격관계대명사입니다.

다시 정리하면

that can accommodate 200 persons는 문장이 압축된 것으로
이 안에서 can accommodate가 내부 동사,
200 persons가 내부 목적어입니다.
that can accommodate 200 persons는 **내부 주어가 없는 압축 문장**이므로
뒤에서 앞으로 해석합니다.

that~은 목적어 the seaplane을 뒤에서 설명하는
형용사 역할을 합니다. that~이 형용사 역할을 하므로
뜻은 '~ㄴ'을 붙여 **200명을 수용할 수 있는**이 됩니다.

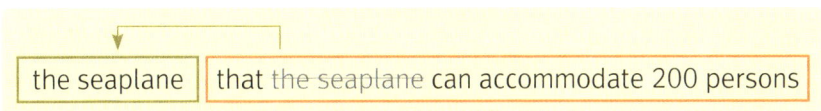

|해석| 200명을 수용할 수 있는 수상비행기

주어, 동사, 목적어와 설명이 파악되었으므로 해석을 합니다.
전체 문장의 주어 This부터 해석합니다.
그 다음으로 해석해야 할 that can accommodate 200 persons 안에
내부 주어가 따로 없으므로 문장 끝으로 가서 거꾸로 해석합니다.

예문을 다음과 같이 정리합니다.

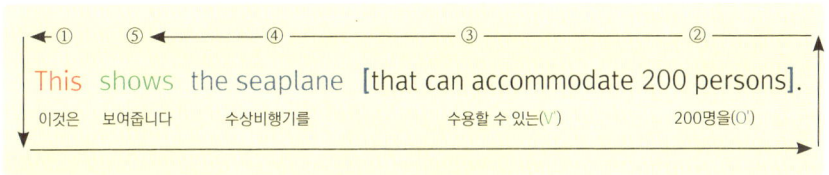

|해석| 이것은 200명을 수용할 수 있는 수상비행기를 보여줍니다.

MEMO
목적어 뒤에 That~이 나오면 [ ]로 묶으세요. 문장이 훨씬 더 잘 보입니다.

2. 문장의 주어에 That~ 연결

문장의 주어(명사)에 That~으로 설명을 연결하는 방법을
다음 예문으로 설명하겠습니다.

PC that has Intel CPU can maximize performance.
Intel CPU 인텔사의 CPU   maximize 최대화하다   performance 성능

문장에서의 자리로 주어, 동사, 목적어를 찾습니다.

전체 문장의 주어는 첫 번째 명사인 **PC**입니다.
주어 뒤에서 동사를 찾으려는데 보이지 않고 **that~**이 나왔습니다.
that~을 [ ]로 묶어 봅니다.

PC [that has Intel CPU] can maximize performance.

영어는 앞에 나온 말을 뒤에서 설명한다는 원칙에 따라
that~은 앞에 있는 명사인 주어 **PC**를 설명합니다.

▦ 문장의 주어에 That~ 연결

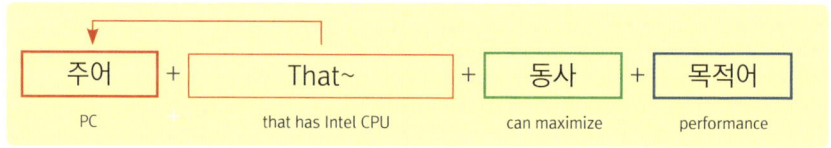

명사에 설명을 연결하는 압축 문장 6가지 중에서
That~으로 설명이 연결되었습니다.

that의 뒤에 따라 나오는 문장에서
내부 동사와 내부 목적어는 있는데 내부 주어가 보이지 않습니다.
주어가 보이지 않으므로 **that**은 주격관계대명사입니다.

that has Intel CPU는 압축 문장으로

has가 내부 동사, Intel CPU가 내부 목적어입니다.
that has Intel CPU는 내부 주어가 없는
압축 문장이므로 뒤에서 앞으로 해석합니다.

that has Intel CPU는
주어 PC를 뒤에서 설명하는 형용사 역할을 하므로,
'~ㄴ'을 붙여 뜻은 Intel CPU를 가진이 됩니다.

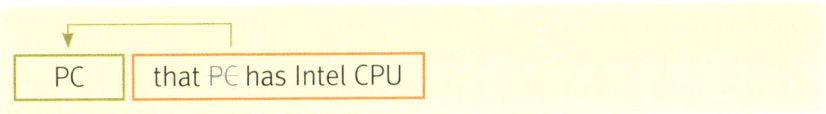

|해석| Intel CPU를 가진

전체 문장의 주어는 PC이고,
동사는 주어 설명 that has Intel CPU 다음에 있는
can maximize입니다.
동사는 조동사 can과 동사 maximize가 합쳐진 모습으로
해석은 **최대화할 수 있다**입니다.
목적어는 동사 can maximize 다음의
첫 번째 명사인 performance입니다.

주어, 동사, 목적어와 설명이 파악되었으므로 해석을 합니다.
that has Intel CPU는 전체 문장의 주어인 PC를 설명합니다.

이렇게 전체 문장의 주어에 설명이 연결되어 있으면
주어 설명 that has Intel CPU부터 거꾸로 해석해야 합니다.
that has Intel CPU에 내부 주어가 따로 없으므로 신경 쓰지 않습니다.

해석하는 순서는
주어 설명을 해석한 다음에 전체 문장의 주어인 PC를 해석하고 나서
그 다음에는 여느 때와 마찬가지로 문장 끝으로 가서 거꾸로 해석합니다.

예문을 다음과 같이 정리합니다.

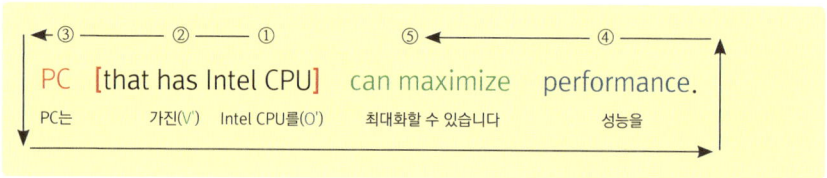

|해석| Intel CPU를 가진 PC는 성능을 최대화할 수 있습니다.

> **MEMO**
> 주어 뒤에 that~이 나오면 [ ]로 묶으세요. 문장이 훨씬 더 잘 보입니다.

3. 문장의 보어에 That~ 연결

문장의 보어(명사)에 전치사로 설명을 연결하는 방법을
다음 예문으로 설명하겠습니다.

Internet is the tool that people want.
Internet 인터넷 **tool** 도구 **want** 원하다

문장에서의 자리로 주어, Be동사, 보어를 찾습니다.

전체 문장의 주어는 첫 번째 명사인 **Internet**이고, 동사는 **is**입니다.
보어는 동사 **is** 다음의 첫 번째 명사인 **the tool**입니다.

기본 단위인 '주어+Be동사+보어'가 완성되어 문장이 끝났습니다.
그런데 문장의 보어 **the tool** 뒤에 **that~**이 있습니다.
that~을 [ ]로 묶어 봅니다.

Internet is the tool [that people want].

that~을 묶어보니 '주어+Be동사+보어' 문장에
that~이 연결된 것이 더 잘 보입니다.

영어는 앞에 나온 말을 뒤에서 설명한다는 원칙에 따라
that~은 앞에 있는 명사인 보어 **the tool**을 설명합니다.

▦ 문장의 보어에 That~ 연결

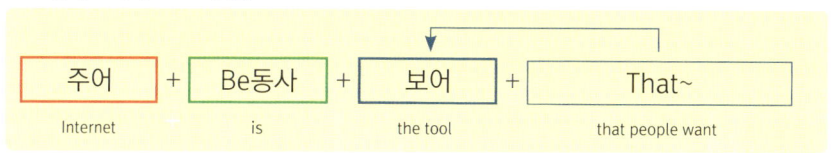

명사에 설명을 연결하는 압축 문장 6가지 중에서
That~으로 설명이 연결되었습니다.

that의 뒤에 따라 나오는 문장에서
내부 주어와 내부 동사는 있는데 내부 목적어가 보이지 않습니다.
내부 목적어가 보이지 않으므로 **that**은 목적격 관계대명사입니다.

that people want는 내부 주어가 있는 압축 문장이므로
내부 주어 **people**부터 해석합니다.

that people want는 보어 **the tool**을
뒤에서 설명하는 형용사 역할을 하므로
뜻은 '~ㄴ'을 붙여 **사람들이 원하는**이 됩니다.

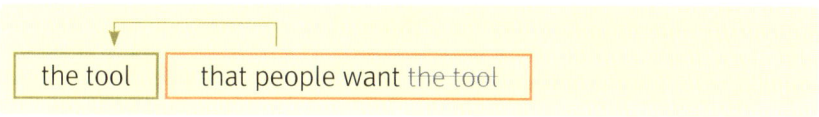

|해석| 사람들이 원하는 도구

주어, Be동사, 보어와 설명이 파악되었으므로 해석을 합니다.
해석은 전체 문장의 주어 **Internet**부터 시작해서 거꾸로 진행합니다.

그런데 **that people want** 안에 내부 주어 **people**이 있으므로
두 번째로 people을 해석한 후 거꾸로 해석합니다.

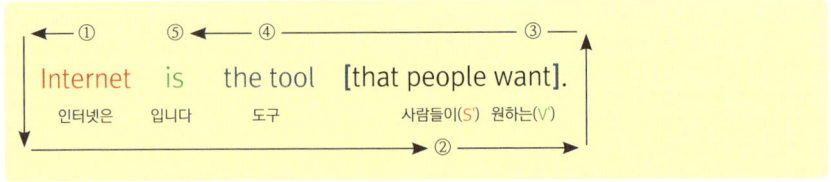

|해석| 인터넷은 사람들이 원하는 도구입니다.

> MEMO
> 보어 뒤에 That~이 나오면 [ ]로 묶으세요. 문장이 훨씬 더 잘 보입니다.

4. 전치사의 목적어에 That~ 연결

전치사의 목적어에 That~이 연결되는 것을
다음 예문으로 설명하겠습니다.

Hackers trace weaknesses with vulnerabilities that can destroy security devices.
hacker 해커 **trace** 찾다, 추적하다 **weakness** 약점 **vulnerability** 취약성
destroy 파괴하다 **security** 보안 **device** 장비

문장에서의 자리로 주어, 동사, 목적어를 찾습니다.

주어는 문장의 첫 번째 명사인 **Hackers**이고,
동사는 주어 Hackers 다음에 있는 **trace**입니다.
목적어는 동사 trace 다음에 있는 첫 번째 명사인 **weaknesses**입니다.

문장이 목적어로 끝난 것이 아니고 목적어 **weaknesses** 뒤에
전치사구(전치사+명사)인 **with vulnerabilities**가 연결되어 있습니다.
이것은 [ ]로 묶습니다.

Hackers trace weaknesses [with vulnerabilities] that can destroy security devices.

문장의 전치사구인 with vulnerabilities를 [ ]로 묶어 보니
목적어인 weaknesses를 뒤에서 설명하고 있는 것이 잘 보입니다.
그런데 전치사구 with vulnerabilities 뒤에
That~인 that can destroy security devices가 연결되어 있습니다.
이것도 [ ]로 묶습니다.

Hackers trace weaknesses [with vulnerabilities] [that can destroy security devices].

that~을 [ ]로 묶어보니
전치사 with의 목적어인 weaknesses를
that can destroy security devices가
뒤에서 설명하고 있는 것이 잘 보입니다.

목적어 weaknesses를 전치사구 with vulnerabilities가 설명하고
전치사 with의 목적어인 vulnerabilities를
that can destroy security devices가 설명하는 구조입니다.

▓ 문장의 전치사의 목적어에 That~ 연결

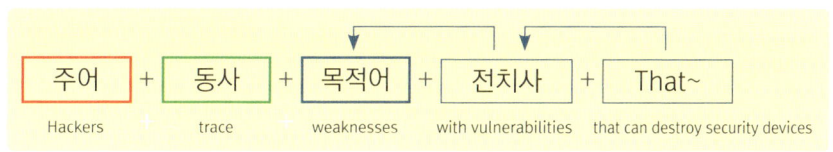

with vulnerabilities는 목적어 weaknesses를 설명하는
형용사 역할을 하므로
'~ㄴ'을 붙여 **취약점들을 가진**으로 해석합니다.

That~ 연결인 that can destroy security devices는
내부 주어가 없는 압축 문장이므로 뒤에서 앞으로 해석합니다.

전치사 with의 목적어인 vulnerabilities를 설명하는

형용사 역할을 하므로 '~하는'을 붙여
보안 장비들을 파괴할 수 있는으로 해석합니다.

전체 문장을 해석해 보겠습니다.
주어에 설명이 없으므로
주어 **Hackers**부터 시작해서 거꾸로 해석합니다.

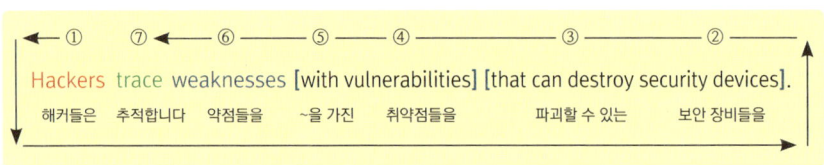

|해석| 해커들은 보안 장비들을 파괴할 수 있는 취약점들을 가진 약점들을 추적합니다.

4.2.4 문장의 명사에 동사ing 연결하기

동사ing를 문장의 명사인
목적어, 주어, 보어, 전치사의 목적어에 연결할 수 있습니다.
하나씩 살펴보겠습니다.

1. 문장의 목적어에 동사ing 연결

문장의 목적어(명사)에 동사ing로 설명을 연결하는 방법을
다음 예문으로 설명하겠습니다.

Video showed a fireball engulfing the stage.
video 영상 **show** 보여주다 **fireball** 불덩어리 **engulf** 에워싸다 **stage** 무대

문장에서의 자리로 주어, 동사, 목적어를 찾습니다.

전체 문장의 주어는 첫 번째 명사인 **Video**이고,
동사는 주어 다음에 있는 **showed**입니다.
목적어는 동사 **showed** 다음에 첫 번째 명사인 **a fireball**입니다.

기본 단위인 '주어+동사+목적어'가 완성되어 문장이 끝났습니다.
그런데 문장의 목적어 **a fireball** 뒤에
동사ing인 **engulfing~**이 있습니다.
동사ing인 **engulfing the stage**를 [ ]로 묶어 봅니다.

Video showed a fireball [engulfing the stage].

동사ing인 **engulfing the stage**를 [ ]로 묶어 보니
'주어+동사+목적어' 문장 끝에
동사ing인 **engulfing the stage**가 연결된 것이 잘 보입니다.

영어는 앞에 있는 말을 뒤에서 설명한다는 원칙에 따라
engulfing the stage는 앞에 있는
명사인 목적어 **a fireball**을 설명합니다.

▦ 문장의 목적어에 동사ing 연결

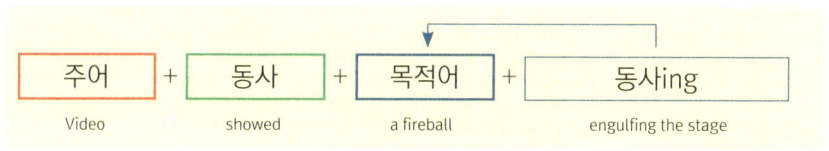

engulfing the stage는 압축 문장으로, 그 안에서
engulfing이 내부 동사, **the stage**가 내부 목적어입니다.
engulfing the stage는 내부 주어가 없는
압축 문장이므로 뒤에서 앞으로 해석합니다.

engulfing the stage는 목적어 a fireball을 설명하는
형용사 역할을 하므로 '~하는'을 붙여 **무대를 에워싸는**이 됩니다.

주어, 동사, 목적어와 설명이 파악되었으므로 해석을 합니다.
전체 문장을 해석할 때 engulfing the stage 안에
내부 주어가 없으므로 신경 쓰지 말고
전체 문장의 주어 Video부터 거꾸로 해석합니다.

예문을 다음과 같이 정리합니다.

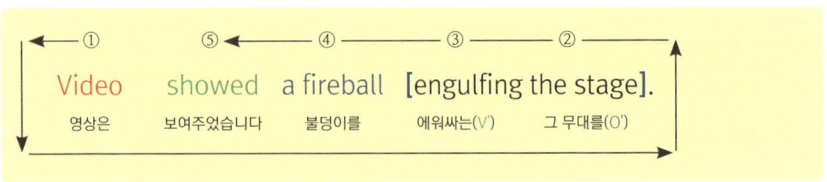

|해석| 영상은 그 무대를 에워싸는 불덩이를 보여주었습니다.

> **MEMO**
> 목적어 뒤에 동사ing가 나오면 [ ]로 묶으세요. 문장이 훨씬 더 잘 보입니다.

2. 문장의 주어에 동사ing 연결

문장의 주어(명사)에 동사ing로 설명을 연결하는 방법을
다음 예문으로 설명하겠습니다.

Security protecting hacker's attack reduces risks.
security 보안 protecting 막는 hacker's attack 해커의 공격 reduce 줄이다 risks 위험들

문장에서의 자리로 주어, 동사, 목적어를 찾습니다.

전체 문장의 주어는 첫 번째 명사인 **Security**입니다.
주어 뒤에서 동사를 찾으려고 하는데

동사는 보이지 않고 동사ing가 나왔습니다.
동사ing인 **protecting hacker's attack**을 [ ]로 묶어 봅니다.

Security [protecting hacker's attack] reduces risks.

protecting hacker's attack을 [ ]로 묶어보니
주어 뒤에 동사ing가 연결된 것이 더 잘 보입니다.

영어는 앞에 나온 말을 뒤에서 설명한다는 원칙에 따라
동사ing는 앞에 있는 명사인 주어 **Security**를 설명합니다.

■ 문장의 주어에 동사ing 연결

protecting hacker's attack은 압축 문장이고, 그 안에서
protecting이 내부 동사, **hacker's attack**은 내부 목적어입니다.
protecting hacker's attack은 내부 주어가 없는 압축 문장이므로
뒤에서 앞으로 해석합니다.

protecting hacker's attack은
주어 **Security**를 뒤에서 설명하는 형용사 역할을 하므로
'~하는'을 붙여서, 뜻은 **해커의 공격을 방어하는**이 됩니다.

전체 문장의 동사는 주어 **Security**와
주어 설명 **protecting hacker's attack** 다음에 있는 **reduces**입니다.

주어, 동사, 목적어와 설명이 파악되었으므로 해석을 합니다.

전체 문장의 주어에 설명이 연결되어 있으면
주어 설명인 **protecting hacker's attack**부터 거꾸로 해석합니다.

주어 설명인 protecting hacker's attack에
내부 주어가 따로 없으므로 먼저 이것을 해석한 다음에
전체 문장의 주어 Security를 해석하고,
문장의 맨 끝으로 가서 거꾸로 해석합니다.

예문을 다음과 같이 정리합니다.

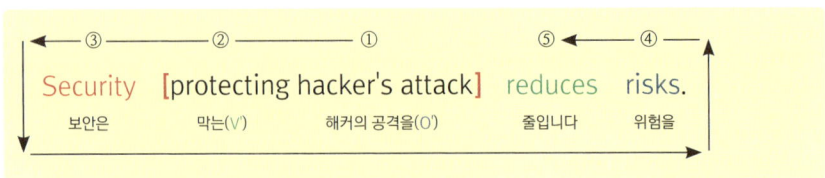

|해석| 해커의 공격을 막는 보안은 위험을 줄입니다.

> MEMO
> 주어 뒤에 동사ing가 나오면 [ ]로 묶으세요. 문장이 훨씬 더 잘 보입니다.

3. 문장의 보어에 동사ing 연결

문장의 보어(명사)에 동사ing로 설명을 연결하는 방법을
다음 예문으로 설명하겠습니다.

Outlook is a software sending email.
Outlook 아웃룩(Microsoft의 이메일 소프트웨어) **send** 보내다 **email** 이메일

문장에서의 자리로 주어, 동사, 목적어를 찾습니다.

전체 문장의 주어는 첫 번째 명사인 **Outlook**이고,
동사는 주어 Outlook 다음에 있는 **is**입니다.
보어는 동사 is 다음에 있는 첫 번째 명사인 **a software**입니다.

기본 단위인 '주어+Be동사+보어'가 완성되어 문장이 끝났습니다.

그런데 문장의 보어 **a software** 뒤에
동사ing인 **sending~**이 있습니다.
sending email을 [ ]로 묶습니다.

Outlook is a software [sending email].

동사ing인 **sending email**을 묶어보니
'주어+Be동사+보어' 문장의 보어에 동사ing가 연결된 것이 잘 보입니다.

영어는 앞에 나온 말을 뒤에서 설명한다는 원칙에 따라
sending email은 앞에 있는 명사인 보어 **a software**를 설명합니다.

▦ 문장의 보어에 동사ing 연결

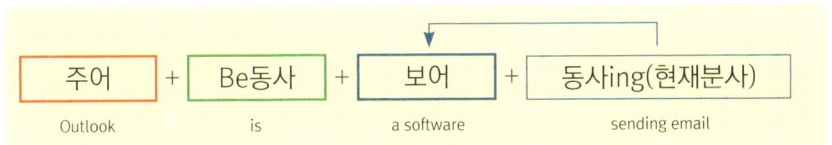

sending email은 압축 문장으로, 그 안에서
sending이 내부 동사, **email**이 내부 목적어입니다.
sending email은 내부 주어가 없는
압축 문장이므로 뒤에서 앞으로 해석합니다.

sending email은 보어 **a software**를 설명하는
형용사 역할을 하므로 '~하는'을 붙여 **이메일을 보내는**이 됩니다.

주어, Be동사, 보어가 파악되었으므로 해석을 합니다.
sending email 안에 내부 주어가 없으므로
전체 문장의 주어 **Outlook**을 해석하고,
문장 맨끝으로 가서 거꾸로 해석합니다.

예문을 다음과 같이 정리합니다.

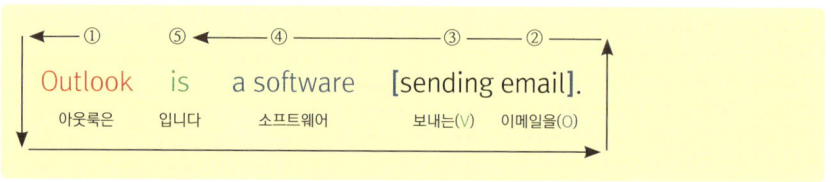

|해석| 아웃룩은 이메일을 보내는 소프트웨어입니다.

MEMO

보어 뒤에 동사ing가 나오면 [ ]로 묶으세요. 문장이 훨씬 더 잘 보입니다.

4. 문장의 전치사의 목적어에 동사ing 연결

다음 예문으로 설명하겠습니다.

CEO made decisions about investment training staffs.
made 만들었다 decisions 결정들 about ~에 관한 investment 투자 training 교육하는
staffs 직원들

문장에서의 자리로 주어, 동사, 목적어를 찾습니다.

주어는 문장의 첫 번째 명사인 CEO이고,
동사는 주어 CEO 다음에 있는 made(make의 과거형)입니다.
목적어는 동사 made 다음에 있는 첫 번째 명사인 decisions입니다.

문장이 목적어로 끝난 것이 아니고 목적어 decisions 뒤에
전치사구(전치사+명사)인 about investment가 연결되어 있습니다.
이것을 [ ]로 묶습니다.

CEO made decisions [about investment] training staffs.

전치사구인 about investment를 [ ]로 묶어 보니
목적어인 decisions를 뒤에서 설명하고 있는 것이 잘 보입니다.

그런데 전치사구 about investment 뒤에
동사ing인 training staff가 있습니다. 이것도 [ ]로 묶습니다.

CEO made decisions [about investment] [training staffs].

동사ing인 training staff를 [ ]로 묶어 보니
전치사 about의 목적어인 investment를
뒤에서 설명하고 있는 것이 잘 보입니다.

목적어 decisions를 about investment가 설명하고,
전치사 about의 목적어인 investment를
training staffs가 설명하는 다단 연결 구조입니다.

■ 문장의 전치사의 목적어에 동사ing 연결

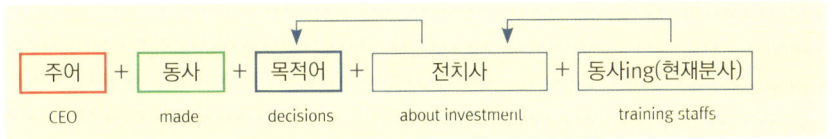

about investment는 목적어 decisions를 설명하는
형용사 역할을 하므로 '~ㄴ'을 붙여 **투자에 관한**으로 해석합니다.

동사ing로 압축된 문장 training staffs는
전치사 about의 목적어인 investment를 설명하는
형용사 역할을 하므로 '~하는'을 붙여
직원들을 교육하는으로 해석합니다.

전체 문장을 해석해 보겠습니다.
주어에 설명이 없으므로 주어 CEO부터 시작해서 거꾸로 해석합니다.

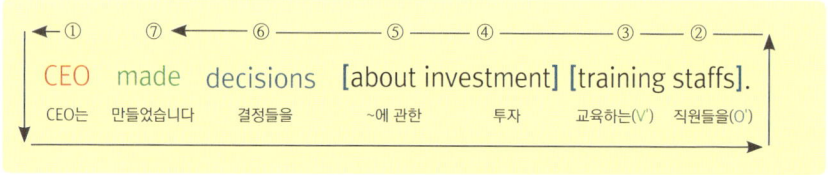

|해석| CEO는 직원들을 교육하는 투자에 관한 결정들을 만들었습니다.

4.2.5 문장의 명사에 동사ed 연결하기

1. 문장의 목적어에 동사ed 연결

문장의 목적어(명사)에 동사ed로 설명을 연결하는 방법을
다음 예문으로 설명하겠습니다.

The doctor met a patient injured in accident.
doctor 의사 met 만났다 patient 환자 injured 부상당한 accident 사고

문장에서의 자리로 주어, 동사, 목적어를 찾습니다.

전체 문장의 주어는 첫 번째 명사인 **The doctor**이고,
동사는 주어 **The doctor** 다음에 있는 **met**입니다.
목적어는 동사 **met** 다음에 있는 첫 번째 명사인 **a patient**입니다.

기본 단위인 '주어+동사+목적어'가 완성되어 문장이 끝났습니다.
그런데 문장의 목적어 **a patient** 뒤에
동사ed인 **injured~**가 있습니다.

injured in accident를 [ ]로 묶습니다.

The doctor met a patient [injured in accident].

동사ed인 injured in accident를 [ ]로 묶어보니
'주어+동사+목적어' 문장의 목적어에 동사ed가 연결된 것이 잘 보입니다.

영어는 앞에 나온 말을 뒤에서 설명한다는 원칙에 따라
injured in accident는
앞에 있는 명사인 목적어 a patient를 설명합니다.

▦ 문장의 목적어에 동사ed 연결

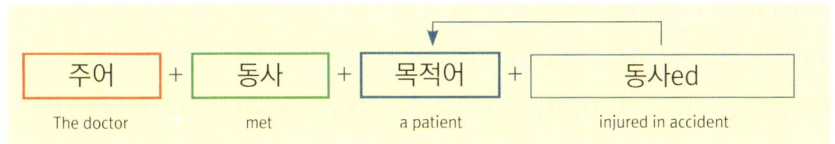

injured in accident는 수동태 문장을 압축한 것으로, 그 안에서
injured가 내부 동사, in accident가 내부 전치사구입니다.
injured in accident는 내부 주어가 없는
압축 문장이므로 뒤에서 앞으로 해석합니다.

injured in accident는 목적어 a patient를 설명하는
형용사 역할을 '~되어진'을 붙여 **사고에서 부상되어진**이 됩니다.

주어, 동사, 목적어와 설명이 파악되었으므로 해석을 합니다.
injured in accident 안에 내부 주어가 없으므로
전체 문장의 주어 **The doctor**를 해석하고,
문장 맨끝으로 가서 거꾸로 해석합니다.

예문을 다음과 같이 정리합니다.

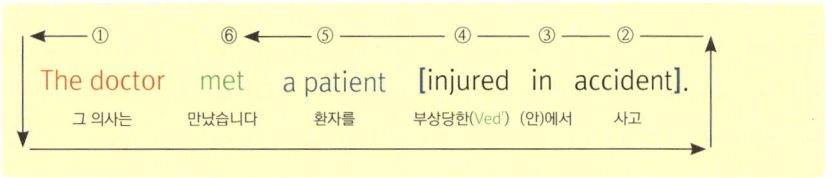

|해석| 그 의사는 사고에서 부상되어진(부상당한) 환자를 만났습니다.

> **MEMO**
> 목적어 뒤에 동사ed가 나오면 [ ]로 묶으세요. 문장이 훨씬 더 잘 보입니다.

2. 문장의 주어에 동사ed 연결

문장의 주어(명사)에 동사ed로 설명을 연결하는 방법을
다음 예문으로 설명하겠습니다.

Virtualization built on server increases utilization.
virtualization 가상화 **built** 구축되어진 **server** 서버 **increase** 늘리다 **utilization** 사용

문장에서의 자리로 주어, 동사, 목적어를 찾습니다.

전체 문장의 주어는 첫 번째 명사인 **Virtualization**입니다.
주어 뒤에서 동사를 찾으려는데 동사는 보이지 않고
동사ed인 **built~**가 나왔습니다.
built on server를 [ ]로 묶습니다.

Virtualization [built on server] increases utilization.

동사ed인 **built on server**를 [ ]로 묶어보니
'주어+동사+목적어' 문장의 주어에 동사ed가 연결된 것이 잘 보입니다.

영어는 앞에 나온 말을 뒤에서 설명한다는 원칙에 따라
built on server는 앞에 있는 명사인 주어 **Virtualization**을 설명합니다.

▦ 문장의 주어에 동사ed 연결

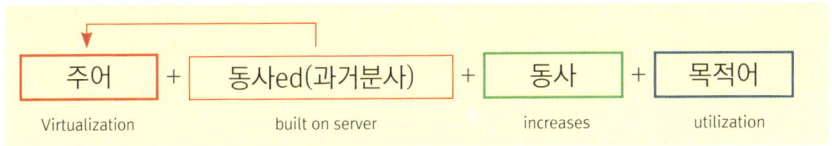

built on server는 수동태 문장을 압축한 것으로, 그 안에서
built가 내부 동사, on server가 내부 전치사구입니다.
built on server는 내부 주어가 없는
압축 문장이므로 뒤에서 앞으로 해석합니다.

built on server는 주어 Virtualization을 설명하는
형용사 역할을 하므로 '되어진'을 붙여
서버 위에 구축되어진이 됩니다.

전체 문장의 동사는
주어 설명 built on server 다음에 있는 **increases**입니다.
전체 문장의 목적어는 동사 다음의 **utilization**입니다.

주어, 동사, 목적어와 설명이 파악되었으므로 해석을 합니다.
built on server는 전체 문장의 주어를 설명합니다.
이렇게 전체 문장의 주어에 설명이 연결되어 있으면
주어 설명부터 시작해서 거꾸로 해석해야 합니다.

built on server에 내부 주어가 없으므로 **server**부터 거꾸로 해석하고
전체 문장의 주어 Virtualization을 해석한 다음에
문장 맨끝으로 가서 거꾸로 해석합니다.

예문을 다음과 같이 정리합니다.

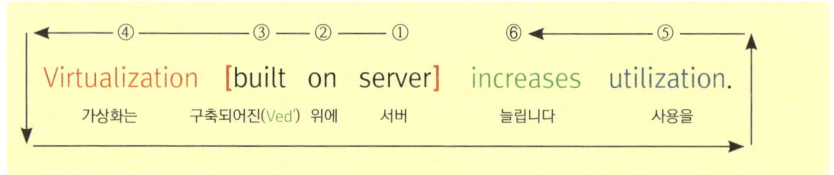

|해석| 서버 위에 구축되어진 가상화는 사용을 늘립니다.

> **MEMO**
> 주어 뒤에 동사ed가 나오면 [ ]로 묶으세요. 문장이 훨씬 더 잘 보입니다.

3. 문장의 보어에 동사ed 연결

문장의 보어(명사)에 동사ed로 설명을 연결하는 방법을
다음 예문으로 설명하겠습니다.

True salesmen are the people trusted by customer.
true 진정한 **salesmen** 영업사원들 **people** 사람들 **trust** 신뢰하다 **customer** 고객

문장에서의 자리로 주어, 동사, 보어를 찾습니다.

전체 문장의 주어는 첫 번째 명사인 **True salesmen**이고,
동사는 주어 **True salesmen** 다음에 있는 **are**입니다.
보어는 동사 **are** 다음에 있는 첫 번째 명사인 **the people**입니다.

기본 단위인 '주어+Be동사+보어'가 완성되어 문장이 끝났습니다.
그런데 문장의 보어 **the people** 뒤에
동사ed인 **trusted~**가 있습니다.
trusted by customer를 [ ]로 묶어 봅니다.

True salesmen are the people [trusted by customer].

동사ed인 **trusted by customer**를 [ ]로 묶어보니

'주어+Be동사+보어' 문장의 보어에 동사ed가 연결된 것이 잘 보입니다.

영어는 앞에 나온 말을 뒤에서 설명한다는 원칙에 따라
trusted by customer는
앞에 있는 명사인 보어 **the people**을 설명합니다.

▦ 문장의 보어에 동사ed 연결

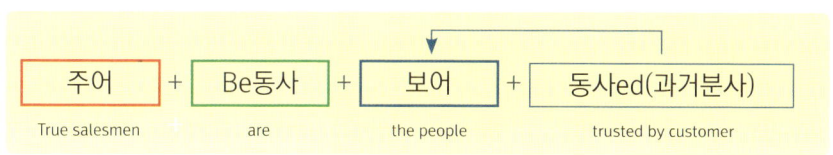

trusted by customer는 수동태 문장을 압축한 것으로, 그 안에서
trusted가 내부 동사, **by customer**가 내부 전치사구입니다.
trusted by customer는 내부 주어가 없는
압축 문장이므로 뒤에서 앞으로 해석합니다.

trusted by customer는 보어 **the people**을 설명하는
형용사 역할을 하므로 '~되어진'을 붙여
고객에 의해 신뢰되어진이 됩니다.

주어, Be동사, 보어가 파악되었으므로 해석을 합니다.
trusted by customer 안에 내부 주어가 없으므로
전체 문장의 주어 **True salesmen**을 해석하고,
문장 맨끝으로 가서 거꾸로 해석합니다.

예문을 다음과 같이 정리합니다.

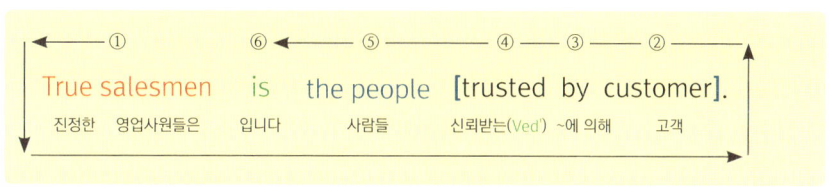

|해석| 진정한 영업사원들은 고객에 의해 신뢰되어진(신뢰받는) 사람들입니다.

우리 생활에서 볼 수 있는 예문으로 한번 더 설명하겠습니다.
아래 예문은 KTX 출발 전에 모니터에 표시되는 안내 문구입니다.

This is the 9:00 AM, No. 120 KTX train bound for Seoul.
AM 오전 **No.** 번호 **train** 열차 **bound** 향하여진(bind의 과거분사)

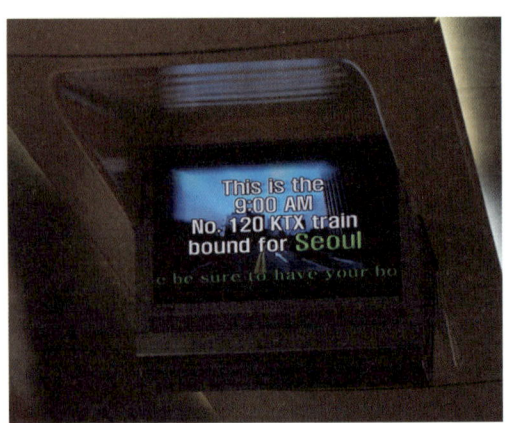

문장의 주어는 첫 번째 명사인 **This**이고,
동사는 주어 다음의 Be동사인 **is**입니다.
보어는 **is** 다음의 첫 번째 명사인
the 9:00 AM, No.120 KTX train입니다.

기본 단위인 '주어+동사+보어'에 과거분사 **bound for~**가 있습니다.
bound for Seoul을 [ ]로 묶습니다.

This is the 9:00 AM, No. 120 KTX train [bound for Seoul].

과거분사인 **bound for**를 [ ]로 묶어보니 구분이 더 잘 됩니다.
bound for는 '과거분사+for'로 '~로 향하여진'의 뜻이 됩니다..

주어 **This**를 해석하고, 문장 맨끝으로 가서 거꾸로 해석합니다.

예문을 다음과 같이 정리합니다.

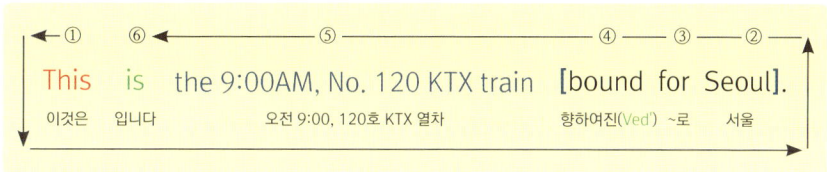

|해석| 이것은 서울로 향하여진(서울행) 오전 9:00, 120호 KTX 열차입니다.

Tip

'KTX train for Seoul' 보다 'KTX train bound for Seoul'이 더 구체적으로 설명한다는 느낌이 듭니다. 그래서 전치사 for만 쓰기 보다 과거분사와 함께 표현하는 것 같습니다.

MEMO

보어 뒤에 동사ed가 나오면 [ ]로 묶으세요. 문장이 훨씬 더 잘 보입니다.

4. 문장의 전치사의 목적어에 동사ed 연결

다음 예문으로 설명하겠습니다.

R&D Center in the area managed by city hall will move.
R&D Center 연구소 area 지역 managed 관리되어진 by ~에 의해, city hall 시청 move 이주하다

문장에서 자리로 주어, 동사, 목적어를 찾습니다.

주어는 문장의 첫 번째 명사인 **R&D Center**입니다.
주어 뒤에서 동사를 찾으려는데 보이지 않고
전치사구(전치사+명사)인 **in the area**가 나왔습니다.
전치사구인 **in the area**를 [ ]로 묶습니다.

R&D Center [in the area] managed by city hall will move.

전치사구인 **in the area**를 [ ]로 묶어 보니
주어인 **R&D Center**를 뒤에서 설명하고 있는 것이 잘 보입니다.

다시 동사를 찾으려고 in the area 뒤를 보니
동사ed(과거분사)인 managed by city hall이 나왔습니다.
managed by city hall도 [ ]로 묶습니다.

R&D Center [in the area] [managed by city hall] will move.

이렇게 [ ]로 묶어 보니 전치사 in의 목적어인 the area를
managed by city hall이 뒤에서 설명하고 있는 것이 잘 보입니다.

주어 R&D Center를 in the area가 설명하고,
전치사 in의 목적어인 the area를
managed by city hall이 설명하는 다단 연결 구조입니다.

▥ 문장의 전치사의 목적어에 동사ed 연결

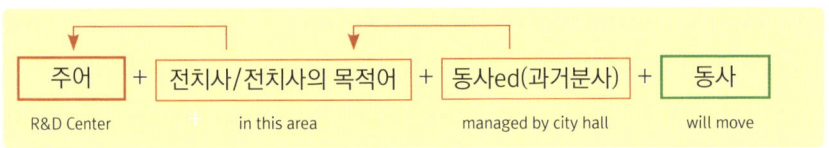

in the area는 주어 R&D Center를 설명하는
형용사 역할을 하므로 '~ㄴ'을 붙여 **지역 안에 있는**으로 해석합니다.

동사ed로 압축된 문장인 managed by city hall은
전치사의 목적어인 the area를 설명하는 형용사 역할을 하므로
'~되어진'을 붙여 **시청에 의해 관리되어진**으로 해석합니다.

전체 문장의 동사는
다단 연결 in the area managed by city hall 뒤에 있는
will move입니다.
미래를 나타내는 조동사 will과 동사 move가 함께
동사 묶음을 만들었습니다. 뜻은 '(미래에) 이전할 것이다'입니다.

그런데 will move 뒤에 명사(목적어)가 없네요.
동사 move가 자동사이기 때문입니다.
자동사는 움직일 때 다른 것(목적어)을 필요로 하지 않고
혼자 할 수 있는 동사입니다.

문장을 해석해 보겠습니다.
주어에 설명이 in the area, managed by city hall로
연결되었으므로 주어 설명의 맨 끝인
managed by city hall부터 시작해서 거꾸로 해석합니다.

예문을 다음과 같이 정리합니다.

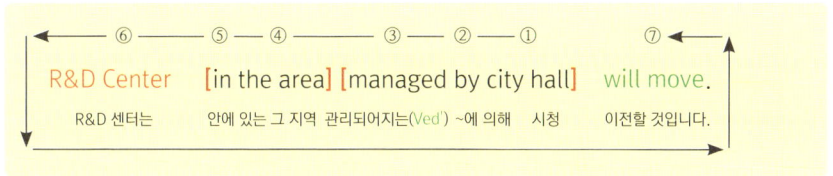

|해석| 시청에 의해 관리되어지는 그 지역 안에 있는 R&D 센터는 이전할 것입니다.

> **Mini Grammer**
>
> **자동사와 타동사**
>
> 자동사와 타동사는 간단하게 생각하세요.
> - 동사 뒤에 명사(목적어)가 있으면 타동사
> - 동사 뒤에 명사(목적어)가 없으면 자동사
> - 목적어는 타동사가 동작할 때 필요한 사람 또는 물건(명사)
>
> 이해를 돕기 위해 좀 더 알아보겠습니다.
> - 자동사 - 동작을 할 때 다른 것을 필요로 하지 않고, 다른 것을 통하지 않고도 혼자 동작
>   Ex) I go to school. 나는 학교에 갑니다.
>   걸어갈 때 필요로 하거나 통해야 할 것이 없습니다.
>
> - 타동사 - 동작을 할 때 다른 것을 필요로 하고, 그것을 통해서 동작
>   Ex) I eat hamburger. 나는 햄버거를 먹습니다.
>   먹을 때 필요로 하는 물건 햄버거가 있고, 그 햄버거를 통해서 먹을 수 있습니다.
>   거꾸로 생각해보면 햄버거가 없으면 먹는 동작을 할 수 없죠.
>
> 더 자세한 설명은 문법책에 맡기도록 하고,
> 여기서는 문장을 이해하고 해석하는 수 있을 정도로만 알아보는 것으로 하겠습니다.

4.2.6 문장의 명사에 To부정사 연결하기

1. 문장의 목적어에 To부정사 연결

문장의 목적어(명사)에 To부정사로 설명을 연결하는 방법을
다음 예문으로 설명하겠습니다.

The company provides an opportunity to learn leadership.
company 회사 **provide** 공급하다 **opportunity** 기회 **learn** 배우다 **leadership** 지도력

문장에서의 자리로 주어, 동사, 목적어를 찾습니다.

전체 문장의 주어는 첫 번째 명사인 **The company**이고,
동사는 주어 **The company** 다음에 있는 **provides**입니다.

기본 단위인 '주어+동사+목적어'가 완성되어 문장이 끝났습니다.
그런데 문장의 목적어 **an opportunity** 뒤에
To부정사인 **to learn leadership**이 있습니다.
to learn leadership을 [ ]로 묶습니다.

The company provides an opportunity [to learn leadership].

To부정사인 **to learn leadership**을 [ ]로 묶어보니
'주어+동사+목적어' 문장에
To부정사인 **to learn leadership**이 연결된 것이 잘 보입니다.

영어는 앞에 나온 말을 뒤에서 설명한다는 원칙에 따라
to learn leadership은 앞에 있는
명사인 목적어 **an opportunity**를 설명합니다.

▦ 문장의 목적어에 To부정사 연결

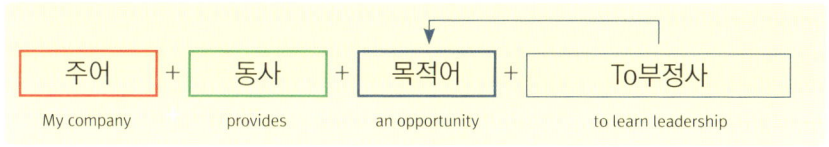

to learn leadership은 미래형 압축 문장으로, 그 안에서
learn이 내부 동사, **leadership**이 내부 목적어입니다.
to learn leadership은 내부 주어가 없는
압축 문장이므로 뒤에서 앞으로 해석합니다.

to learn leadership은 목적어 an opportunity를 설명하는
형용사 역할을 하므로 '(미래에)~하는'을 붙여
(미래에) 지도력을 배우는이 됩니다.

주어, 동사, 목적어와 설명이 파악되었으므로 해석을 합니다.
to learn leadership 안에 내부 주어가 없으므로
전체 문장의 주어 **The company**를 먼저 해석하고,
문장 맨끝으로 가서 거꾸로 해석합니다.

예문을 다음과 같이 정리합니다.

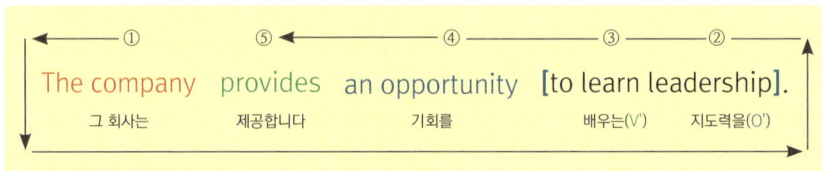

|해석| 그 회사는 지도력을 배우는 기회를 지원합니다.

> **M**EMO
> 목적어 뒤에 To부정사가 나오면 [ ]로 묶으세요. 문장이 훨씬 더 잘 보입니다.

2. 문장의 주어에 To부정사 연결

문장의 주어(명사)에 To부정사로 설명을 연결하는 방법을
다음 예문으로 설명하겠습니다.

> The decision to close the airports is big news.
> **decision** 결정 **close** 폐쇄하다 **airports** 공항들 **big news** 대형 뉴스

문장에서의 자리로 주어, 동사, 목적어를 찾습니다.

전체 문장의 주어는 첫 번째 명사인 **The decision**입니다.
주어 뒤에서 동사를 찾으려는데 동사는 보이지 않고 To부정사가 나왔습니다.

to close the airports를 [ ]로 묶습니다.

The decision [to close the airports] is big news.

To부정사인 **to close the airports**를 [ ]로 묶어보니
'주어+Be동사+보어' 문장의 주어 뒤에
to close the airports가 연결된 것이 더 잘 보입니다.

영어는 앞에 나온 말을 뒤에서 설명한다는 원칙에 따라
to close the airports는 앞에 있는
명사인 주어 **The decision**을 설명합니다.

▦ 문장의 주어에 To부정사 연결

to close the airports는 미래형 압축 문장으로
close가 내부 동사, **the airports**가 내부 목적어입니다.
to close the airports는 내부 주어가 없는
압축 문장이므로 뒤에서 앞으로 해석합니다.

to close the airports는 전체 문장 주어 **The decision**을 설명하는
형용사 역할을 하므로 '(미래에) ~하는'을 붙여
뜻은 **그 공항들을 닫는**이 됩니다.

전체 문장의 동사는
주어 설명 **to close the airports** 다음에 있는 **is**입니다.

주어, Be동사, 보어와 설명이 파악되었으므로 해석을 합니다.
to close the airports는 전체 문장의 주어를 설명합니다.

이렇게 전체 문장의 주어에 설명이 연결되어 있으면
주어 설명부터 시작해서 거꾸로 해석해야 합니다.

예문을 다음과 같이 정리합니다.

|해석| 그 공항들을 폐쇄하는 결정은 대형 뉴스입니다.

> **MEMO**
> 주어 뒤에 To부정사가 나오면 [ ]로 묶으세요. 문장이 훨씬 더 잘 보입니다.

3. 문장의 보어에 To부정사 연결

문장의 보어(명사)에 To부정사로 설명을 연결하는 방법을
다음 예문으로 설명하겠습니다.

Computer screen is a device to display image.
computer 컴퓨터 **screen** 스크린 **device** 장비 **display** 보여주다 **image** 이미지

문장에서의 자리로 주어, Be동사, 보어를 찾습니다.

전체 문장의 주어는 첫 번째 명사인 **Computer screen**이고,
동사는 주어 **Computer screen** 다음에 있는 **is**입니다.
보어는 동사 **is** 다음에 있는 첫 번째 명사인 **a device**입니다.

기본 단위인 '주어+Be동사+보어'가 완성되어 문장이 끝났습니다.
그런데 문장의 보어 **a device** 뒤에
To부정사인 **to display image**가 있습니다.
to display image를 [ ]로 묶습니다.

Computer screen is a device [to display image].

To부정사인 **to display image**를 [ ]로 묶어보니
'주어+Be동사+보어' 문장 끝에
To부정사인 **to display image**가 연결된 것이 잘 보입니다.

영어는 앞에 나온 말을 뒤에서 설명한다는 원칙에 따라
to display image는 앞에 있는 명사인 보어 **a device**를 설명합니다.

▦ 문장의 보어에 To부정사 연결

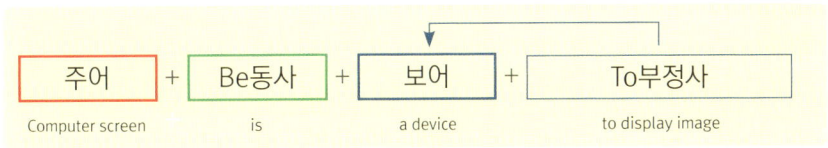

to display image는 미래형 압축 문장으로
display가 내부 동사, **image**가 내부 목적어입니다.
to display image는 내부 주어가 없는
압축 문장이므로 뒤에서 앞으로 해석합니다.

to display image는 보어 **a device**를 설명하는
형용사 역할을 하므로 '(미래에) ~하는'을 붙여
(미래에) 이미지를 보여주는이 됩니다.

주어, Be동사, 보어와 설명이 파악되었으므로 해석을 합니다.
to display image 안에 주어가 없으므로
전체 문장의 주어 **Computer screen**을 해석하고
문장 맨끝으로 가서 거꾸로 해석합니다.

예문을 다음과 같이 정리합니다.

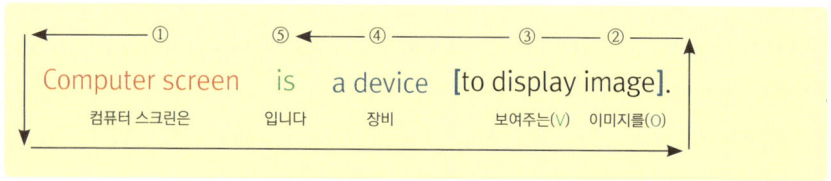

|해석| 컴퓨터 스크린은 이미지를 보여주는 장비입니다.

> **M**EMO
>
> 보어 뒤에 To부정사가 나오면 [ ]로 묶으세요. 문장이 훨씬 더 잘 보입니다.

4. 전치사의 목적어에 To부정사 연결

다음 예문으로 설명하겠습니다.

Data Center needs agility for operation to manage computing devices.
Data Center 데이터 센터　**need** 필요로 하다　**agility** 민첩성　**operation** 운영
manage 관리하다　**computing device** 전산 장비

문장에서 자리로 주어, 동사, 목적어를 찾습니다.

주어는 문장의 첫 번째 명사인 **Data Center**이고,
동사는 주어 **Data Center** 다음에 있는 **needs**입니다.
목적어는 동사 **needs** 다음에 있는 첫 번째 명사인 **agility**입니다.

문장이 목적어로 끝난 것이 아니고 목적어 **agility** 뒤에
전치사구(전치사+명사)인 **for operation**이 연결되어 있습니다.
이것을 [ ]로 묶습니다.

Data Center needs agility [for operation] to manage computing devices.

문장의 전치사구인 **for operation**을 [ ]로 묶어 보니
목적어인 **agility**를 뒤에서 설명하고 있는 것이 잘 보입니다.
그런데 전치사구 **for operation** 뒤에

To부정사인 **to manage computing devices**가 연결되어 있습니다.
이것도 [ ]로 묶습니다.

Data Center needs agility [for operation] [to manage computing devices].

전치사구인 **for operation**을 [ ]로 묶어보니
전치사 **for**의 목적어인 **operation**을 **to manage computing devices**가
뒤에서 설명하고 있는 것이 잘 보입니다.

목적어 **agility**를 전치사구 **for operation**이 설명하고,
전치사 **for**의 목적어인 **operation**을
to manage computing devices가 설명하는 다단 연결 구조입니다.

▥ 문장의 전치사의 목적어에 To부정사 연결

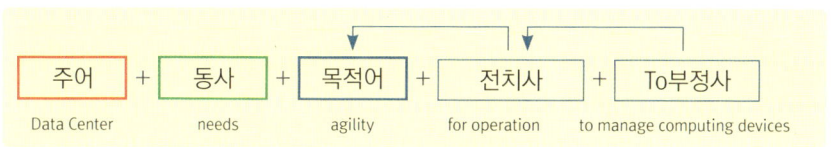

for operation은 목적어 **agility**를 설명하는 형용사 역할을 하므로
'~ㄴ'을 붙여 **운영을 위한 민첩성**으로 해석합니다.

To부정사 연결인 **to manage computing devices**는
내부 주어가 없으므로 뒤에서부터 해석합니다.
그리고 전치사 **for**의 목적어인 **operation**을 설명하는
형용사 역할을 하므로 '~하는'을 붙여
전산 장비들을 관리하는으로 해석합니다.

전체 문장을 해석해 보겠습니다.
주어에 설명이 없으므로 주어 **Data Center**부터 시작해서 거꾸로 해석합니다.

예문을 다음과 같이 정리합니다.

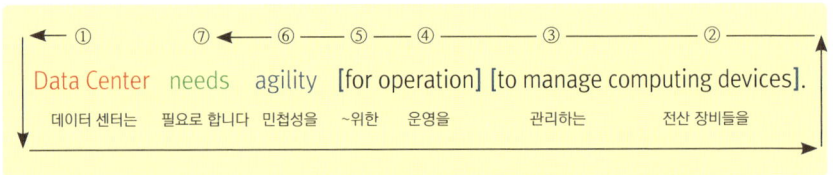

|해석| 데이터 센터는 전산 장비들을 관리하는 운영을 위한 민첩성을 필요로 합니다.

4.2.7 문장의 명사에 형용사 연결하기

마지막으로, 문장의 명사에 형용사가 연결된 문장들을 살펴보겠습니다.
문장의 명사에 형용사가 바로 연결된 문장을
실제로는 많이 접하지 않을 것입니다.
하지만 일단 접하게 되면 익숙하지 않아 헤매게 되니
미리 알고 있어야 합니다.

1. 문장의 목적어에 형용사 연결

문장의 목적어(명사)에 형용사로 설명을 연결하는 방법을
다음 예문으로 설명하겠습니다.

This website has audio files unique.
website 웹사이트 **audio** 음성 **files** 파일들 **unique** 독특한

문장에서의 자리로 주어, 동사, 목적어를 찾습니다.

전체 문장의 주어는 첫 번째 명사인 **This website**이고,

동사는 주어 **This website** 다음에 있는 **has**입니다.
목적어는 동사 **has** 다음에 있는 첫 번째 명사인 **audio files**입니다.

기본 단위인 '주어+동사+목적어'가 완성되어 문장이 끝났습니다.
그런데 문장의 목적어 **audio files** 뒤에 형용사 **unique**가 있습니다.
형용사 **unique**를 [ ]로 묶어 봅니다.

This website has audio files [unique].

형용사 **unique**를 [ ]로 묶어보니
'주어+동사+목적어' 문장의 목적어에
형용사 **unique**가 연결된 것이 잘 보입니다.

영어는 앞에 나온 말을 뒤에서 설명한다는 원칙에 따라
unique는 앞에 있는 명사인 목적어 **audio files**를 설명합니다.

▦ 문장의 목적어에 형용사 연결

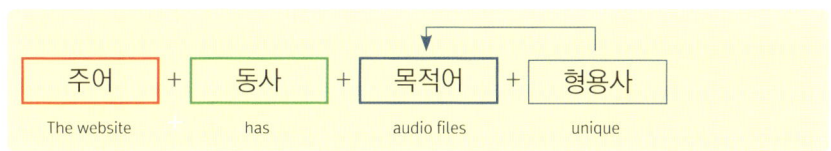

unique가 실제로는 **That is unique.** 문장이 압축된 것입니다.
잘 안 느껴지시죠?
이 문장에서 **형용사 unique는**
압축 문장이므로 뒤에서 앞으로 해석합니다. 잊지 마세요!

unique는 목적어 **a device**를 설명하는
형용사로 뜻은 **독특한**입니다.

주어, 동사, 목적어와 설명이 파악되었으므로 해석을 합니다.
전체 문장의 주어 **The website**를 먼저 해석하고,
문장 맨끝으로 가서 거꾸로 해석합니다.

예문을 다음과 같이 정리합니다.

|해석| 이 웹사이트는 독특한 오디오 파일들을 갖고 있습니다.

MEMO

목적어 뒤에 형용사가 나오면 [ ]로 묶으세요. 문장이 훨씬 더 잘 보입니다.

Mini Grammer

관사

관사(article)라고 하면 어렵게들 생각하시는데… 실제로도 어렵습니다.
우리나라 사람뿐만 아니라 다른 나라 사람들도 영어를 배울 때 어렵다고 인정하는 것이 영어의 관사 a, an, the입니다.

문법책에서 관사를 찾아 보면 꽤 길게 설명되어 있고, 설명을 읽어도 외워야 할 것이 많고, 어떻게 적용해야 하는지도 헷갈리고, 그래서 제대로 알지 못하고 넘어가는 것이 바로 관사입니다.

그러나 문장을 파악할 때 관사는 뒤에 반드시 명사가 나온다는 것을 알려주는 신호등으로 생각하세요, 영어로 관사를 뜻하는 article은 물건이라는 뜻이죠. 즉, 관사는 뒤에 물건(명사)이 나온다는 것을 알려주고 관사를 포함하여 물건이 된다는 것, 다시 말하면 명사가 된다고 생각하면 딱 좋습니다.

이렇게 해서 관사와 친해지면 문법책에 있는 관사의 용법을 찾아보기 바랍니다. 예전에는 매번 겉돌았던 관사가 이제는 착착 붙어 이해가 잘 될 것입니다.

문장에서 a, an, the의 관사가 나오면 다음과 같이 생각하면 됩니다.
① 관사 뒤에 명사가 있다.
② 관사는 뒤에 나온 명사와 합쳐져서 하나의 명사가 된다.

명사가 된다는 것은 주어, 목적어, 보어 또는 전치사의 목적어 중에 하나가 된다는 것입니다.
그리고 명사에는 다른 설명이 연결되므로 영어 문장을 파악하는 기준점 역할을 합니다.

이렇게 보면 관사는 문장 구조를 제대로 파악하는 데 힌트를 주는 역할을 하죠.
복잡한 문장에서 관사를 만나면 길잡이가 되어주니 반갑게 맞아주세요

2. 문장의 주어에 형용사 연결

문장의 주어(명사)에 형용사로 설명을 연결하는 방법을
다음 예문으로 설명하겠습니다.

Storage capable of fast recover is expensive.
storage 스토리지(저장장치) **capable of** 가능한 **fast recovery** 빠른 복구 **expensive** 비싼

문장에서의 자리로 주어, Be동사, 보어를 알아냅니다.

전체 문장의 주어는 첫 번째 명사인 **Storage**입니다.
동사를 찾으려는데 동사는 보이지 않고
형용사 **capable**과 **of**가 합쳐진 형용사구 **capable of**가 나왔습니다.
of에 연결된 **fast recovery**까지 [ ]로 묶습니다.

Storage [capable of fast recovery] is expensive.

형용사구 **capable of fast recovery**를 [ ]로 묶어보니
'주어+Be동사+보어' 문장의 주어 뒤에 형용사로 시작하는
형용사구 **capable of fast recovery**가 연결된 것이 더 잘 보입니다.

영어는 앞에 나온 말을 뒤에서 설명한다는 원칙에 따라
형용사구 **capable of fast recovery**는
앞에 있는 명사인 주어 **Storage**를 설명합니다.

▦ 문장의 주어에 형용사 연결

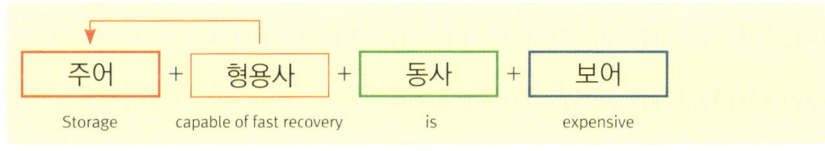

형용사구 **capable of fast recovery**는

That is capable of fast recovery. 문장이 압축된 것입니다.

이제 느껴지시나요?

형용사구 capable of fast recovery는

내부 주어가 없는 압축 문장이므로 뒤에서 앞으로 해석합니다.

형용사구 capable of fast recovery는 주어 Storage를 설명하는 형용사로 뜻은 **빠른 복구가 가능한**입니다.

주어, Be동사, 보어와 설명이 파악되었으므로 해석을 합니다.
형용사구 capable of fast recovery는 전체 문장의 주어를 설명합니다.

이렇게 전체 문장의 주어에 설명이 연결되어 있으면
주어 설명부터 시작해서 거꾸로 해석해야 합니다.

예문을 다음과 같이 정리합니다.

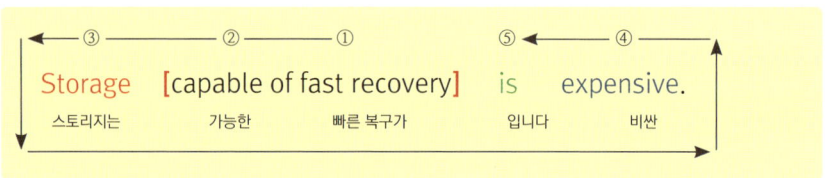

|해석| 빠른 복구가 가능한 스토리지는 비쌉니다.

> **MEMO**
> 명사에 형용사(~unique)만 붙는 경우도 있고 형용사구(~capable of fast recovery)가 붙는 경우도 있습니다. 두 경우 모두 앞에 있는 명사를 설명합니다.

> **MEMO**
> 주어 뒤에 형용사(구)가 나오면 [ ]로 묶으세요. 문장이 훨씬 더 잘 보입니다.

3. 문장의 보어에 형용사 연결

문장의 보어(명사)에 형용사로 설명을 연결하는 방법을
다음 예문으로 설명하겠습니다.

Memory is the device available for system.
memory 메모리 device 장치 available for 이용 가능한 system 시스템

문장에서의 자리로 주어, Be동사, 보어를 찾습니다.

전체 문장의 주어는 첫 번째 명사인 **Memory**이고,
동사는 주어 **Memory** 다음에 있는 **is**입니다.
보어는 동사 **is** 다음에 있는 첫 번째 명사인 **the device**입니다.

기본 단위인 '주어+Be동사+보어'가 완성되어 문장이 끝났습니다.
그런데 문장의 보어 **the device** 뒤에
형용사 **available**과 **for**가 합쳐진 형용사구 **available for**가 있습니다.
for에 연결된 **system**까지 [ ]로 묶습니다.

Memory is the device [available for system].

형용사구 **available for system**을 [ ]로 묶어보니
'주어+Be동사+보어' 문장 끝에
형용사구 **available for system**이 연결된 것이 잘 보입니다.

영어는 앞에 나온 말을 뒤에서 설명한다는 원칙에 따라
형용사구 **available for system**은
앞에 있는 명사인 보어 **the device**를 설명합니다.

▦ 문장의 보어에 형용사 연결

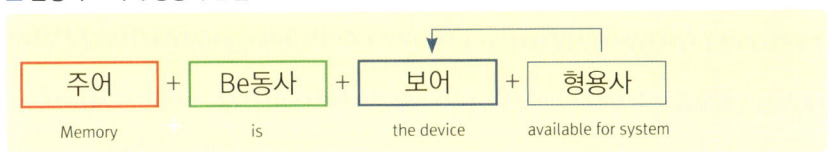

형용사구 available for system은
That is available for system 문장이 압축된 것이며
뒤에서 앞으로 해석합니다.

형용사구 available for system은 보어 the device를 설명하는 형용사로
뜻은 **시스템을 위해 사용 가능한**입니다.

주어, Be동사, 보어와 설명이 파악되었으므로 해석을 합니다.
전체 문장의 주어 **Memory**를 해석하고,
문장 맨끝으로 가서 거꾸로 해석합니다.

예문을 다음과 같이 정리합니다.

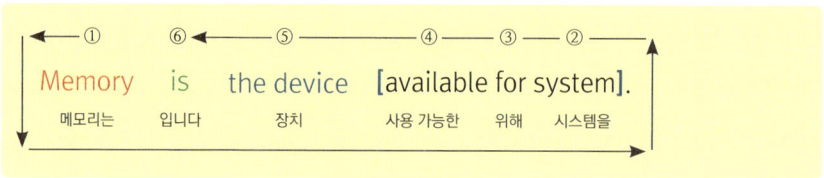

|해석| 메모리는 시스템을 위해 사용 가능한 장치입니다.

MEMO
보어 뒤에 형용사가 나오면 [ ]로 묶으세요. 문장이 훨씬 더 잘 보입니다.

4. 전치사의 목적어에 형용사 연결

전치사의 목적어에 형용사가 연결되는 것을
다음 예문으로 설명하겠습니다.

Staffs in Security Team anxious about hacking demand to keep
security policy.
staff 직원 **security** 보안 **team** 팀 **anxious** 걱정하는 **hacking** 해킹 **demand** 요구하다
keep 유지하다, 지키다 **policy** 정책

문장에서의 자리로 주어, 동사, 목적어를 찾습니다.

주어는 문장의 첫 번째 명사인 **Staffs**이고,
주어 뒤에서 동사를 찾는데 전치사구 **in Security Team**이 나왔습니다.
아직 동사가 나온 것이 아니네요.
일단 전치사구를 [ ]로 묶어 봅니다.

Staffs [in Security Team] anxious about hacking demand to keep security policy.

이렇게 [ ]로 묶어보니
주어인 **Staffs**를 뒤에서 설명하고 있는 것이 잘 보입니다.
그런데 전치사구 뒤에 동사가 있지 않고
형용사구인 **anxious about hacking**이 연결되어 있습니다.
이것도 [ ]로 묶습니다.

Staffs [in Security Team] [anxious about hacking] demand to keep security policy.

형용사구인 **anxious about hacking**을 [ ]로 묶어보니
전치사 **in**의 목적어인 **Security Team**을 형용사구 **anxious about hacking**이
뒤에서 설명하고 있는 것이 잘 보입니다.

주어 **Staffs**를 전치사구 **in Security Team**이 설명하고
전치사 **in**의 목적어인 **Security Team**을
형용사구 **anxious about hacking**이 설명하는 다단 연결 구조입니다.

동사는 어디에 있을까요?
동사는 주어 **Staffs**, 주어 설명 **Security Team**을 지나
형용사구 **anxious about hacking** 뒤에 나오는 **demand**입니다.
동사 찾기에 시간이 조금 걸렸죠!

동사를 찾았으니 목적어 찾기는 a piece of cake!(식은 죽 먹기!)죠.
목적어는 굳이 해석해 볼 것도 없이 동사 뒤에 나오는 첫 번째 명사니까
이 문장에서는... 앗! 명사가 안 보이네요.

아니죠, 명사가 안 보이는 것이 아니라
To부정사구 **to keep security policy**가 명사구로서
목적어 역할을 하고 있죠. 앞에서 배우셨죠?

▦ 문장의 전치사의 목적어에 형용사 연결

in Security Team은 주어 **Staffs**를 설명하는
형용사 역할을 하므로
'~ㄴ'을 붙여 **보안팀 안에 있는**으로 해석합니다.

형용사구 연결인 **anxious about hacking**은
전치사 **in**의 목적어인 **Security Team**을 설명하는
형용사 역할을 하므로 '~하는'을 붙여
해킹에 관해 걱정하는으로 해석합니다.

전체 문장을 해석해 보겠습니다.
주어에 설명이 연결되었으므로
주어 설명인 **anxious about hacking**부터 시작해서 거꾸로 해석합니다.

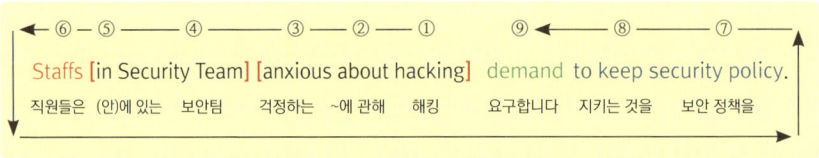

|해석| 해킹에 관해 걱정하는 보안팀에 있는 직원들은 보안 정책을 지키는 것을 요구합니다.

Summary

명사에 설명을 연결하는 방법은 지금까지 배운 6가지 밖에 없습니다.
이 6가지는 그냥 나온 것이 아니라 문장을 압축하여 만들어진 것입니다.

특히 That~, 동사ing, 동사ed, To부정사는 명사를 설명할 때 압축 문장 형태가
뚜렷하다는 것을 잊지 마세요.

압축 문장 형태로 설명을 연결한다는 것은
주어를 뺀 '(주어)+동사+목적어'의 형태로 설명을 연결한다는 것이니까
문장에서 주어, 동사, 목적어에 연결된 설명을 구분할 때
압축된 문장 단위로 끊을 수 있게 하는 힌트가 됩니다.

이렇게 되면 영어 문장을 파악하는 실력이 늘게 되고,
이제까지 어려워 손도 못 대던 영어 문장들이 파악 가능한 문장 단위로 보이기 시작합니다.

4.3 문장 전체에 압축 문장 연결하기(부사구/부사절 연결)

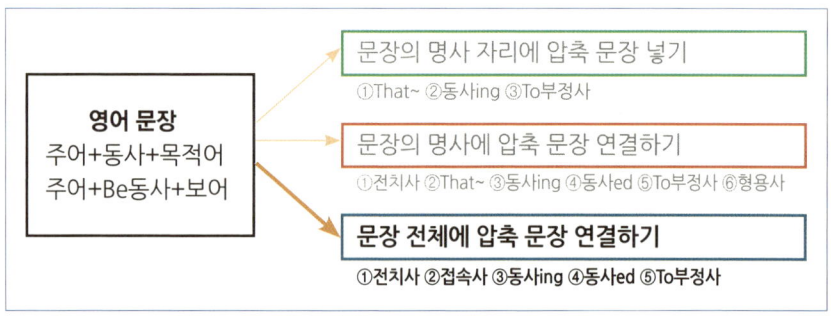

이번 절에서는 영어 문장을 길게 만드는 세 번째 방법을 설명합니다.
앞선 두 방법과 달리 세 번째 방법에서는
압축된 문장 형태로 된 설명을 영어 문장 전체에 연결합니다.

"이제까지 배운 것도 많고 복잡한데 뭐가 또 있는지?"
라는 생각이 드시겠지만 전혀 새로운 내용을 배우는 것은 아닙니다.
단지, 앞에서 배웠던 압축 문장을 다른 문장에 연결하는 것입니다.

먼저, 영어 문장을 늘리는 세 가지 방법을 다시 정리해 보겠습니다.

① 문장의 말(명사 자리)에 압축 문장을 넣는 방법
② 문장의 말(명사)에 압축 문장을 연결하는 방법
③ 다른 문장에 압축 문장을 연결하는 방법

이번 절에서 살펴볼 세 번째 방법을 이해하려면
어떤 문장에 다른 문장을 연결하는 부사적 용법을 알아야 합니다.
이에 대해 잠깐 살펴보겠습니다.

'부사'하면 떠오르는 말이
"부사는 형용사, 다른 부사, 동사를 꾸며준다"는 것입니다.
이 말이 맞는 말이지만 이것만 가지고는 부족합니다.

조금 더 살펴보겠습니다.

부사는 기본적으로 동사를 꾸며주는 말입니다.
부사를 영어로 adverb(add+verb)라 합니다.
"동사(verb)에 뭔가를 더한다(add)"라는 의미입니다.

부사가 동사를 꾸며준다는 말은 부사가 문장을 꾸며준다는 말과 같습니다.
그래서 부사는 대개 주어+동사+목적어의 문장 뒤에 나옵니다.
다시 말해서, 문장에서 부사가 나왔다고 하면
부사 앞에 문장이 있다라고 생각하거나
부사를 빼도 문장이 성립한다라고 생각해야 합니다.

이번 절에서 살펴볼 문장을 늘리는 세 번째 방법은
이미 나와 있는 영어 문장에 압축 문장을 더하는 것이기 때문에
부사로 연결하는 방법이라 할 수 있습니다.

이 말이 부사를 이해하는 데 있어 제일 중요합니다.
이 말을 이해해야 부사적 용법과
특히, 분사구문에 대한 감을 잡을 수 있습니다.

앞으로 '부사'하면 무조건 동사를 먼저 떠올리고
"앞에 문장이 나와 있구나"라고 생각하세요.

Summary

영어 문장을 늘리는 세 가지 방법

영어 문장을 늘리는 세 가지 방법을 명사 역할, 형용사 역할, 부사 역할로도 정리할 수 있습니다.

① 문장 명사 자리에 압축 문장을 넣는 것은 명사를 늘린 것이므로 명사의 기능입니다.
　명사 자리에 들어가서 명사 역할을 하기 때문입니다.
　그래서 명사처럼 '~하는 것'으로 해석합니다.

② 문장 명사에 압축 문장을 연결하는 것은 형용사의 기능입니다.
　명사를 설명하는 형용사 역할을 하기 때문입니다.
　그래서 형용사처럼 '~ㄴ'으로 해석합니다.

③ 문장 전체에 압축 문장을 연결하는 방법은 부사의 기능입니다.
　전체 문장을 꾸며서 설명하는 부사 역할을 하기 때문입니다.
　그래서 문장을 꾸며주는 부사처럼 '~에서', '~하면서', '~하기 위해'로 해석합니다.

문장 전체에 압축 문장을 연결하는 방법을
따로 새로 배워야 하는 것은 아닙니다.
이미 설명한 6가지의 압축 문장 형태에서
압축된 형용사 문장 형태가 빠져 5개만 적용하면 됩니다.
즉, 전치사, 접속사, 동사ing, 동사ed, To부정사를 적용하면 됩니다.

이제까지 배운 것을 복습한다고 생각하면 되니까
조바심 내거나 걱정하지 마세요.
여기까지 오신 것만으로도
여러분의 영어 실력은 놀랄만하게 급상승한 것입니다.

▦ 명사, 형용사, 부사의 기능과 설명 연결

명사(명사로 기능)	형용사(명사를 설명)	부사(문장을 설명)
문장의 명사 자리에 설명 넣기	문장의 명사에 설명 연결	문장 전체에 설명을 연결
문장의 명사 자리에 압축 문장 넣기	문장의 명사에 압축 문장 연결	문장 전체에 압축 문장 연결

> **MEMO**
> 형용사와 부사의 주요 차이: 형용사는 명사 설명, 부사는 문장(동사) 설명

4.3.1 문장 전체에 전치사 연결하기

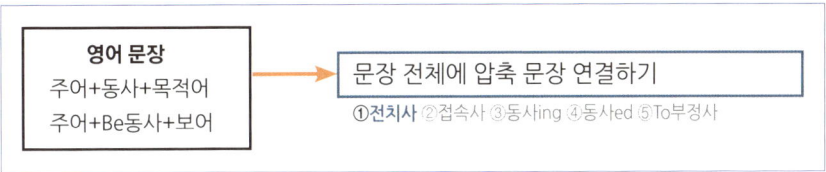

문장 전체에 전치사로 설명을 연결하는 방법을
다음 예문으로 설명하겠습니다.

They study English at school.
They 그들은 study 공부하다 English 영어 at ~에서 school 학교

주어는 첫 번째 명사인 They이고,
동사는 주어 뒤에 있는 study입니다.
목적어는 동사 study 뒤에 있는 첫 번째 명사인 English입니다.

기본 단위인 '주어+동사+목적어'로 문장이 끝났습니다.
그리고 목적어 뒤에 전치사구 at school이 있습니다.
문장이 끝나고 나온 나머지는 다 설명입니다.
문장이 끝나고 나왔으므로 전치사구 at school도 설명입니다.

이 문장은 기본 단위인
'주어+동사+목적어'에 전치사가 연결되어 설명하는 구조입니다.

전치사구 at school을 [ ]로 묶습니다.

They study English [at school].

They study English 문장 뒤에 전치사구 at school이 나왔습니다.
전치사구는 앞에 나온 명사를 설명한다고 배웠습니다.
그런데 앞에 나온 명사를 설명하는 걸로 해서
English at school은 뜻이 **학교에 있는 영어**가 되고,
전체적으로 해석하면 **학교에 있는 영어를 공부합니다.**가 되어 이상합니다.

▦ 전치사구 해석 – 학교에 있는 영어를(?)

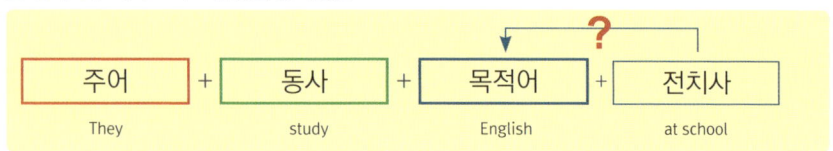

무엇이 잘못된 것인가요?
이 문장에서 전치사구 **at school**은
앞에 나온 명사 **English**를 설명하는 것이 아닙니다.
전체 문장의 동사인 **study**를 설명하고 있습니다.
그래서 **학교에서 영어를 공부합니다.**가 맞는 해석입니다.

전체 문장의 동사를 꾸며주므로
전치사구 **at school**은 부사 역할을 합니다.

이 문장에서 **at school**을 빼도
'주어(They)+동사(study)+목적어(English)'의 문장이 성립합니다.
부사가 있는 문장의 특징이죠.

▦ 전치사구 해석 – 학교에서 영어를(O)

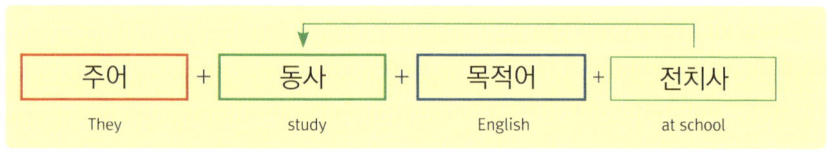

이제 문장 전체를 해석합니다.

주어 **They**부터 시작해서 거꾸로 해석합니다.

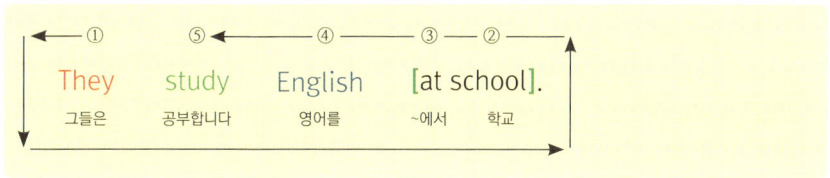

|해석| 그들은 학교에서 영어를 공부합니다.

이렇게 전치사가 문장의 동사를 꾸며줄 때 이를 부사적 용법이라고 합니다.

그런데 이상한 점이 있죠?
앞에서는 전치사구를 앞에 나온 명사를 설명한다고 해서
형용사로 생각하라고 했는데, 여기서는 부사로 생각하라고 하네요.
어떻게 구분할 수 있을까요?

영어는 먼저 형식(자리 또는 위치)으로 구분을 하고,
형식으로 구분할 수 없을 때는 뜻으로 구분해야 합니다.
예를 들어보겠습니다.

① **I study English at school.**

(형용사) 나는 학교에 있는 영어를 공부합니다.(?)
(부　사) 나는 학교에서 영어를 공부합니다.(O)

이 문장에서 **at school**을 형용사로 해석하면 어색하므로
부사로 해석합니다.

② **I see kids at school.**

(형용사) 나는 학교에 있는 아이들을 봅니다.(O)
(부　사) 나는 학교에서 아이들을 봅니다.(O)

이 문장에서 **at school**은 형용사로 해석해도, 부사로 해석해도 됩니다.

이렇게 형용사로도 부사로도 해석되면
굳이 형용사냐 부사냐 구분하지 말고
앞뒤 문맥에 맞춰 적절하게 해석하면 되요.

▦ 문장 I see kids at school의 at school을 형용사와 부사로 해석할 때의 차이

at school을 형용사로 해석	at school을 부사로 해석
앞에 있는 명사를 꾸며준다.	문장의 동사를 꾸며준다.
학교에 있는 아이들을(kids at school)	학교에서 본다(see at school)

|참고| 어떻게 해석하느냐에 따라 뜻이 달라지므로 문맥에 맞게 선택해야 합니다.

다른 예를 하나 더 보겠습니다.
이번 예는 Be동사 다음에 전치사가 나온 경우입니다.
다음 예문으로 설명하겠습니다.

Jennifer is at her office.
at ~에   office 사무실

주어는 첫 번째 명사인 Jennifer이고,
동사는 주어 다음에 있는 Be동사 is입니다.
Be동사 다음에 보어 없이 곧 바로 전치사구 at her office가 나왔습니다.

기본 문장 '주어+Be동사'에 전치사구가 연결된 구조입니다.
보어가 없는 Be동사 문장에서는 Be동사를 '있습니다'로 해석합니다.
Be동사 다음에 보어 없이 전치사구만 나오면, 다시 말해
Be동사 다음에 명사 없이 전치사구만 나오면
이 전치사구는 부사적으로 사용된 것입니다.

▦ 전치사구 해석 - 그녀의 사무실에 있습니다

이제 문장 전체를 해석합니다.
주어 **Jennifer**부터 시작해서 거꾸로 해석합니다.

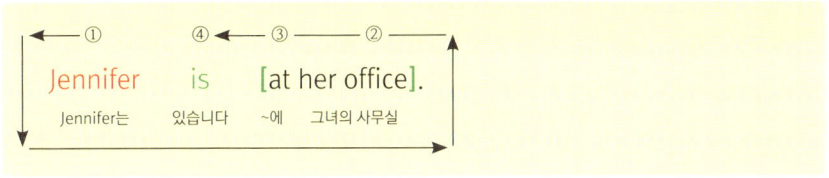

|해석| Jennifer는 그녀의 사무실에 있습니다.

4.3.2 문장 전체에 접속사 연결하기

문장을 길게 늘리는 또 다른 방법은 문장에
접속사로 다른 문장을 연결하는 것입니다.

문장에 다른 문장을 그대로 연결하면
문장 안에 주어가 2개, 동사가 2개가 생겨 문장이 파괴됩니다.
이럴 때 접속사를 사용하면 문제가 해결됩니다.

접속사는 문장에 문장을 연결하는 접착제라고 생각하세요.
접착제가 없으면 물건들이 붙지 않습니다.

무엇보다 That처럼
"접속사(Conjunction)는 뒤에 문장을 데리고 다닌다."는 사실을
기억하는 것이 중요합니다. 잊지 마세요.

접속사의 종류는 크게 두 가지입니다.
① 등위접속사: 앞의 문장에 뒤의 문장을 단순히 나열합니다.
② 종속접속사: 앞의 문장에 뒤의 문장을 설명으로 연결합니다.

1. 등위접속사로 연결

앞 문장과 뒤 문장을 단순히 나열해서 연결하는 접속사를
등위접속사라고 합니다.
풀어 쓰면, 앞 문장과 뒤 문장이 같다, 즉 대등하다는 뜻이죠.

등위접속사로는 and, or, but, nor, for, yet, so가 있으며
and와 but이 대표적인 등위접속사입니다.

다음 예문으로 설명하겠습니다.

I design smartphones and you test smartpads.
design 설계하다 **smartphone** 스마트폰 **test** 시험하다 **smartpad** 스마트패드

이 문장은
I design smartphones.와 You test smartpads.가
접속사 **and**로 연결된 것입니다.

하나의 문장 안에 주어가 I와 You로 두 개,
동사가 **design**과 **test**로 두 개지만
접속사 **and**로 연결되어 괜찮습니다.

문장 구조를 분석하면 다음과 같이 됩니다.

등위접속사 and로 문장과 문장을 연결

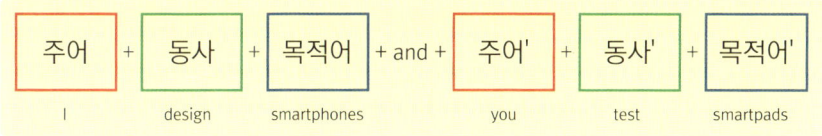

접속사로 연결된 문장을 해석할 때는 굳이 한 번에 다하려 하지 말고 문장이 두 개 연결된 것이니까 두 번 해석하면 편합니다.

예문을 다음과 같이 정리합니다.

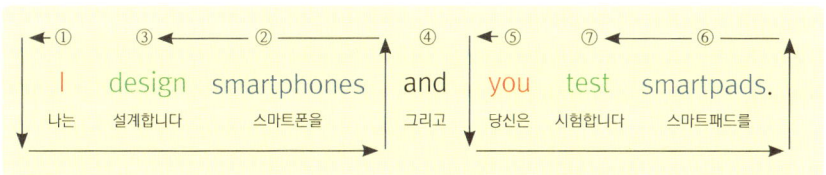

|해석| 나는 스마트폰을 설계합니다. 그리고 당신은 스마트패드를 시험합니다.

2. 종속접속사로 연결

종속접속사에 따라 나오는 문장은
주절(주인공 문장)이 아니라 덧붙여진 문장으로서
주절을 설명하기 위한 문장(종속절)이 됩니다.
문장을 설명하기 때문에 부사절이 됩니다.

종속접속사로는
when, as, because, after, before, although, while 등이 있습니다.

주절과 종속절의 구분은 뜻으로 하는 것이 아니고,
종속접속사가 있는 문장이면 종속절,
종속접속사가 없는 문장이면 주절로 구분합니다. 의외로 간단합니다.

다음 예문으로 설명하겠습니다.

I liked soccer when I was a young boy.
like 좋아하다 **soccer** 축구 **when** ~때 **young** 어린 **boy** 소년

이 문장은 I liked soccer.에
종속접속사 문장인 when I was a young boy.가 연결된 것입니다.

I liked soccer.는 접속사가 없어서 주절이고,
when I was a young boy.는 종속접속사 when이 있어 종속절입니다.

▦ 주절과 종속절의 차이

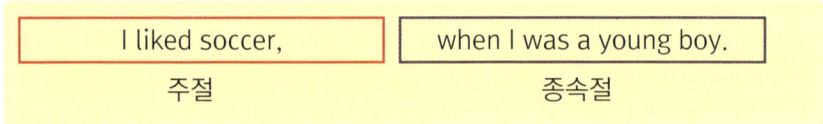

문장 구조를 분석하면 다음과 같이 됩니다.

▦ 종속접속사 when으로 문장과 문장을 연결

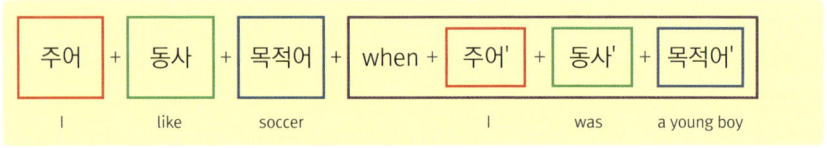

문장을 해석하겠습니다.

and 처럼 접속사에는 뜻이 있습니다.
접속사 when은 '~때'로
시간적인 배경을 설명하는 뜻을 갖고 있습니다.

접속사로 연결된 문장을 한 번에 해석하지 말고 나누어서 해석하면 편합니다.
종속접속사는 우리말에서 맨 마지막에 말하는 특징을 따라서
맨 마지막으로 해석합니다.

전체 문장을 주어부터 거꾸로 해석하는 방법에 따라 해석을 진행합니다.

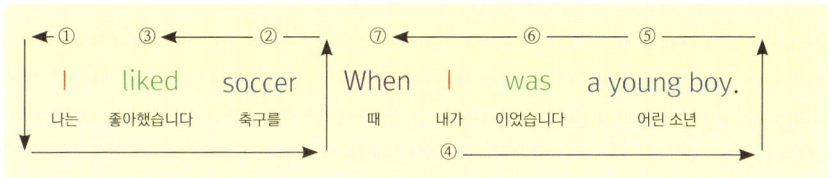

|해석| 나는 축구를 좋아했습니다. 내가 어린 소년이었을 때

종속절이 앞에 올 수도 있습니다.
해석 순서만 달라지지 뜻은 달라지는 않습니다.

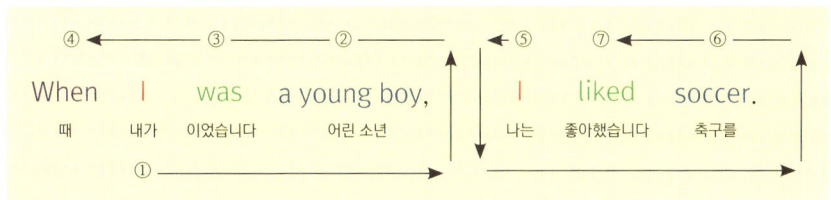

|해석| 내가 어린 소년이었을 때 나는 축구를 좋아했습니다.

영어 문법에서 접속사로 연결한 문장은
명사절, 형용사절, 부사절로 나누어 어렵게 설명되어 있습니다.
그러나 실제로는 그렇게 어렵지 않습니다.

전체 문장의 구조를 따져보고
접속사 문장이 전체 문장의 명사 자리에 문장이 들어가면
명사로 해석하면 됩니다(명사절)

I think that she is smart.
         목적어 자리에 있어서 명사절

직역하면 **나는 그녀가 똑똑하다는 것을 생각합니다.**가 되고,
의역하면 **나는 그녀가 똑똑하다고 생각합니다.**가 됩니다.

접속사 문장이 문장의 명사를 설명하면 형용사로 해석하면 됩니다(형용사절).

I buy books that have pictures.
<u>명사를 설명하므로 형용사절</u>

해석하면, **나는 그림들을 가진 책들을 삽니다.**가 됩니다.

접속사 문장이 앞 문장 설명을 위해 연결되면
부사로 해석하면 됩니다(부사절).

I like pizza, because it is delicious.
<u>앞의 문장을 설명하므로 부사절</u>

해석하면,
나는 피자를 좋아합니다. 그것은 맛있기 때문입니다.가 됩니다.

▧ 종속접속사의 종류와 뜻

뜻	부사절을 이끄는 접속사의 종류
시간	when(때), as(때), while(동안), before(전에), after(후에), until(까지)
이유	because, as, since: 때문에
조건	if(~한다면), unless(~않는다면), in case(~인 경우에)
양보	though, although, even if, even though: 비록~일지라도, while(반면에)
결과	so 형용사/부사 that, such 명사 that: 너무~해서 그래서~ 하다

Mini Grammer

양보(讓步)
문법을 공부할 때 양보라는 뜻이 참 와 닿지 않았습니다.
'비록 ~일지라도'인데 뭘 양보한다고 양보의 뜻을 갖고 있다고 하는지?
오히려 반항 아닌가? 차라리 '반항절'이라고 하는 것이 더 좋겠다는 생각도 들었어요.
양보절은 그냥 '반대하는 의사를 내가 양보해서 받아들이겠다'고 생각하세요.
그러면 이해도 쉽고 암기가 잘 됩니다.

> **Tip**
>
> **부사와 부사절**
>
> 부사는 문장이 완결되고 나옵니다. 그래서 대부분의 부사는 문장 끝에 나옵니다. (물론, 때에 따라서는 문장 중간에 나오기도 합니다.)
> 이런 부사는 문장에 더해지는 부가적인 설명이라고 볼 수 있습니다.
>
> 접속사가 있는 절을 부사절이라고 하는 이유도
> 앞에 주절이라는 완결된 문장에
> 부가해서 덧붙여지는 문장이기 때문입니다.
>
> 부사를 단순히 형용사, 다른 부사, 동사를 꾸며준다고만 생각하면
> 문장을 보는 눈이 넓어질 수 없습니다.

4.3.3 문장 전체에 동사ing 연결하기

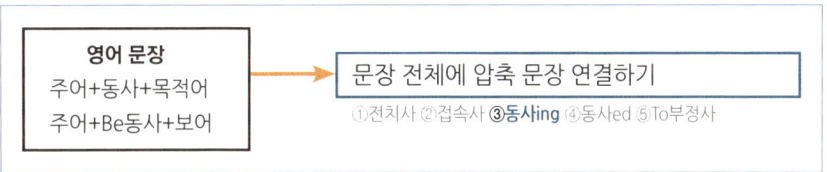

문장을 길게 늘리기 위해
문장에 동사ing 문장을 연결할 수 있습니다.

다음 예문으로 설명하겠습니다.

Peter Pan sits on the bed playing his pipe.
sit 앉다 **bed** 침대 **play** 연주하다 **pipe** 피리

주어는 첫 번째 명사인 **Peter Pan**이고,
동사는 주어 다음에 있는 **sits**입니다.
그런데 동사 뒤에 명사(목적어)가 없네요. **sits**가 자동사이니까요.
자동사는 동작할 때 다른 것이 필요 없으므로 명사(목적어)가 없어요.

'주어+동사' 다음에 전치사구 on the bed가 나왔습니다.
'주어+동사' 문장에 전치사구 on the bed가 연결된 구조로 보입니다.

그리고 전치사구 on the bed 뒤에 playing his pipe가 나왔어요.
동사ing로 시작되었으니 playing his pipe를 [ ]로 묶어 봅니다.

Peter Pan sits on the bed [playing his pipe].

지금까지 배운 것을 적용하면
playing his pipe가 앞에 있는 명사 the bed를 설명하는 것 같습니다.
그래서 on the bed playing his pipe를 해석하니
그의 피리를 연주하는 침대 위에가 됩니다.
"침대가 피리를 연주할 수 있나?" 뭔가 어색합니다.

▦ 동사ing 해석 - 그의 피리를 연주하는 침대(?)

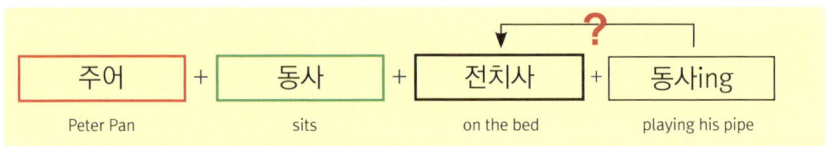

그래도 확인을 위해 문장을 해석해 보겠습니다.
전체 문장의 주어에 설명이 없으므로 주어 Peter Pan부터 시작하여,
문장 맨 끝으로 가서 거꾸로 해석합니다.

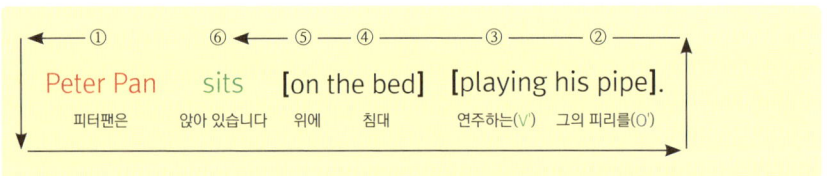

|해석| 피터팬은 그의 피리를 연주하는 침대 위에 앉아 있습니다.

전체 문장 해석은
피터팬은 그의 피리를 연주하는 침대 위에 앉아 있습니다.가 됩니다.

일부가 아니라 전체 문장을 해석해 놓고 봐도 역시 이상합니다.
그의 피리를 연주하는 침대가 계속 마음에 걸리네요.

침대가 과연 피리를 연주할 수 있나요?
동화책이니까 침대를 사람처럼 의인화해서 쓴 글인가요?

차라리 **playing his pipe**가
저 앞에 있는 주어인 **Peter Pan**을 설명하는 것이라면
훨씬 더 자연스러운 것 같은데…..

여러분은 어떻게 생각하세요?
playing his pipe를 하는 주체는 누구인가요?
네, 그렇습니다. **Peter Pan**이 주체입니다.

문장 구조가 다음과 같이 되는거죠.

■ 동사ing 해석 – 그의 피리를 연주하면서

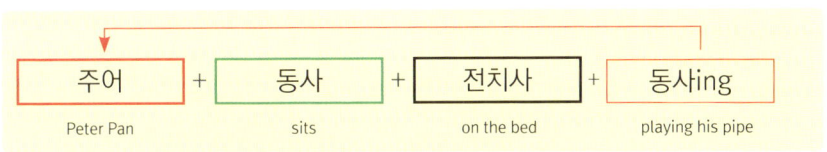

아니? 동사ing가 바로 앞에 있는 명사인 **the bed**를 설명하지 않고
저 멀리 앞에 있는 명사인 **Peter Pan**의 동작을 나타낼 수 있나요?

네, 가능합니다.
영어 문장 '주어+동사' 뒤에
동사ing가 나와서 전체 문장 주어의 동작을 나타낼 때
이 동사ing를 '현재분사구문'이라고 합니다.

현재분사구문 **playing his pipe**는 능동태 문장을 압축한 것으로,
바로 앞의 명사를 설명하는 것이 아니라

4장 영어 문장 늘리기

전체 문장의 주어인 **Peter Pan**이 동작하는 것을 나타내는 것이죠.

동사ing(현재분사구문)는 앞에 나온
전체 문장에 추가로 연결되어 부사적 역할을 합니다.
동사ing(현재분사구문)의 해석은 '(주어가) ~하면서'로 합니다.

분사구문은 우리가 영어를 공부하다가 포기하게 만드는
무시무시한 문법입니다.
하지만 동사ing가 바로 앞에 있는 명사를 설명하는지,
아니면 전체 문장의 주어의 동작을 나타내는지
구분할 수 있으면 분사구문의 산을 쉽게 넘을 수 있습니다.
이것은 정말로 아는 사람만 아는 '비급'입니다.

▦ 동사ing/현재분사와 동사ing/현재분사구문 비교

구분	동사ing/현재분사	동사ing/현재분사구문
설명	앞에 있는 명사 설명	전체 문장 주어의 능동적인 동작
역할	형용사	부사
해석	~하는	~하면서

예문을 다음과 같이 정리합니다.

Peter Pan sits on the bed [playing his pipe].

이 문장에는 지금까지 여러분을 괴롭히던 분사구문이 사용되었습니다.
어? 분사구문 앞에는 콤마(,)가 있어야 하는데 없잖아요?
그래도 분사구문인가요?
콤마(,)가 있고 없고가 분사구문을 구분하는 기준은 아닙니다.

해석하는 방법을 설명합니다.

동사ing가 뜻으로 보아서 바로 앞에 있는 명사를 설명하는 것이면

형용사 연결이고, '~하는'으로 해석합니다.
동사ing가 뜻으로 보아서 전체 문장 주어가 동작하는 것을 나타내면
부사 연결이고, '~하면서'로 해석합니다.

이것만 잊지 않아도 동사ing의 현재 분사구문을 쉽게 해석할 수 있어요.

이제 **playing his pipe**를
전체 문장의 주어의 동작으로 해석해 보겠습니다.
주어 **Peter Pan**부터 시작해서 거꾸로 해석합니다.

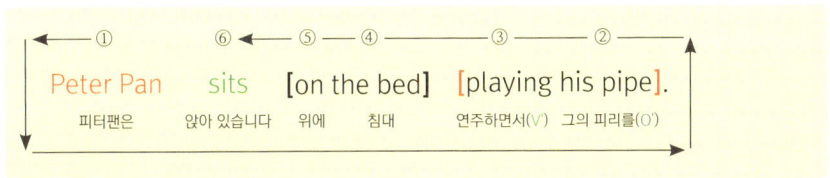

|해석| 피터팬은 그의 피리를 연주하면서 침대 위에 앉아 있습니다.

이제야 제대로 해석이 되었습니다.

그런데 영어 문장에서
갑자기 분사구문이 어떻게 나오게 되었는지 궁금하시죠?
예문으로 든 **Peter Pan sits on the bed playing his pipe.**는
원래 접속사 while로 연결된 두 문장을 줄인 것입니다.

원래 문장은 아래와 같아요.

Peter Pan sits on the bed, while he plays his pipe.

이 문장을 짧게 줄이고 싶다면 여러분은 어떻게 하실래요?
우선 공통이 되는 것을 줄이겠죠.

이 문장에서 공통되는 것은 **Peter Pan**과 **he**입니다.
주절의 주어를 생략하면 문장이 파괴되므로

종속접속절의 **he**를 생략해야겠죠.

<mark>Peter Pan sits on the bed, while plays his pipe.</mark>

줄여 놓고 보니 짧아졌지만
한 문장 안에 동사인 **sits**와 **plays** 두 개가 동일한 모습이라
헷갈릴 수 있게 되었어요.

sits와 **plays** 둘 중에 하나를 손 봐야 하는데
여러분이라면 어떤 것을 손보시겠어요?
그렇죠! 주절의 **sits**를 손대면 문장이 파괴되므로
이때도 종속접속절의 **plays**를 **playing**으로 고칩니다.

<mark>Peter Pan sits on the bed, while playing his pipe.</mark>

그런데 문장 중간에 있는 **while**도 생략하고 싶어요.
while은 손대지 말아야 할 것 같은데
원어민들은 과감하게 **while**도 생략합니다.

while을 생략해도 뜻으로 보면
Peter Pan이 침대에 앉아서 피리를 연주하고 있다.는 것을
유추해서 알 수 있기 때문이죠.

<mark>Peter Pan sits on the bed, playing his pipe.</mark>

앞에서 현재분사구문을 해석할 때 부사적으로 해석한다는 이유는
부사 역할을 하는
종속접속사절(while he plays his pipe)을 생략하여 압축했기 때문이죠.

그런데 이렇게 생략을 너무하다 보면
문장이 간단해져서 효율적이지만 경우에 따라서는
뜻이 모호해질 수가 있습니다. 무조건 생략이 좋은 것은 아니죠.

그래서 접속사를 생략하면 뜻이 모호해지는 경우라면
접속사를 생략하지 않고 남겨 둡니다.
이렇게요.

Peter Pan sits on the bed, while playing his pipe.

현재분사구문, 다음에 배울 과거분사구문이 나오는 문장은
대부분 길고 복잡하기 때문에 파악이 어렵고
생략되기 전의 원래 문장을 알아야 하기 때문에 이해하기가 어렵습니다.

하지만 현재분사(동사ing)나 과거분사(동사ed)로 시작되는 압축 문장이
바로 앞에 있는 명사를 설명하는 것인지
아니면 맨 앞에 있는 문장의 전체 주어가
동작하는 것을 나타내는 것인지 이것만 구분하면 간단하게 이해할 수 있어요.

저도 이런 방법을 알고부터
분사구문의 무시무시한 공포에서 벗어날 수 있었어요.
그리고 문장을 길게 늘려 말하거나, 길게 늘려 글을 쓰고자 할 때
예전처럼 고민하고 어려워하지 않고 간단하게 이어서 쓸 수 있게 되었죠.

여러분, 원어민 아이들이 보는 동화책을 보면 분사구문이 많이 나옵니다.
원어민 아이들이 우리가 문법 시간에 배웠던 것처럼 분사구문을 이해할까요?
아니죠, 분사구문은 원어민 아이들도 쉽게 이해할 수 있는 것입니다.

자, 다시 Peter Pan 이야기로 돌아가서
현재분사구문인 **playing his pipe**를 문장의 맨 앞으로 옮길 수 있어요.

Playing his pipe, Peter Pan sits on the bed.

이렇게 **playing his pipe**가 문장의 앞으로 왔을 때,
주어는 문장에서 첫 번째 명사인 **his pipe**가 아닙니다.

playing his pipe 안에 있는 his pipe는 문장에서
첫 번째로 나온 명사지만 주어로 인정하지 않습니다.
왜냐하면 his pipe는 설명에 속한 것이니까요.

하지만 해석의 시작은 주어 설명의 시작인 his pipe에서부터 합니다.
중간에 전체 문장의 주어인 Peter Pan이 있으니 이것을
해석하고 문장 끝으로 가야 합니다.

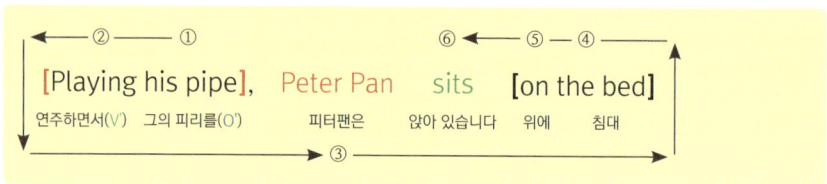

|해석| 그의 피리를 연주하면서, 피터팬은 침대 위에 앉아 있습니다.

이 말이 어렵게 느껴지시면 분사구문의 문장은
두 개의 문장이 연결된 것이니까 두 번 해석한다고 생각하면 편합니다.

만약에 주어 Peter Pan에 설명(in a hat)이 연결된 경우
어떻게 해석해야 할까요?

Playing his pipe, Peter Pan in a hat sits on the bed.

해석하기가 조금은 불편해졌습니다.
하지만 지금까지 해온 방법이 달라진 것은 아닙니다.

① 분사구문은 접속사로 연결되었던 문장이라는 것을 힌트로 삼아 두 번으로 나누어 해석하면 됩니다.
② 먼저 Playing his pipe를 먼저 해석합니다.
③ 그리고 나서 전체 문장의 주어인 Perter Pan부터 해석하면 됩니다.

그런데 주어 Peter Pan에 설명 in a hat이 연결되어 있네요.

주어에 설명이 연결되어 있을 때는
주어 설명부터 먼저 해석하는 방법에 따라
a hat부터 시작하여 거꾸로 해석합니다.

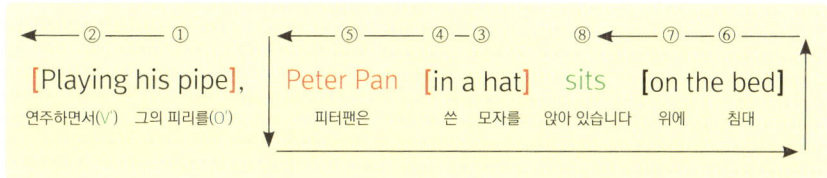

|해석| 그의 피리를 연주하면서, 모자를 쓴 피터팬은 침대 위에 앉아 있습니다.

> **MEMO**
> **in a hat**의 뜻은 '모자 안에 있는'인데 '모자를 쓴'으로 해석합니다.

아래와 같이 **playing his pipe**가 문장의 끝으로 갔을 때는
두 번에 나누어 해석하지 않고,
주어의 설명이 시작되는 **a hat**부터 거꾸로 해석을 합니다.

Peter Pan in a hat sits on the bed playing his pipe.

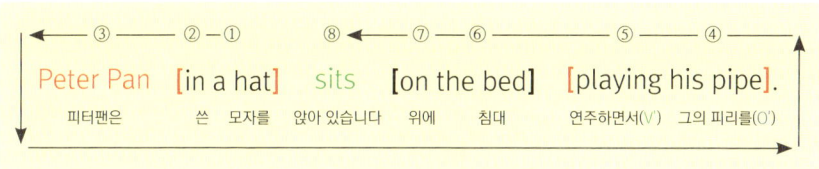

|해석| 모자를 쓴 피터팬은 그의 피리를 연주하면서 침대 위에 앉아 있습니다.

다시 한번 정리합니다.
분사구문을 제일 간단하게 파악하는 방법은
playing his pipe같은 동사ing의 압축 문장이
바로 앞에 있는 명사를 설명하는 것인지?
아니면 문장 전체 주어의 동작을 나타내는 것인지 이것만 따져보면 됩니다.

이것만 구분할 수 있으면 무시무시한 분사구문은
더 이상 골치 아픈 대상이 아닙니다.
어때요? 그 어렵던 분사구문 쉽게 구분할 수 있겠죠!

동사+ing 분사구문의 다른 예로, 다음 문장을 한번 해석해 볼까요?

She came here crying.

너무 간단한 문장인데 의외로 해석이 어렵지 않나요?
왜, 그럴까요?

주어는 **She**죠. 문장에서 처음 나온 명사니까요.
동사는 주어 **She** 뒤에 곧 바로 나온 come의 과거형인 **came**입니다.

동사 come이 자동사니까 뒤에 명사(목적어)가 필요치 않습니다.
그래서 문장이 '주어+동사'인 **She came**으로 끝났고
그 뒤에 부사 **here**가 왔습니다.

부사 **here** 다음에 압축 문장인 동사+ing 형태인 **crying**이 나왔습니다.
crying은 동사+ing이므로 주어나 목적어 자리에 들어가는
명사로 사용된 건가요?
주어 자리에는 **She**가 이미 있고, 목적어는 없는 자동사 문장이니
crying은 명사로 사용된 것이 아니네요.

그렇다면 **crying**은 명사 뒤에서 명사를 설명하는
형용사로 사용된 것일까요?
She came here crying.을 보니
crying 앞에 설명해야 할 명사가 보이지 않네요.

간단한 문장인데 파악이 잘 되지 않네요.
어떻게 해야 할까요?

눈치채셨나요?

이 문장도 분사구문입니다.

crying을 전체 문장의 주어인
She가 동작하는 것으로 나타내는 것으로 보면 이해가 쉽게 될 것입니다.

현재분사구문은 '(주어가) ~하면서'로 해석하면 됩니다.
그러면 **crying**은 **울면서**가 되겠죠.

▦ 동사ing 해석 - 울면서

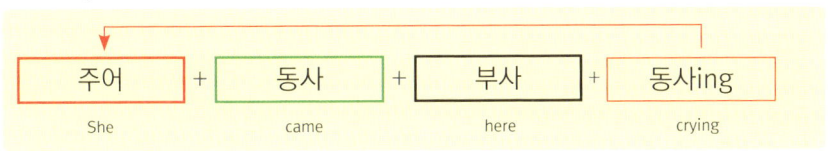

지금까지 설명한 것을 갖고 해석을 해 보겠습니다.

문장 전체의 주어인 **She**부터 시작해서 거꾸로 해석합니다.

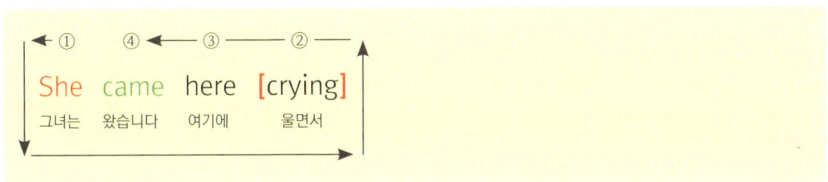

|해석| 그녀는 울면서 여기에 왔습니다.

앞서 **Peter Pan sits on the bed playing his pipe.**에서
playing his pipe를 문장 앞으로 가져갈 수 있다고 했습니다.

마찬가지로 **crying**을 문장 앞으로 가져갈 수 있어요.

Crying, she came here.

이 문장의 해석은 Playing his pipe, Peter Pan sits on the bed.처럼
앞에 **crying**을 먼저 해석하고,

문장 전체의 주어인 **she**부터 시작해서 거꾸로 해석합니다.

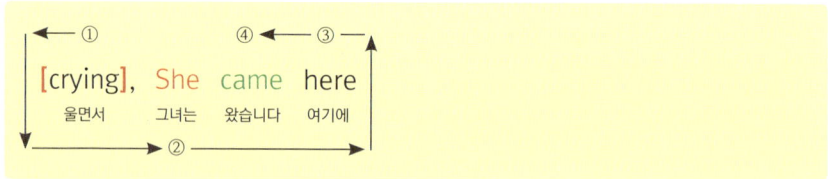

|해석| 울면서, 그녀는 여기에 왔습니다.

한가지 더!
분사구는 문장 가운데에도 올 수 있어요.

She, crying, came here.

해석은 문장 전체의 주어 **She**로부터 시작하는데,
중간에 분사구인 **crying**을 2번째로 해석하고
문장 끝으로 가서 거꾸로 해석합니다.

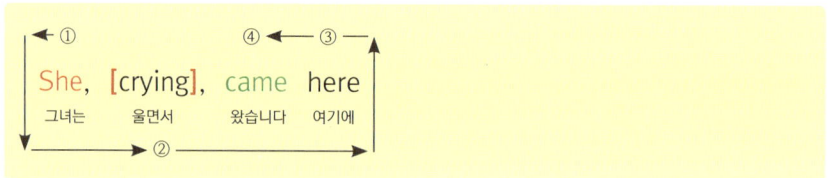

|해석| 그녀는, 울면서, 여기에 왔습니다.

분사구가 문장 중간에 들어올 때는 분사구(crying) 앞과 뒤에
콤마(,)를 넣어 주어야 혼동을 피할 수 있습니다.
없으면 **crying**은 **She**를 설명하는 형용사가 되어버리니까요.

① **She crying came here.**

　우는 그녀는 여기에 왔습니다.
　(**crying**이 주어 **She**를 설명하는 형용사로 사용)

② **She, crying, came here.**

그녀는 울면서 여기에 왔습니다.
(**crying**이 주어의 동작을 나타내는 부사로 사용)

이렇게 콤마가 있으면 crying이 주어 설명인지,
주어의 동작을 나타내는 것인지 알 수 있지만
콤마를 쓸 수 없느 경우에는 구분할 수가 없죠.
즉, 누군가가 말로 **She crying came here.**라고 하면
콤마가 없어서 구분할 수 없죠. 이때는 어떤 것이 맞나요?
앞에서 배운 것처럼 형식이 같다면 앞뒤 문맥으로 판단하면 됩니다.

4.3.4 문장 전체에 동사ed 연결하기

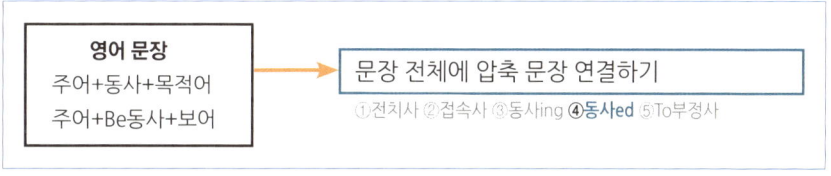

문장을 길게 늘리기 위해
문장에 압축된 동사ed 문장을 연결할 수 있습니다.

다음 예문으로 설명하겠습니다.

Their decision is hopeful developed by new strategy.
Their 그들의 **decision** 결정 **hopeful** 희망적인 **develop** 개발하다 **strategy** 전략

주어는 첫 번째 명사인 **Their decision**이고,
동사는 주어 다음에 곧 바로 나왔네요. Be동사 **is**입니다.

Be동사가 있으니 보어를 찾겠습니다.
보어는 Be동사 뒤에 첫 번째 형용사인 **hopeful**입니다.

'주어+동사+보어'로 문장이 끝났는데
동사ed로 시작하는 **developed by new strategy**가 나왔습니다.

문장이 끝나고 나온 나머지는 다 설명입니다.
그래서 **developed by new strategy**도 설명입니다.

동사ed로 시작되었으니 **developed by new strategy**를 [ ]로 묶습니다.

Their decision is hopeful [developed by new strategy].

developed by new strategy가 설명해야 할 명사는 바로 앞에 없고
문장의 맨 앞에는 명사인 주어가 보입니다.
문장 전체의 주어와 관련 있다면? 그렇다면 혹시? 분사구문?

네, 그렇습니다.
이 문장은 수동태 문장이 압축된 **developed by new strategy**가
주어의 동작을 나타내는 것으로(수동태 동작)
동사ed를 사용했기 때문에 과거분사 구문입니다.

Their decision is hopeful [developed by new strategy].

과거분사 구문인 **developed by new strategy**는
'~되어져서'로 해석합니다.

▦ 동사ed 연결 - 새로운 전략에 의해 개발되어져서

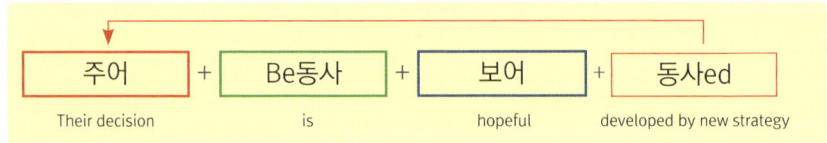

문장의 주어, Be동사, 보어, 과거분사구문까지 찾았으므로 해석합니다.
문장 전체의 주어 **Their decision**부터 시작해서 거꾸로 해석합니다.

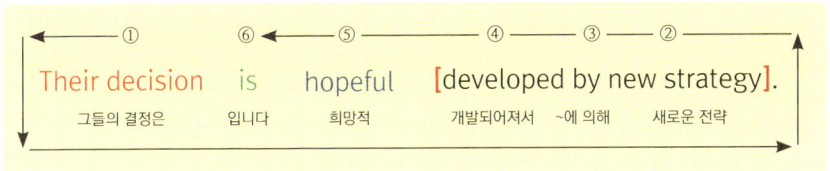

|해석| 그들의 결정은 새로운 전략에 의해 개발되어져서 희망적입니다.

해석 방법을 정리합니다.

① 동사ed(과거분사)가 뜻으로 보아서 바로 앞에 명사를 설명하는 것이면 과거분사 연결이고, '~되어진'으로 해석합니다.
② 동사ed(과거분사)가 뜻으로 보아서 문장 전체의 주어의 동작을 나타내면 (수동태 동작) 과거분사구문이고, '~되어져서'로 해석합니다.

이 방법을 잊지 마세요!

■ 동사ed/과거분사와 동사ed/과거분사구문 비교

구분	동사ed/과거분사	동사ed/과거분사구문
설명	앞에 있는 명사 설명	전체 문장 주어의 수동적인 동작
역할	형용사	부사
해석	~되어진/~된	~되어져서

한 가지 더 설명하겠습니다.

developed by new strategy가
문장의 앞에 나와도 뜻은 달라지지 않습니다.

[Developed by new strategy], their decision is hopeful.

현재분사 구문에서 배웠던 것처럼
과거분사구 안의 **new strategy**부터 해석하고
중간에 있는 문장 전체의 주어를 해석한 다음,
문장 끝에 가서 거꾸로 해석합니다.

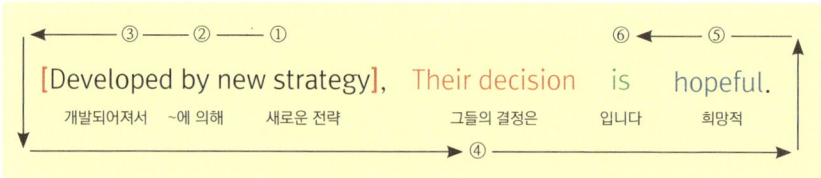

|해석| 새로운 전략에 의해 개발되어져서 그들의 결정은 희망적입니다.

Note

예문으로 사용한 분사구문은 원래 접속사 Because로 연결된 두 문장을 줄인 것입니다.

Because their decision is developed by new strategy, their decision is hopeful.

→ Developed by new strategy, their decision is hopeful.

Mini Grammer

분사구문 해석 방법

분사구문의 대부분은 '~하면서' 또는 '~되어져서'로 해석하면 됩니다.

그러나 해석이 어색하면 원인, 이유, 결과, 조건, 양보 등의 뜻으로 해석을 하면 됩니다.

이 뜻들은 접속사들이 나타내는 뜻이죠.

왜냐하면, 분사구문은 접속사를 생략하고 압축한 것이기 때문이죠.

You will get a good environment, living in country.

1) 당신은 시골에 살면서 좋은 환경을 갖게 될 것입니다.

2) 당신은 시골에 산다면 좋은 환경을 갖게 될 것입니다.

아무래도 해석을 보면 1)번 보다 2)번이 더 자연스럽죠.

원래 이 문장은 **You will get a good environment, if you live in country.** 를
압축해서 분사구문으로 만든 것입니다. 조건의 종속절을 압축해서 분사구문을 만든 것입니다.

4.3.5 문장 전체에 To부정사 연결하기

문장을 길게 늘리기 위해
문장에 압축된 To부정사 문장을 연결할 수 있습니다.

다음 예문으로 설명하겠습니다.

Kevin studies Korean to understand K-Pop.
studies 공부하다 **Korean** 한국어 **understand** 이해하다 **K-Pop** 한국대중음악

주어는 첫 번째 명사인 **Kevin**이고,
동사는 주어 뒤에 있는 **studies**입니다.
목적어는 동사 뒤에 있는 첫 번째 명사인 **Korean**입니다.

'주어+동사+목적어'로 문장이 끝났으므로 나머지는 다 설명입니다.
To부정사 **to understand K-Pop**도
문장이 끝나고 나왔으므로 설명입니다.

to understand K-Pop은 To부정사이므로 [ ]로 묶어 봅니다.

Kevin studies Korean [to understand K-Pop].

이 문장에서 **to understand K-Pop**이
앞에 나온 **Korean**을 설명한다고 생각하면
Korean to understand K-Pop은
K-Pop을 이해하는 한국어로 해석되어 이상합니다.
K-Pop을 이해하는 한국어? 솔직히 말뜻이 이해가 안가네요.

K-Pop을 이해하는 한국어는
앞에 있는 명사 **Korean**를 설명하는 것이 아니라
문장 전체의 동사인 **study**를 꾸며준다고 생각해 보세요.

■ To부정사 해석 - K-Pop을 이해하기 위해 공부한다

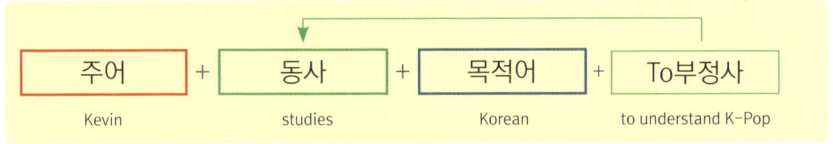

이렇게 문장이 끝난 뒤에 나오는 To부정사는
전체 문장의 동사를 꾸며줍니다.
To부정사는 미래의 뜻을 나타내는 압축 문장이죠.
그래서 문장이 끝난 뒤에 나오는 To부정사는
'(앞으로) ~하기 위해'로 해석합니다.

자, 문장 구조와 연결까지 다 알았으니 해석을 해보겠습니다.
문장 전체의 주어 **Kevin**부터 시작해서 거꾸로 해석합니다.

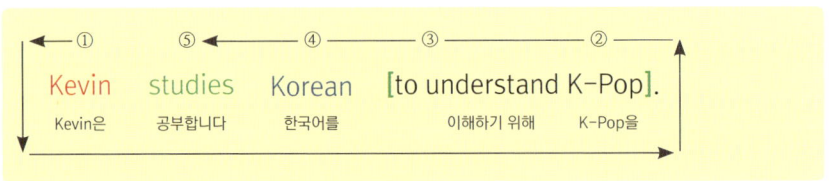

|해석| Kevin은 K-Pop을 이해하기 위해 한국어를 공부합니다.

to understand K-Pop이 동사 studies를 꾸며주는 것으로 해석하니
Kevin은 K-Pop을 이해하기 위해 한국어를 공부합니다.가 됩니다.
어때요 문장이 훨씬 매끄럽고 이해가 잘 되죠!

To부정사가 문장의 동사를 꾸며줄 때 To부정사는 부사로 취급합니다.
이렇게 문장에서 부사로 사용되는 To부정사를
문법적으로는 'To부정사의 부사적 용법'이라 합니다.

To부정사에는 바로 앞에 있는 명사를 설명하는 형용사적 용법과
전체 문장의 동사를 꾸며주는 부사적 용법이 있어요.

① To부정사의 형용사적 용법

He was the first Korean to play baseball in MLB.

|해석| 그는 메이저리그에서 야구하는 첫 번째 한국인이었습니다.

② To부정사의 부사적 용법

She went to cafe to meet a friend.

|해석| 그녀는 친구를 만나기 위해 카페에 갔습니다.

(**to meet a friend**가 이 문장의 동사 went를 꾸며줍니다.)

To부정사의 형용사적 용법과 부사적 용법 비교

To부정사의 형용사적 용법	To부정사의 부사적 용법
바로 앞에 있는 명사를 설명	전체 문장의 동사를 꾸밈
'(앞으로) ~하는'으로 해석	'(앞으로) ~하기 위해'로 해석
형용사로 해석	부사로 해석

|참고| 어떻게 해석하는가에 따라 뜻이 달라지므로 문맥에 맞게 선택해야 합니다.

To부정사구가 부사로 사용되었다면, 앞에 문장 구조인 '주어+동사+목적어'가 있다는 것인데 맞는 말일까요? 확인해 보죠.

Kevin studies Korean to understand K-pop.

To부정사 앞에 '주어(Kevin)+동사(studies)+목적어'의 문장이 있네요.

지금까지 문장 전체에 압축 문장을 연결하는 방법을 배웠습니다.
영어 문장을 늘리는 모든 방법을 다 배웠어요.
(세 가지죠. 명사 자리에 설명을 넣는 방법(명사),
명사에 설명을 연결하는 방법(형용사),
문장에 설명을 연결하는 방법(부사)을 배웠어요.)
영어에서는 이들 방법을 사용해서 문장을 늘려갑니다.

더 이상 새로 배울 것은 없습니다. 반복과 응용만 남았습니다.
여기까지 함께 오신 여러분께 감사드립니다.
여러분은 성공하셨습니다.

참고 형용사적 용법과 부사적 용법의 구분 (언어의 이중성)

영어 문장에서 형용사와 부사를
자리나 어순으로 구분하기 어려운 경우가 있습니다.
이럴 때는 형용사나 부사 중 문맥에 더 맞는 것을 선택하여
해석하면 됩니다.

① 전치사

Mother makes a cake for family.

전치사를 형용사로 해석(명사와 관련)	전치사를 부사로 해석(동사와 관련)
어머니는 **가족을 위한** 케이크를 만드십니다.	어머니는 **가족을 위해서** 케이크를 만드십니다.

② 동사ing(현재분사)

I met a friend walking along the street.

동사ing를 형용사로 해석(명사와 관련)	동사ing를 부사로 해석(동사와 관련)
나는 **길을 따라 걷는** 친구를 만났습니다.	나는 **길을 따라 걸으면서** 친구를 만났습니다.

③ 동사ed(과거분사)

The proposal asked detailed specifications written in English.

동사ed를 형용사로 해석(명사와 관련)	동사ed를 부사로 해석(동사와 관련)
그 제안은 **영어로 쓰여진** 세부적인 사양들을 요구합니다.	**영어로 쓰여져서(쓰여진)** 그 제안은 세부적인 사양들을 요구합니다.

④ To부정사

My sister bought tickets to enter the stadium.

To부정사를 형용사로 해석(명사와 관련)	To부정사를 부사로 해석(동사와 관련)
여동생은 **경기장에 들어가는** 표를 샀습니다.	여동생은 **경기장에 들어가기 위해** 표를 샀습니다.

위의 네 예문은 형용사로 해석하거나 부사로 해석하거나
다 뜻이 통하는 문장들입니다.
어느 것이 형용사적 용법인지 어느 것이 부사적 용법인지 따지지 말고
앞 뒤 문맥을 보고 편하게 적용하면 됩니다.

우리는 너무 문법을 따져야 직성이 풀리는 성향이 있어요.
너무 피곤해요. 그렇게 하지 않아도 되요.

어차피 본인의 뜻을 말하고 전달하려는 것이 언어잖아요.
뜻이 잘 전달되는 방식들을 모아서 정리한 것이 문법이지
문법을 먼저 정하고 거기에 맞추어 전달하는 것이 아니니까요.

문법적인 형식에 너무 맞춰서 구분하다 보면 구분도 잘 안될 뿐만 아니라
노력한 만큼의 성과를 얻을 수 없는 경우가 있어요.
영어는 학문이 아니라 의사전달을 위한 언어입니다.
그러니 유연하게 생각하세요.

> **Summary**
>
> **영어 문장을 길게 늘리는 방법**
>
> 다음 세 가지입니다.
> ① 명사 자리에 압축된 문장 넣기
> ② 명사 뒤에서 압축 문장으로 설명 연결
> ③ 문장에 압축된 다른 문장 연결
>
> 뒤집어 이야기하면, 길고 복잡한 영어 문장이 나오면 주어, 동사, 목적어를 빼십시오.
> 그리고 나머지 부분들이 압축된 문장으로 어떻게 연결되었는지를 파악하면 됩니다.

에피소드 | 영어 경험담: 엑센트를 잡으세요

사실 영어에서 말할 때 엑센트를 사용하는 데에는
에너지를 줄여 힘들지 않고 쉽게 말하려는 이유가 있어요.
우리말처럼 단어에서 모든 글자를 똑같이 발음하는 것보다
엑센트 부분만 이야기하고 나머지 부분은
힘을 빼면 들어가는 에너지는 훨씬 줄어들겠죠.

참, 미국에 가서 경험한 일인데 영어를 말할 때는
굴리는 R 발음, 입 천정에 혀를 대야 하는 L 발음,
이빨 사이로 혀를 내면서 하는 th 발음 등을
정확하게 하는 것도 중요하지만 **그 무엇보다도 엑센트가 중요합니다.**

1995년에 IBM의 Network Management System 교육을 받기 위해
일주일간 미국 Colorado주의 Denver 근처에 있는 소도시 Boulder의
IBM 교육센터에 출장을 간 적이 있습니다.

학교를 졸업하고 회사에 근무한지 얼마 안 되는 사원이었고,
영어 실력은 형편 없었습니다.
지금이야 영어 잘하는 직장인들을 많이 볼 수 있는데

그 때는 해외 유학이나 해외 연수가 드물었던 시기여서
영어 잘하는 직장인들이 많지 않았습니다.

난생 처음 가는 미국 출장이어서 무척 신경이 쓰였습니다.
여러분도 마찬가지지만 회사에서 보내주는 출장은
여행이 아니라 근무의 연속이잖아요.

미국 출장 전의 가장 큰 걱정은
'미국 사람들이 말하는 영어가 안 들리면 어떡하나?'였어요.
그래서 미국에 가기 전에 부랴부랴
영어 테이프(지금은 거의 자취를 감춘)를 사다가 벼락 공부를 했죠.

결과는 어땠을까요? 여러분의 예상대로 엉망이었습니다.
그런데 그 보다 더 충격적인 일이 있었으니
그것은 미국 사람들이 제가 하는 영어를 알아 듣지 못한 것이었습니다.

미국의 Denver에는 공항이 있으나
우리나라에서 직접 가는 직항노선이 없어
L.A.까지는 대한항공을 타고 가고,
L.A. 도착한 후에 미국 항공사 United Airlines로 갈아타고
Denver로 가게 되었습니다.

우리나라를 출발한 비행기가 드디어 미국 L.A.에 도착했고,
L.A.에서 미국 국내선 항공기인 United Airlines을 갈아타기 전에
입국 심사를 하게 되었습니다.

입국 심사관이 몇 가지 물어 보길래 영어로 대답을 했더니
잘 알아듣지를 못하는 것이었습니다. 어이가 없었습니다.

그때 제 솔직한 심정은 "아니, 내가 다른 나라 말도 아니고
영어로 대답했는데 미국 사람이 영어를 못 알아듣다니,
어떻게 해야 하나?"하는 생각이었습니다.

어쨌든 겨우겨우 대답을 마치고 입국 심사대를 빠져 나왔지만
저에게는 큰 충격이었습니다.
"이제까지 영어가 잘 안 들릴까 걱정했는데,
정작 내가 하는 말을 미국 사람들이 알아듣지 못하다니…."
씁쓸한 마음을 안고 Denver로 가기 위해 이동을 했습니다.

이제 Denver로 가는 United Airlines를 타니 크게 긴장되었습니다.
대한항공을 타고 L.A.까지 갈 때만 하더라도

비행기 안에는 외국인 보다 우리나라 사람들이 훨씬 많아
미국에 가는지도 모르게 갔습니다.

그런데 L.A.에서 Denver로 가기 위해 갈아타고 나니 비행기 안에는
함께 출장 갔던 동료 포함해서 3명만 한국인, 아니 동양사람이었고
나머지 사람들은 모두 미국사람과 외국인들이었습니다.

"아, 이제 정말 미국에 왔구나"하는 생각이 들었습니다.

Denver행 비행기가 이륙하고 나서 어느 정도 시간이 지나자
스튜어디스가 자리를 돌면서 음료를 서비스할 때였습니다.

제 옆으로 온 미국인 스튜어디스가
What would you like to have?, 무엇을 마시겠습니까?라고
물어보길래 그냥 커피 시켰으면 좋았을 것을,
그래도 영어공부했다는 티를 내고 싶어서
Orange Juice, please 했습니다.
그랬더니 미국인 스튜어디스가 What?, 무엇이라구요?라고 하더군요.

참, 어이가 없었습니다. 또 다시 내가 하는 영어를 못 알아 듣다니.
당황도 되고 진땀도 나면서, 머릿속에 모든 기억을 되살려
"그렇지 Orange는 r이 있으니까 심하게 굴려서 말해야 하는구나"
이렇게 생각하고 다시 아까보다는 더 힘을 주고 발음을 굴리면서
Orange Juice! 했습니다.

어떻게 되었을까요?
네, 이번에도 여러분의 예상처럼 미국인 스튜어디스
What?하면서 또 못 알아들었습니다.

이렇게 되니 더 이상 Orange Juice를 주문할 수 없어서
어쩔 수 없이 Coffee, please해서

오렌지 주스가 아니라 커피를 먹었습니다.

책에서는 될 때까지 영어로 이야기하라고 하는데
그건 책 속에나 있는 이야기고 실제로 그렇게 할 수 없죠.
계속 바보가 될 수는 없잖아요.
스튜어디스도 비행기 안의 손님에게 서빙을 해야 하구요.

뭐가 잘못되었던 것일까요?

몇 년이 지나고 외국계 회사인 3Com에 입사해서
미국 Silicon Valley의 San Jose로 출장을 가서야 알게 되었습니다.

Orange Juice를 미국인 스튜어디스가 알아듣지 못한 것은,
무엇보다도 제 영어발음에 엑센트가 없었기 때문입니다.

한 동안 원어민 발음으로 **Orange Juice**가 **오렌지 주스**인지,
어륀지 주스인지 하면서 이야기가 된 적이 있는데
실제로는 엑센트가 더 중요합니다.

외국사람에게 발음을 시켜 보세요.
Card와 **Car**를 우리가 듣기에는 똑같이 발음합니다.
엑센트를 넣어 앞에다 강세를 주고 뒤의 소리를 강조 안 하기 때문입니다.

미국 3Com 본사에서 네트워크 교육을 받을 때
같이 교육 받던 미국인 동료가 이야기하더군요.
한국사람들이 하는 영어 발음은 알아 듣기 힘들다고요.

왜냐하면 한국사람이 하는 영어 발음에는 엑센트가 없이
모든 단어를 똑같은 높이와 똑같은 길이로
발음하기 때문이라고 하였습니다.
자기들은 엑센트가 없으면 알아들을 수 없다고 하면서요.

유세복을 발음할 때
우리는 그냥 글자 소리에 변화 없이 그대로 발음(Flat Sound)하죠.
하지만 미국인들은 저의 한국 이름을 발음할 때
내가 시키지도 않았는데
유세복 중의 한 글자에 힘을 주고 강세를 주어 발음합니다.

그 미국인 동료 덕분에 처음으로 미국에 출장갔을 때
비행기 안에서 오렌지 주스를 못 시켜먹고
커피를 먹을 수 밖에 없었던 그 때 일이 생각났고,
왜 미국 사람들이
제가 하는 영어 발음을 알아듣지 못하는지 알게 되었습니다.

그 뒤로는 미국 출장을 갈 때
맘 편하게 오렌지 주스를 비행기나 어디서든 주문해서 먹을 수 있었지요.
(참고로 정 발음이 어려우면 영어로 **Orange Juice, please**라 하지 않고
OJ, please 해도 알아들어요.)

반기문 유엔사무총장님이 영어로 말씀하시는 것을 들어본적이 있나요?
Youtube에서 쉽게 찾을 수 있습니다.

반기문 총장님의 영어 발음은 미국 사람들과 비교해서,
주변에 영어 좀 한다는 사람들의 발음에 비교해서도
매끄럽지 않고 딱딱한 발음입니다.

그런데 신기하게도 외국사람들은 모두 다 반기문 총장님의
영어 연설을 알아듣고는 품위 있는 연설이었다고 합니다.

반기문 총장님의 영어 발음을 잘 들어보세요.
굴리거나 매끄럽지 않고 딱딱하지만
엑센트 만큼은 정확하고, 확실하게 지키고 발음하십니다.

물론 매끄럽고 부드러운 영어를 해야 더 좋지만
우선은 엑센트부터 발음하는 법을 익히세요.

그렇다고 엑센트를 익히기 위해 단어 하나하나 외워가며 하지 마시고
영어 책을 소리 내어 계속 읽어보세요,
자연스럽게 영어 문장을 발음할 때 엑센트가 들어가게 되어 있습니다.

엑센트를 주면서 영어 책을 읽을 때와 그렇지 않을 때를 비교해 보면
엑센트를 주면서 영어 책을 읽을 때가 힘과 에너지가 덜 듭니다.

엑센트는 영어 발음을 할 때
에너지를 최소화시키기 위한 언어의 자연스런 활동이기 때문입니다.

5장 압축 문장의 다단 연결

4장에서 영어 문장이 길어지는 3가지 원리
(명사 자리에 설명, 명사를 설명, 문장을 설명)를 배웠습니다.
영문 자료를 읽다 보면 한 문장인데도
3줄, 4줄 이상이 되는 경우를 자주 접하게 됩니다.
주어, 동사, 목적어도 찾기가 수월하지 않고,
이리저리 머리를 굴려 해석을 하려 해도 도무지 갈피를 잡을 수가 없죠.
문법책에도 나오지 않아 어디 가서 물어 볼 수도 없어요.
난감하기만 합니다.

하지만 우리나라 사람들에게는
문법적 지식보다 더 뛰어난 '눈치'라는 비장의 무기가 있어
어떻게 해서든 뜻을 알아차리지만
항상 마음속에 찜찜함은 그대로 남아있죠.

3줄, 4줄 또는 그 이상의 길고 복잡한 문장은 자세히 들여다 보면
아무렇게 만들어진 것이 아니라 압축된 문장 형태의 설명이
여러 번 연결(다단 연결)되어 만들어진다는 것을 알 수 있습니다.

5장에서는 앞에서 배운 것을 토대로 정말 해보고자 했던
길고 복잡한 영어 문장을 파악하고 해석할 수 있는
중요한 비법을 알려드립니다.

5.1 문장의 명사 자리에 압축 문장을 다단 연결하여 넣기

문장의 명사 자리로 들어가는
That~, 동사ing, To부정사들의 경우 다단 연결이 가능합니다.

이렇게 다단 연결이 되면 문장이 길어지는데,
다단 연결로 길어진 영어 문장을 보면 어렵게 느껴집니다.
그러나 알고 보면 '주어+동사+목적어'의 기본 단위에
설명이 더 연결되어 늘어난 것인데
영어 문장의 구조와 어순에 대해 잘 모르면 어렵게 보입니다.

여러분은 앞에서 영어 문장의 기본 구조를 배웠고,
영어 문장이 압축되어서 명사 자리에 들어가
문장 안에 놓이는 것을 배웠으므로 다단 연결도 쉽게 이해할 수 있어요.

자, 지금부터 하나씩 살펴보겠습니다.

1. That~을 다단 연결하여 넣기

먼저 영어 문장의 명사 자리에 들어가는 That~이
다단으로 연결되는 것부터 설명하겠습니다.

영자 신문이나 영어로 된 IT 매뉴얼을 보다 보면 자주 만나게 되는
That~의 다단 연결 문장을 예로 설명하겠습니다.

He believes that engineers know that disks caused problems.
believe 믿는다 know 알다 disk 디스크 cause 야기하다 problem 문제

이 문장에서 주어와 동사 그리고 목적어를 찾을 수 있을까요?

주어는 영어 문장에서 첫 번째로 나오는 명사이니까 **He**입니다.
동사는 주어 다음에 나와 있는 **believes**입니다.

그런데 목적어가 간단하지 않네요.

목적어 자리에 명사가 있는지 보았더니 That~ 문장이 나왔습니다.
[that engineers know that disks caused problems]로 묶습니다.

그런데 [that engineers know that disks caused problems] 안에
또 다시 That~ 문장인
that disks caused problems가 나왔습니다.
이것 역시 [ ]로 묶어 봅니다.

He believes [that engineers know [that disks caused problems]].

어때요?
훨씬 보기 편하고 어떤 구조로 된 문장인지 쉽게 이해가 되죠?

He believes ~.의 목적어 자리에
[that engineers know (something)]이 들어가고,
that engineers ~.의 목적어 자리에
[that disks caused problems]가 들어간 구조입니다.

▦ 압축된 That~ 문장의 다단 연결

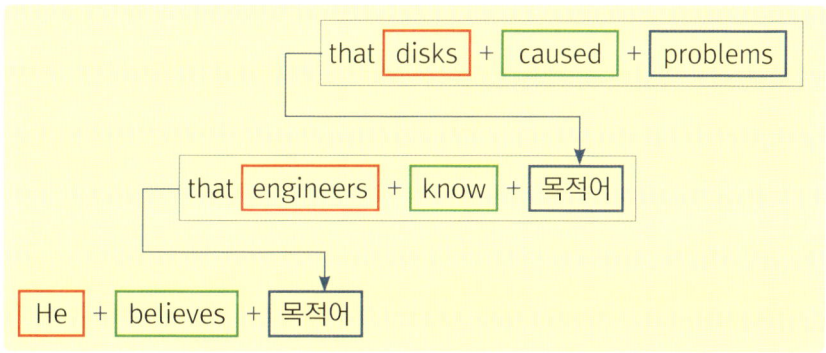

이렇게 알고 보면 어렵고 복잡한 구조가 아니라 목적어 자리에
'주어+동사+목적어' 구조가 반복되는 것임을 알 수 있습니다.

이제 주어, 동사, 목적어와 문장의 구조를 알았으니 해석을 하겠습니다.
해석에 있어 조심해야 할 것은
that~마다 내부 주어가 있기 때문에
이 내부 주어들을 먼저 해석하고 난 뒤에 문장의 끝으로 가서
거꾸로 해석해야 한다는 점입니다.

예문을 다음과 같이 정리합니다.

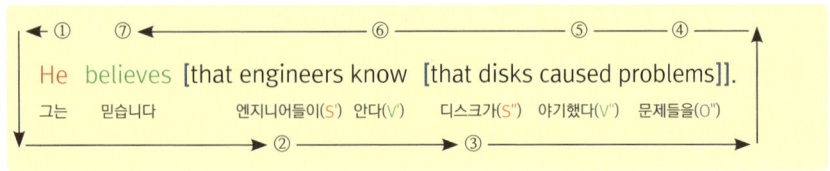

|직역| 그는 엔지니어들이 디스크가 문제들을 야기했다는 것을 알고 있다는 것을 믿습니다.
|의역| 그는 엔지니어들이 디스크가 문제들을 야기했다는 것을 알고 있다고 믿습니다.

2. 동사ing를 다단 연결하여 넣기

이번에는 동사ing가 다단 연결되는 구조의 문장을 살펴보겠습니다.

She likes reading having useful lessons.
like 좋아하다 read 읽다 have 가지다 useful 유용한 lessons 교훈

주어는 첫 번째 명사인 **She**이고,
동사는 주어 다음에 나와 있는 **likes**입니다.
그런데 목적어가 간단하지 않네요.

목적어 자리에 명사가 있는지 보았더니
동사ing 문장인 **reading having useful lessons**가 있습니다.
[reading having useful lessons]로 묶습니다.

그런데 [reading having useful lessons] 안에
또 동사ing 문장인 [having useful lessons]가 나왔습니다.

이 역시 [having useful lessons]과 같이 묶습니다.
그럼, 다음과 같이 됩니다.

She likes [reading [having useful lessons]].

어때요? 훨씬 보기 편하고 문장 구조도 쉽게 이해되죠?
목적어 자리에 동사ing가 다단 연결된 구조입니다.

▦ 압축된 동사ing 문장의 다단 연결

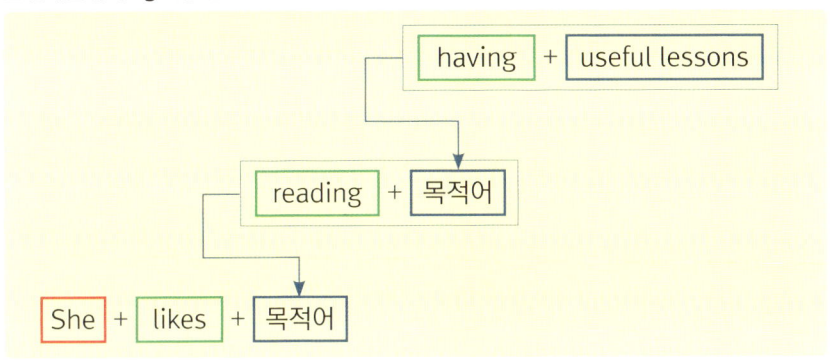

전체 문장을 해석하겠습니다.
그런데 That~이 내부 주어를 가지고 다단 연결된 것과는 달리
동사ing에는 내부 주어가 없으므로 해석 방법이 약간 다릅니다.

전체 문장의 주어인 She부터 해석하지만
중간에 있는 동사ing에 내부 주어가 없으므로
곧 바로 문장 맨 끝으로 가서 해석합니다.

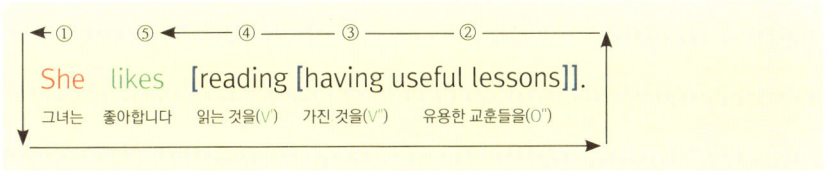

|직역| 그녀는 유용한 교훈들을 가진 것을 읽는 것을 좋아합니다.
|의역| 그녀는 유용한 교훈이 있는 것을 읽기 좋아합니다.

3. To부정사를 다단 연결하여 넣기

이번에는 To부정사가 다단 연결된 구조의 문장입니다.
의외로 자주 보게 되는 문장이죠.

다음 예문으로 설명하겠습니다.

They plan to prepare to renew facilities.
plan 계획하다 **prepare** 준비하다 **renew** 새롭게 하다 **facility** 시설물

주어는 첫 번째 명사인 **They**이고,
동사는 주어 다음의 **plan**입니다. 그런데 목적어가 간단하지 않네요.

목적어 자리에 명사가 있는지 보았더니
To부정사 **to prepare to renew facilities**가 있네요.
[to prepare to renew facilities]로 묶습니다.

그런데 [to prepare to renew facilities] 안에
또 To부정사 [to renew facilities]가 나왔습니다.
역시 [to renew facilities]와 같이 묶어야 합니다.

다음과 같이 되겠죠.

They plan [to prepare [to renew facilities]].

어때요? 훨씬 보기 편하고 어떤 구조로 된 문장인지 쉽게 이해가 되죠?
목적어 자리에 To부정사가 다단 연결된 구조입니다.

■ 압축된 To부정사 문장의 다단 연결

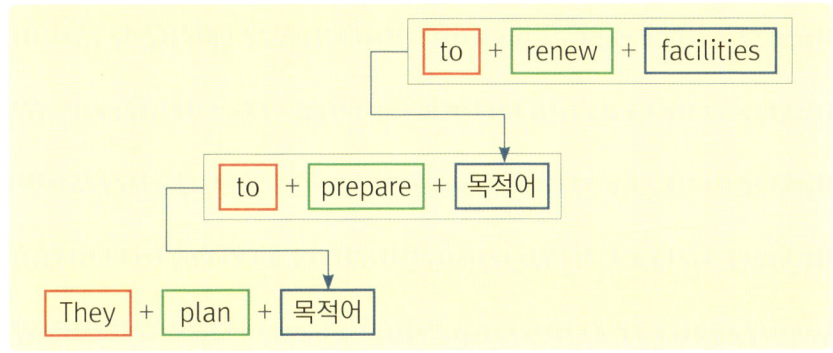

해석을 하겠습니다.
그런데 That~이 내부 주어를 가지고 다단 연결된 것과는 달리
To부정사에는 내부 주어가 없으므로 해석 방법이 약간 다릅니다.

전체 문장의 주어인 **They**부터 해석하지만 중간에 있는
To부정사에 내부 주어가 없으므로
곧 바로 문장 맨 끝으로 가서 해석합니다.

예문을 다음과 같이 정리합니다.

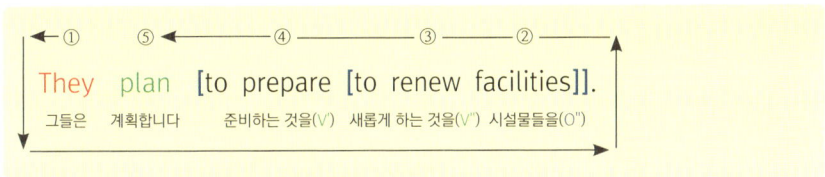

|직역| 그들은 시설물들을 새롭게 하는 것을 준비하는 것을 계획합니다.
|의역| 그들은 시설물을 새롭게 준비하는 것을 계획합니다.

지금까지 문장의 명사 자리에
압축 문장(That~, 동사ing, To부정사)이 들어가서
문장이 늘어나는 것을 배웠습니다.

여기까지 오느라 수고 많으셨습니다.

잠깐 쉬고 다음을 기대해 주세요.

> **Summary**
>
> 영어 문장에서 That~, 동사ing, To부정사를 만나면 [ ]로 묶어 주세요.
>
> ① That~을 만나면 [ ]로 묶어 보세요.
> ② 동사ing를 만나면 [ ]로 묶어 보세요.
> ③ To부정사를 만나면 [ ]로 묶어 보세요.
>
> 영어 문장의 형태와 구조를 이해하기가 쉬워집니다.

5.2 문장의 명사에 압축 문장을 다단 연결

문장의 명사에
설명으로 압축 문장을 다단 연결하여 문장을 길게 할 수 있습니다.

명사에 설명을 연결하는 압축 문장은
여러분도 아시겠지만 6가지가 있는데
이 중에서 형용사를 제외한 나머지 5가지는 명사로 끝나기 때문에
이 명사에 또 다시 설명을 연결할 수 있죠.

1. 전치사를 다단 연결

전치사를 다단 연결하는 방법을 아래의 예문을 통해 설명하겠습니다.

> Backbone Switch at the core of data center forwards
> all kind of packets.
> **Backbone Switch** 백본 스위치 **core** 핵심 **data center** 데이터 센터 **forward** 전송하다
> **packet** 패킷(데이터 전송 단위)

이 문장에서 주어는 첫 번째 명사인 **Backbone Switch**입니다.
여러분도 이제 익숙하시죠?

주어 뒤에서 동사를 찾으려는데
at the core로 전치사와 전치사의 목적어가 나왔습니다.
[ ]로 묶어봅니다.

Backbone Switch [at the core] of data center forwards packets.

이렇게 [ ]로 묶어보니 at the core가
주어 Backbone Switch를 설명하는 것이네요.
왜, 그렇죠?
어렵지 않아요.
at the core가 주어 Backbone Switch 뒤에 있기 때문이죠.

주어에 전치사로 설명이 연결되었으니
'그 뒤에 있겠지'하고 따라가 보았는데 동사가 나오지 않고
또 다시 of data center로 전치사와 전치사의 목적어가 나왔어요.
이것도 [ ]로 묶어봅니다.

Backbone Switch [at the core] [of data center] forwards packets.

이렇게 [ ]로 묶어보니 of data center가
바로 앞의 명사 the core를 설명하는 것이네요.
왜, 그렇죠?
of data center가 명사 the core 뒤에 있기 때문이죠.

정리하면 at the core는 주어 설명이고,
of data center는 주어 설명의 설명이라 할 수 있어요.

이렇게 전체적으로 파악하고 나서 보니 이제
문장의 동사 forward가 보이네요.
목적어는 packets입니다.

Backbone Switch [at the core] [of data center] forwards packets.

▦ 주어에 전치사가 다단 연결된 문장

문장 전체의 주어, 주어 설명, 주어 설명의 설명, 동사, 목적어를 찾았으니 해석을 합니다.
문장 전체의 주어 뒤에 있는 설명부터 시작해서 거꾸로 해석합니다.

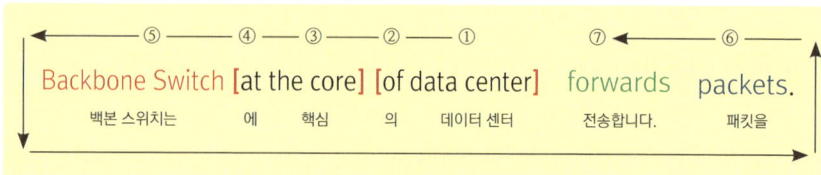

|해석| 데이터 센터의 핵심에 백본 스위치는 패킷을 전송합니다.

2. That~을 다단 연결

That~을 다단 연결하는 방법을 아래의 예문을 통해 설명하겠습니다.

Linux replaces Unix that ruled Client/Server system that opened new era of computing.
Linux 리눅스 **replace** 대체하다 **Unix** 유닉스 **rule** 지배하다
Client/Server system 클라이언트/서버 시스템 **open** 열다 **era** 시대 **computing** 컴퓨팅

이 문장에서 주어는 첫 번째 명사인 **Linux**입니다.
동사는 주어 뒤에 있는 **replaced**,
목적어는 동사 뒤에 있는 **Unix**입니다.

'주어+동사+목적어'로 문장이 끝났는데,
목적어 뒤에 That~으로 설명이 연결되었네요.

That~으로 설명이 연결되었으니 [ ]로 묶어 봅니다.

Linux replaces Unix [that ruled Client/Server system] that opened new era of computing.

이렇게 [ ]로 묶어보니 that ruled Client/Server system이
목적어 Unix를 설명하는 것이네요.
왜, 그렇죠?
어렵지 않아요. that ruled Client/Server system이
목적어 Unix 뒤에 있기 때문이죠.

목적어에 That~으로 설명이 연결되었기 때문에 문장이 끝났겠지 했는데, Client/Server system 뒤에 That~이 또 연결되어 있네요.
이것도 [ ]로 묶어봅니다.

Linux replaces Unix [that ruled Client/Server system] [that opened new era of computing].

이렇게 [ ]로 묶어보니 that opened new era of computing이
바로 앞의 명사 Client/Server system을 설명하는 것이네요.
왜, 그렇죠?

that opened new era of computing이
명사 Client/Server system 뒤에 있기 때문이죠.

정리하면 that ruled Client/Server system는 목적어 설명이고,
that opened new era of computing는
목적어 설명의 설명이라 할 수 있어요.

■ 목적어에 That~이 다단 연결된 문장

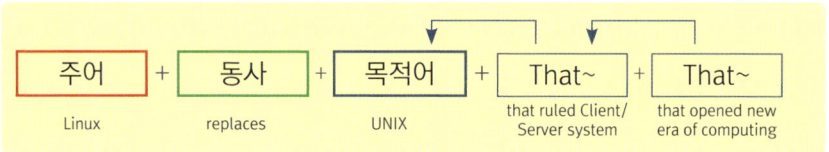

문장 전체의 주어, 동사, 목적어, 목적어 설명, 목적어 설명의 설명을
찾았으니 해석을 합니다.
That~ 안에 내부 주어가 없으므로
문장 전체의 주어부터 시작해서 거꾸로 해석합니다.

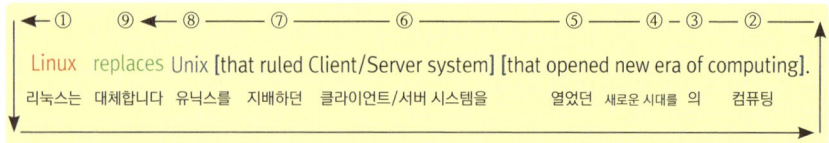

|해석| 리눅스는 컴퓨팅의 새로운 시대를 열었던 클라이언트/서버 시스템을 지배하던 유닉스를 대체합니다.

3. 동사ing를 다단 연결

동사ing를 다단 연결하는 방법을 아래의 예문으로 설명하겠습니다.

Siri has voice recognition features understanding human voice delivering information.

Siri 시리(iPhone의 음성인식 서비스) **voice** 음성 **recognition** 인식 **feature** 기능
understand 이해하다 **human** 인간 **deliver** 전달하다 **information** 정보

이 문장에서 주어는 첫 번째 명사인 **Siri**입니다.
동사는 주어 뒤에 있는 **has**,
목적어는 동사 뒤에 있는 **voice recognition features**입니다.

'주어+동사+목적어'로 문장이 끝났는데,
목적어 뒤에 동사ing로 설명이 연결되었네요.

동사ing로 설명이 연결되었으니 [ ]로 묶어 봅니다.

Siri has voice recognition features [understanding human voice] delivering information.

이렇게 [ ]로 묶어보니 understanding human voice가
목적어 features를 설명하는 것이네요.

목적어에 동사ing로 설명이 연결되었기 때문에 문장이 끝났겠지 했는데,
human voice 뒤에 동사ing가 또 연결되어 있네요.
이것도 [ ]로 묶어봅니다.

Siri has voice recognition features [understanding human voice] [delivering information].

이렇게 [ ]로 묶어보니 delivering information이
바로 앞의 명사 human voice를 설명하는 것이네요.

정리하면 understanding human voice는 목적어 설명이고,
delivering information은 목적어 설명의 설명이라 할 수 있어요.

▦ 목적어에 동사ing가 다단 연결된 문장

문장 전체의 주어, 동사, 목적어, 목적어 설명, 목적어 설명의 설명을
찾았으니 해석을 합니다.
문장 전체의 주어부터 시작해서 거꾸로 해석합니다.

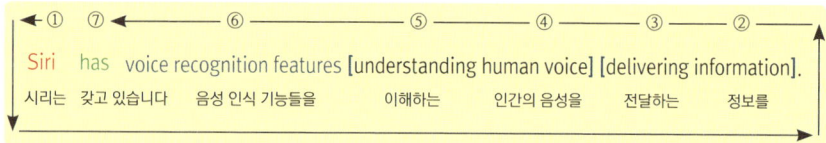

|해석| 시리는 정보를 전달하는 인간의 음성을 이해하는 음성 인식 기능들을 갖고 있습니다.

4. 동사ed를 다단 연결

동사ed를 다단 연결하는 방법을 아래의 예문으로 설명하겠습니다.

IoT connects everything based on TCP/IP protocol invented by experts.
IoT 사물인터넷 **connect** 연결하다 **everything** 모든 것 **base** 기반하다
protocol 프로토콜, 규약 **invent** 발명하다 **expert** 전문가

이 문장에서 주어는 첫 번째 명사인 **IoT**입니다.
동사는 주어 뒤에 있는 **connects**,
목적어는 동사 뒤에 있는 **everything**입니다.

'주어+동사+목적어'로 문장이 끝났는데,
목적어 뒤에 동사ed로 설명이 연결되었네요.
동사ed로 설명이 연결되었으니 [ ]로 묶어 봅니다.

IoT connects everything [based on TCP/IP protocol] invented by experts.

이렇게 [ ]로 묶어보니 **based on TCP/IP protocol**이
목적어 **everything**을 설명하는 것이네요.

목적어에 동사ed로 설명이 연결되었기 때문에 문장이 끝났겠지 했는데,
TCP/IP protocol 뒤에 동사ed가 또 연결되어 있네요.
이것도 [ ]로 묶어봅니다.

IoT connects everything [based on TCP/IP protocol] [invented by experts].

이렇게 [ ]로 묶어보니 **invented by experts**가
바로 앞의 명사 **TCP/IP protocol**을 설명하는 것이네요.

정리하면 **based on TCP/IP protocol**은 목적어 설명이고,
invented by experts는 목적어 설명의 설명이라 할 수 있어요.

▦ 목적어에 동사ed가 다단 연결된 문장

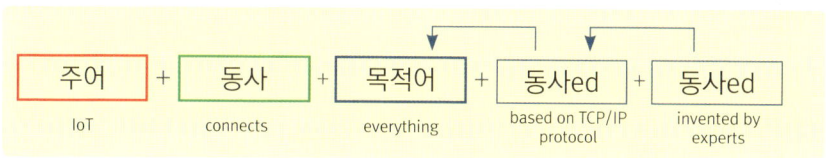

문장 전체의 주어, 동사, 목적어, 목적어 설명, 목적어 설명의 설명을
찾았으니 해석을 합니다.
문장 전체의 주어부터 시작해서 거꾸로 해석합니다.

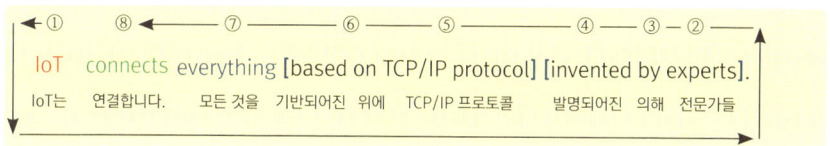

|해석| IoT는 전문가들에 의해 발명되어진 TCP/IP 프로토콜 위에 기반되어진 모든 것을 연결합니다.

5. To부정사를 다단 연결

동사ed를 다단 연결하는 방법을 아래의 예문으로 설명하겠습니다.

Engineer is an important person to build IT infrastructure to support business.

Engineer 기술자 **important** 중요한 **person** 인원 **build** 구축하다
infrastructure 기반시설 **support** 지원하다 **business** 비즈니스

이 문장에서 주어는 첫 번째 명사인 **Engineer**입니다.
동사는 주어 뒤에 있는 **is**,
보어는 Be동사 뒤에 있는 **an important person**입니다.

'주어+Be동사+보어'로 문장이 끝났는데,
보어 뒤에 To부정사로 설명이 연결되었네요.
To부정사로 설명이 연결되었으니 [ ]로 묶어 봅니다.

Engineer is an important person [to build IT infrastructure] to support business.

이렇게 [ ]로 묶어보니 **to build IT infrastructure**가
보어 **an important person**을 설명하는 것이네요.

보어에 To부정사로 설명이 연결되었기 때문에 문장이 끝났겠지 했는데,
IT infrastructure 뒤에 To부정사가 또 연결되어 있네요.
이것도 [ ]로 묶어봅니다.

Engineer is an important person [to build IT infrastructure] [to support business].

이렇게 [ ]로 묶어보니 **to support business**가
바로 앞의 명사 **IT infrastructure**를 설명하는 것이네요.

정리하면 **to build IT infrastructure**는 보어 설명이고,
to support business는 보어 설명의 설명이라 할 수 있어요.

▦ 보어에 To부정사가 다단 연결된 문장

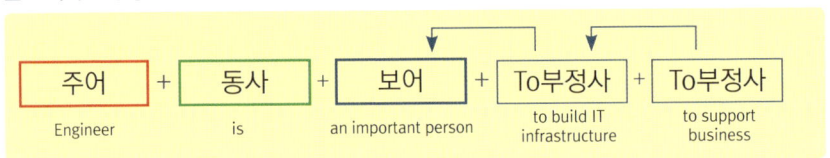

문장 전체의 주어, 동사, 목적어, 목적어 설명, 목적어 설명의 설명을 찾았으니 해석을 합니다.

문장 전체의 주어부터 시작해서 거꾸로 해석합니다.

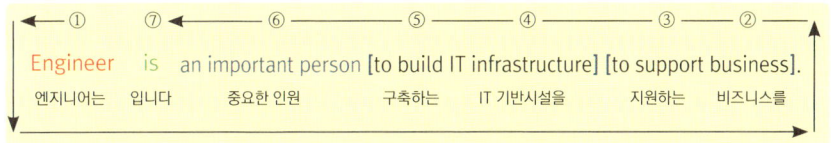

|해석| 엔지니어는 비즈니스를 지원하는 IT 기반시설을 구축하는 중요한 인원입니다.

5.3 문장 전체에 압축 문장을 다단 연결

문장 전체를 설명하기 위해 압축 문장을 다단 연결할 수 있습니다.
이때는 주로 접속사나 동사ing(현재분사구) 또는
동사ed(과거분사구)가 다단 연결되죠.

1. 접속사를 다단 연결

접속사를 다단 연결하는 방법을 아래의 예문을 통해 설명하겠습니다.

> Disaster Recovery recovers connections when failure happens after accidents break out.
> **Disaster** 재해 **Recovery** 복구 **recover** 복구하다 **connection** 연결 **failure** 장애 **happen** 발생하다 **accident** 사고 **break out** 발생하다

이 문장에서 주어는 첫 번째 명사인 **Disaster Recovery**입니다.
동사는 주어 뒤에 있는 **recover**,
목적어는 동사 뒤에 있는 **connections**입니다.

'주어+동사+목적어'로 문장이 끝났는데,
목적어 뒤에 when으로 접속사절이 연결되었네요.
접속사절이 연결되었으니 [ ]로 묶어 봅니다.

Disaster Recovery recovers connections [when failure happens] after accidents break out.

이렇게 [ ]로 묶어보니 when failure happens가
주절 Disaster Recovery recovers connections를 배경 설명하는 것이네요.

주절에 when 접속사절이 연결되었기 때문에 문장이 끝났겠지 했는데,
when failure happens 뒤에 after 접속사절이 또 연결되어 있네요.
이것도 [ ]로 묶어봅니다.

Disaster Recovery recovers connections [when failure happens] [after accidents break out].

이렇게 [ ]로 묶어보니 주절을 설명하기 위해
접속사 절이 계속 연결된 것이네요.
앞에서 배운 대로 접속사절은 주절을 배경 설명하는
부사 역할이라 할 수 있어요.

부사 앞에는 항상 '주어+동사+목적어'의 문장이 있죠.
Disaster Recovery recovers connections가 있죠.

▦ 문장에 접속사가 다단 연결된 구조

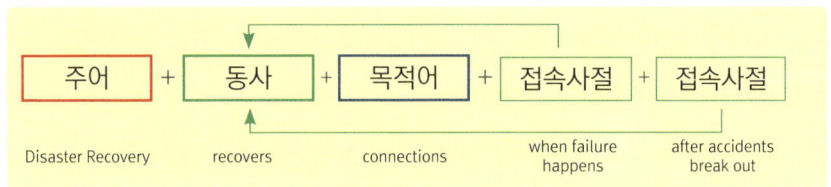

문장 전체의 주어, 동사, 목적어, 목적어 설명, 목적어 설명의 설명을
찾았으니 해석을 합니다.
접속사가 있는 문장을 해석할 때는
접속사가 문장을 연결한다는 것을 이해하고

접속사에 연결된 문장마다 따로 해석하여 합치는 것이 좋습니다.

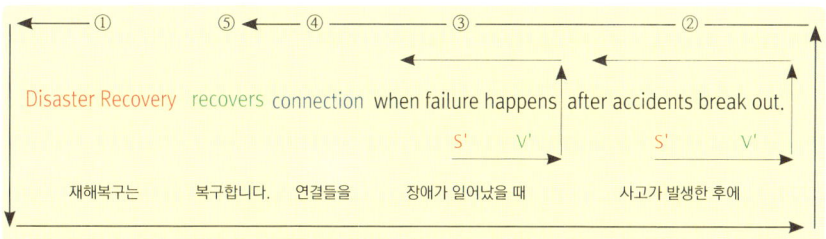

|해석| 재해복구는 사고가 발생한 후에, 장애가 일어났을 때 연결들을 복구합니다.

그림으로 그리니까 다소 어렵게 보일 수 있습니다.
복잡하면 문장의 수만큼 따로 해석하여 합친다고 생각하면 되요.

2. 동사ing(현재분사구)와 동사ed(과거분사구)를 다단 연결

분사구문을 다단 연결하는 방법을 아래의 예문을 통해 설명하겠습니다.

> IT staffs gathered, preparing alternative measure,
> alarmed by error messages.

staff 직원 **gather** 모이다 **prepare** 준비하다 **alternative** 대안 **measure** 조치
alarm 놀라게 하다 **error** 에러 **message** 메시지

이 문장에서 주어는 첫 번째 명사인 **IT staffs**입니다.
동사는 주어 뒤에 있는 **gathered**,
목적어는 **gather**가 자동사이므로 없습니다.

'주어+(자)동사'로 문장이 끝났는데
동사ing의 압축 문장 **preparing alternative measure**가
연결되었네요. 동사ing를 [ ]로 묶어 봅니다.

IT staffs gathered, [preparing alternative measure],
alarmed by error messages.

이렇게 [ ]로 묶어보니 preparing alternative measure가
동사ing 형태지만 앞에 명사를 꾸며주는 것이 아니라
주어 IT staffs의 동작을 나타내는 것이네요.

이러한 preparing alternative measure를 뭐라고 하지요?
네, 현재분사구문이라 합니다.

문장에 현재분사구문이 연결되었기 때문에 문장이 끝났겠지 했는데,
preparing alternative measure 뒤에
동사ed의 압축 문장이 또 연결되어 있네요.
이것도 [ ]로 묶어봅니다.

IT staffs gathered, [preparing alternative measure],
[alarmed by error messages].

이렇게 [ ]로 묶어보니
alarmed by error messages가 동사ed 형태이지만
앞에 명사를 꾸며주는 것이 아니라
주어 IT staffs의 동작을 나타내는 것이네요.

이러한 alarmed by error messages를 뭐라고 하지요?
네, 과거분사구문이라 합니다.

주어의 동작을 나타내기 위해 분사구문이 계속 연결된 것이네요.

▦ 문장에 현재분사구와 과거분사구가 다단 연결된 문장 구조

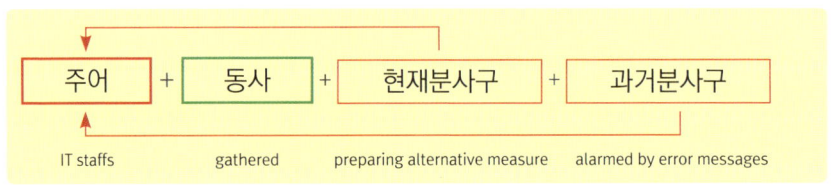

문장 전체의 주어, 동사, 현재분사구, 과거분사구를 찾았으니 해석을 합니다.

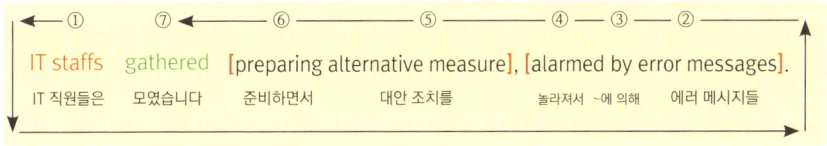

|해석| IT직원들은 에러 메시지들에 의해 놀라져서 대안 조치를 준비하면서 모였습니다.

참고로, 분사구문도 접속사절이 압축된 것이므로,
별도의 문장으로 해석한 뒤 합쳐서 해석해도 됩니다.

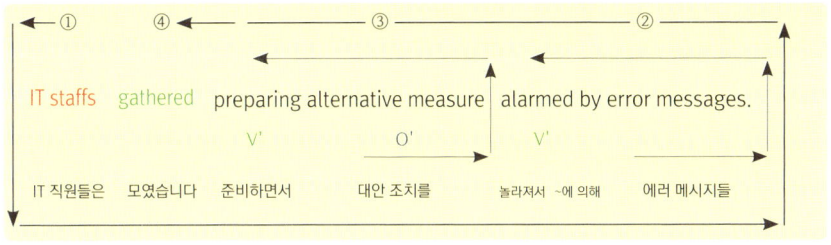

5.4 문장의 여러 명사에 압축 문장들을 연결

영어에서 앞에 나온 말(명사)을 뒤에서 설명하는 특징과
명사에 압축 문장을 연결하여 설명하는 방법 6가지를 배웠습니다.

아무리 길고 복잡한 영어 문장이라 하더라도
명사에 설명이 연결되는 구조가 반복되고 있을 뿐
연결 방법이 새로이 더 추가되어 어려워지는 것은 없습니다.

지금까지는 하나의 명사에 설명을 연결하는 구조를 살펴보았는데
이제부터는 여러 개의 각 명사에 설명하는 방법을 알아보겠습니다.

주어와 목적어에 동시에 설명을 연결하면 문장이 길어지고 복잡해지겠죠?

▦ 주어와 목적어에 6가지 설명을 연결

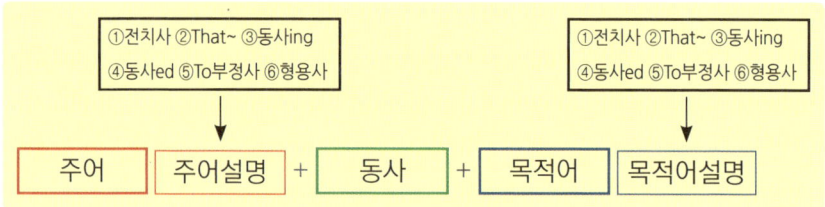

또, 주어와 보어에 동시에 설명을 연결하면
역시 문장이 길어지고 복잡해지겠죠?

▦ 주어와 보어에 6가지 설명을 연결

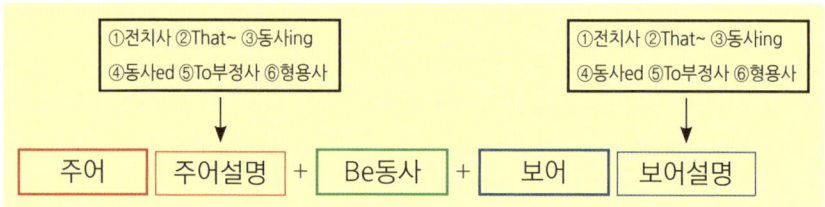

이렇게 주어와 목적어 또는 주어와 보어에 설명을
동시에 연결하는 방법을 이해하면
영어 문장에 대한 공부는 거의 끝난 것입니다.

1. 주어에 전치사 연결, 목적어에 동사ing 연결

주어와 목적어에 압축 문장을 연결할 때 6가지 방법 중에서
마음대로 골라서 연결할 수 있습니다.
순서는 상관 없으니 어려워 마세요.

다음 예문으로 설명하겠습니다.

Researchers in this lab have smartphones using LTE.
researchers 연구원들 **lab** 실험실 **using** 사용하는 **LTE** Long Term Evolution의 약어

문장에서의 자리로 주어, 동사, 목적어를 찾습니다.

주어는 문장의 첫 번째 명사인 **Researchers**입니다.
주어 뒤에서 동사를 찾으려는데 동사는 보이지 않고
전치사구(전치사+명사)인 **in this lab**이 나왔습니다.
전치사구 **in this lab**을 [ ]로 묶습니다.

Researchers [in this lab] have smartphones using LTE.

전치사구인 **in this lab**을 [ ]로 묶어보니
주어인 **Researchers** 뒤에서 주어를 설명하고 있는 것이 잘 보입니다.

동사는 주어 설명 **in this lab** 다음에 있는 **have**입니다.
목적어는 동사 다음의 첫 번째 명사인 **smartphones**입니다.

그런데 문장이 목적어로 끝난 것이 아니고 목적어 **smartphones** 뒤에
동사ing인 **using LTE**가 또 다시 연결되어 있습니다.
이것을 [ ]로 묶습니다.

Researchers [in this lab] have smartphones [using LTE].

동사ing인 **using LTE**를 [ ]로 묶어 보니
목적어인 **smartphones** 뒤에서 목적어를 설명하고 있는 것이 잘 보입니다.

▦ 문장의 주어와 목적어에 설명 연결

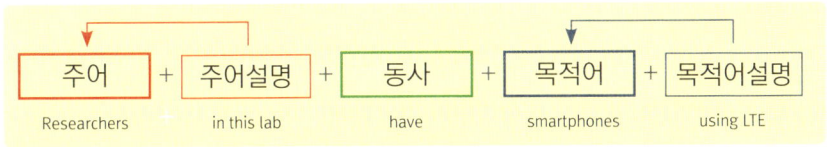

in this lab은 주어 **Researchers**를 설명하는
형용사 역할을 하므로 '~ㄴ'을 붙여
이 실험실 안에 있는으로 해석됩니다.

using LTE는 목적어 smartphones를 설명하는
형용사 역할을 하므로 '~하는'을 붙여
LTE를 사용하는으로 해석됩니다.

전체 문장을 해석해 보겠습니다.
주어에 설명이 붙었으므로
주어 설명 **in this lab**부터 시작해서 거꾸로 해석합니다.

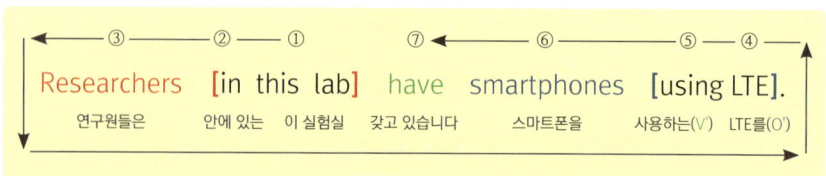

|해석| 이 실험실 안에 있는 연구원들은 LTE를 사용하는 스마트폰을 갖고 있습니다.

MEMO
주어와 목적어 뒤에 6가지 설명 도구가 나오면 [ ]로 묶으세요. 문장이 훨씬 더 잘 보입니다.

2. 주어에 That~ 연결, 목적어에 To부정사 연결

다음 예문으로 설명하겠습니다.

The company that uses IT service has a plan to change system.
company 회사 use 사용하다 plan 계획 change 바꾸다 system 시스템

문장에서의 자리로 주어, 동사, 목적어를 찾습니다.

주어는 문장의 첫 번째 명사인 **The company**입니다.
주어 뒤에서 동사를 찾으려는데 동사는 보이지 않고
That~인 **that uses IT service**가 나왔습니다. 이것을 [ ]로 묶습니다.

The company [that uses IT service] has a plan to change system.

that uses IT service를 [ ]로 묶어 보니
주어인 **The company** 뒤에서 주어를 설명하고 있는 것이 잘 보입니다.

동사는 주어 설명 **that uses IT service** 다음에 있는 **has**입니다.
목적어는 동사 다음의 첫 번째 명사인 **a plan**입니다.

문장이 목적어로 끝난 것이 아니고 목적어 **a plan** 뒤에
To부정사인 **to change system**이 연결되어 있습니다.
이것을 [ ]로 묶습니다.

The company [that uses IT service] has a plan [to change system].

To부정사인 **to change system**을 [ ]로 묶어 보니
목적어인 **a plan** 뒤에서 목적어를 설명하고 있는 것이 더 잘 보입니다.

▦ 문장의 주어와 목적어에 설명 연결

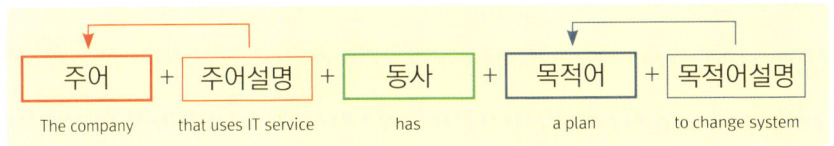

that uses IT service는 주어 **The company**를 설명하는
형용사 역할을 하므로 '~ㄴ'을 붙여
IT 서비스를 사용하는으로 해석됩니다.

to change system은 목적어 **a plan**를 설명하는
형용사 역할을 하므로 '~하는'을 붙여
시스템을 바꾸는으로 해석됩니다.

전체 문장을 해석해 보겠습니다.
주어에 설명이 붙었으므로
주어 설명 **that uses IT service**부터 시작해서 거꾸로 해석합니다.

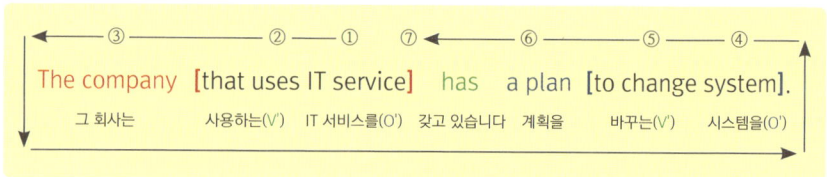

|해석| IT 서비스를 사용하는 그 회사는 시스템을 바꾸는 계획을 갖고 있습니다.

3. 주어에 동사ed 연결, 목적어에 형용사 연결

다음 예문으로 설명하겠습니다.

This picture provided by NASA shows the galaxy vibrant.
picture 사진 **provide** 제공하다 **show** 보여주다 **galaxy** 은하계 **vibrant** 활기찬

문장에서의 자리로 주어, 동사, 목적어를 찾습니다.

주어는 문장의 첫 번째 명사인 **This picture**입니다.
주어 뒤에서 동사를 찾으려는데 동사는 보이지 않고

동사ed인 provided by NASA가 나왔습니다.
동사ed인 provided by NASA를 [ ]로 묶습니다.

This picture [provided by NASA] shows the galaxy vibrant.

동사ed인 provided by NASA를 [ ]로 묶어 보니
주어인 This picture 뒤에서 주어를 설명하고 있는 것이 잘 보입니다.

동사는 주어 설명 provided by NASA 다음에 있는 shows입니다.
목적어는 동사 다음의 첫 번째 명사인 the galaxy입니다.

문장이 목적어로 끝난 것이 아니고 목적어 the galaxy 뒤에
형용사 vibrant가 연결되어 있습니다. [ ]로 묶습니다.

This picture [provided by NASA] shows the galaxy [vibrant].

형용사인 vibrant를 [ ]로 묶어 보니
목적어인 the galaxy 뒤에서 목적어를 설명하고 있는 것이 잘 보입니다.

▦ 문장의 주어와 목적어에 설명 연결

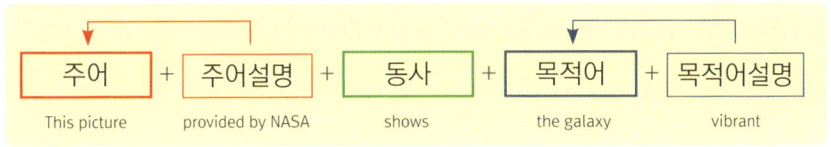

provided by NASA는 주어 This picture를 설명하는
형용사 역할을 하므로 '~ㄴ'을 붙여
NASA에 의해 제공되어진으로 해석됩니다.

vibrant는 목적어 the galaxy를 설명하는
형용사로 **활기찬**으로 해석됩니다.

문장을 해석해 보겠습니다.

주어에 설명이 붙었으므로
주어 설명 provided by NASA부터 시작해서 거꾸로 해석합니다.

|해석| NASA에 의해 제공되어진 이 사진은 활기찬 은하계를 보여줍니다.

4. 주어에 전치사 연결, 보어에 That~ 연결

다음 예문으로 설명하겠습니다.

The winners in life are the people who never give up dreams.
winner 승리자 life 인생 people 사람들 never 전혀~하지 않은 give up 포기하다 dream 꿈

문장에서의 자리로 주어, Be동사, 보어를 찾습니다.

주어는 문장의 첫 번째 명사인 **The winners**입니다.
주어 뒤에서 동사를 찾으려는데 동사는 보이지 않고
전치사구(전치사+명사)인 **in life**가 나왔습니다.
전치사구 **in life**를 [ ]로 묶습니다.

The winners [in life] are the people who never give up dreams.

전치사구인 **in life**를 [ ]로 묶어 보니
주어인 **The winners** 뒤에서 주어를 설명하고 있는 것이 잘 보입니다.

동사는 주어 설명 **in life** 다음에 있는 Be동사 **are**입니다.
보어는 Be동사 **are** 다음의 첫 번째 명사인 **the people**입니다.

보어로 문장이 끝난 것이 아니고 보어 **the people** 뒤에

That~인 **who never give up dreams**이 연결되어 있습니다.
이것을 [ ]로 묶습니다.

> **MEMO**
> 설명하려는 명사가 사람이면 that~ 대신 who~를 사용합니다.

The winners [in life] are the people [who never give up dreams].

That~인 **who never give up dreams**를 [ ]로 묶어 보니
보어인 **the people** 뒤에서
보어를 설명하고 있는 것이 잘 보입니다.

▦ 문장의 주어와 보어에 설명 연결

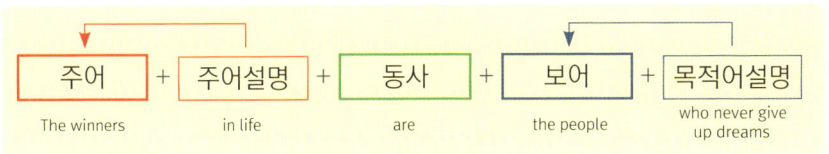

in life는 주어 The winners를 설명하는
형용사 역할을 하므로 '~ㄴ'을 붙여 **인생 안에 있는**으로 해석됩니다.

who never give up dreams는 보어 **the people**을 설명하는
형용사 역할을 하므로 '~하는'을 붙여
꿈을 전혀 포기하지 않은으로 해석됩니다.

전체 문장을 해석해 보겠습니다.
주어에 설명이 붙었으므로
주어 설명 **in life**부터 시작해서 거꾸로 해석합니다.

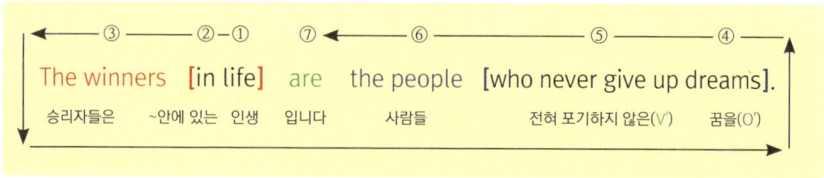

|해석| 인생 안에 있는(인생에서) 승리자들은 꿈을 전혀 포기하지 않은 사람들입니다.

5. 전치사의 목적어에 전치사와 형용사 연결

문장에서 전치사의 목적어도 명사입니다.
그래서 전치사의 목적어에 6가지 압축 문장을 연결할 수 있습니다.

다음 예문으로 설명하겠습니다.

A man in a car on the road fixed his eyes on something odd.
car 자동차 **road** 길 **fixed** 고정했다 **eyes** 눈들 **something** 무언가 **odd** 이상한

문장에서 자리로 주어, 동사, 목적어를 찾습니다.

주어는 문장의 첫 번째 명사인 **A man**입니다.
주어 뒤에서 동사를 찾으려는데 보이지 않고
전치사구(전치사+명사)인 **in a car**가 나왔습니다. 이것을 [ ]로 묶습니다.

A man [in a car] on the road fixed his eyes on something odd.

전치사구인 **in a car**를 [ ]로 묶어 보니
주어인 **A man** 뒤에서 주어를 설명하고 있는 것이 잘 보입니다.

다시 동사를 찾으려고 **in a car** 뒤를 보니
다른 전치사구(전치사+명사)인 **on the road**가 나왔습니다.
이것도 [ ]로 묶습니다.

A man [in a car] [on the road] fixed his eyes on something odd.

이렇게 [ ]로 묶어 보니 전치사 in의 목적어인 a car를
on the road가 뒤에서 설명하고 있는 것이 잘 보입니다.

주어 A man을 in a car가 설명하고,
전치사 in의 목적어 a car를
on the road가 설명하는 다단 연결 구조입니다.

▦ 전치사의 목적어(a car)에 전치사를 연결

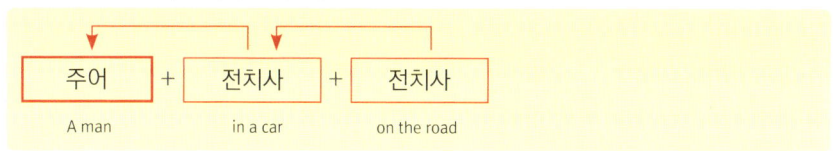

in a car는 주어 A man을 설명하는
형용사 역할을 하므로 '~ㄴ'을 붙여 **차 안에 있는**으로 해석합니다.

on the road는 전치사 in의 목적어 a car를 설명하는
형용사 역할을 하므로 '~ㄴ'을 붙여 **도로 위에 있는**으로 해석됩니다.

전체 문장의 동사는 전치사의
다단 연결 **in a car on the road** 뒤에 있는 fixed(fix의 과거형)입니다.
목적어는 동사 fixed 다음에 나온 첫 번째 명사인 **his eyes**입니다.

그런데 문장이 목적어로 끝난 것이 아니고 목적어 뒤에
전치사구(전치사+명사)인 **on something**이 연결되어 있습니다.
전치사구인 **on something**을 [ ]로 묶어 봅니다.

A man [in a car] [on the road] fixed his eyes [on something] odd.

그런데 **on something**으로 문장이 끝나지 않고
전치사 **on**의 목적어 **something** 뒤에 형용사 **odd**가 있습니다.
이것을 [ ]로 묶습니다.

A man [in a car] [on the road] fixed his eyes [on something] [odd].

이렇게 [ ]로 묶어 보니 odd는
전치사 on의 목적어 something을 뒤에서 설명하고 있습니다.

▦ 전치사의 목적어(something)에 형용사를 연결

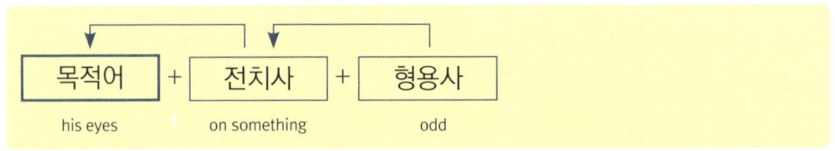

목적어 his eyes를 on something이 설명하고,
전치사 on의 목적어 something을
형용사 odd가 설명하는 다단 연결 구조입니다.

on something은 목적어 his eyes를 설명하는
형용사 역할을 하므로 '~ㄴ'을 붙여 **무언가 위에 있는**으로 해석됩니다.

odd는 something을 설명하는
형용사이므로 **이상한**으로 해석됩니다.

전체 문장 구조는 다음과 같습니다.

▦ 전치사의 목적어에 전치사와 형용사가 연결된 문장 구조

문장을 해석해 보겠습니다.
주어에 설명이 붙었으므로
주어 설명의 맨 끝인 **on the road**부터 거꾸로 진행합니다.

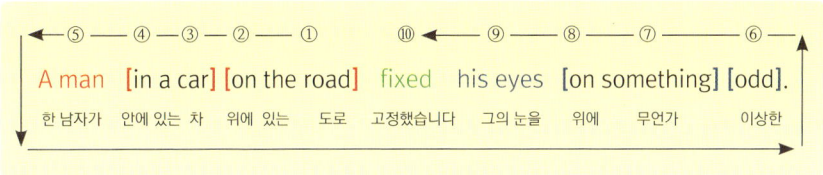

|해석| 도로 위에 있는 차 안에 있는 한 남자가 이상한 무언가 위에 그의 눈을 고정했습니다.

이렇게 영어 문장이 길어지고 복잡해지면 다음과 같이 해석하면 됩니다.

① 주어, 동사, 목적어를 찾습니다.
② 주어에 연결된 설명과 목적어에 연결된 설명을 찾습니다.
③ 주어나 주어 설명부터 거꾸로 해석합니다.

어때요, 길고 복잡한 문장도 눈에 들어오기 시작하나요.
뭔가 계속해서 반복된다는 느낌이 드시나요?

네, 그래요. 알고 보았더니 길고 복잡한 영어 문장도
'주어+동사+목적어'나 '주어+Be동사+보어'를 기본으로 하고,
설명을 연결시켜 놓은 것이더라고요.
그리고 그 설명도 '주어+동사+목적어'나
'주어+Be동사+보어'를 압축시켜서 설명으로 연결한 것입니다.

앞에서도 설명했듯이 더 이상의 비법은 없어요.

앞으로 영어 문장을 볼 때 주어, 동사, 목적어, 보어를 먼저 찾고,
그 나머지인 설명이 어떻게 연결되었는지를 파악하려고 해 보세요.

그러면 길고 어렵던 영어 문장이
점점 내 것으로 되어 간다는 느낌이 들 것입니다.

5.5 압축 문장이 다단 연결된 더 길고 복잡한 영어 문장

앞에서 전치사에 또 다른 전치사와 형용사가 연결된 문장을 설명했습니다.
이런 다단 연결 문장은 영어에서 난이도가 높은 문장입니다.

문장 이해에 있어 다단 연결은 중요하므로
다른 예문으로 한번 더 설명합니다.

Guests visiting HQ in Seoul watch a report that shows results finished in Q1.
guests 손님들 **visiting** 방문하는 **HQ** 본사 **watch** 보다 **report** 보고서 **show** 보여주다
result 결과 **finish** 끝나다 **Q1** 1/4 분기

이 문장에서 주어, 동사, 목적어를 제대로 찾을 수 있다면
TOEIC 점수 750~800점에 해당하며 영어 실력은 중상급 이상이 됩니다.

비교적 어려운 단어들이 없는데도
주어, 동사, 목적어를 찾기가 어렵습니다.
특히 동사라 생각되는 것이
visiting, watch, shows, finished 이렇게 4개나 되어 헷갈립니다.

어느 것이 전체 문장의 동사일까요? 찾으셨나요?
지금까지 내용을 착실히 따라왔다면
영어 어순과 문장 구조를 알고 있을 것이며,
그렇다면 어렵지 않게 찾을 수 있을 것입니다.

모르는 단어 때문에 동사를 못 찾는 것이 아닙니다.
문법이나 단어도 중요하지만 먼저, 어순에 대한 이해가 필요합니다.

문장이 길고 복잡하니까
어렵고 복잡한 방법으로 영어 문장을 파악해야 한다면
올바른 방법이라 할 수 없습니다.

복잡한 것은 알고 보면 단순한 것의 반복입니다.

길고 복잡한 영어 문장이라고 하더라도
간결하고 쉬운 방법으로 해결할 수 있어야 합니다.
그 간결하고 쉬운 방법은 **주어, 동사, 목적어를 먼저 찾고
설명이 어떻게 연결되었는지를 파악**하는 것입니다.

자, 가장 먼저 이 문장에서 주어, 동사, 목적어를 찾아봅니다.

이 문장에서 주어는 첫 번째 나오는 명사로 **Guests**입니다.

Guests visiting HQ in Seoul watch a report
that shows results finished in Q1.

그 다음으로 동사를 찾아 봅니다.

> **Summary**
>
> **동사가 아닌 유형**
>
> 동사를 찾기 전에 동사 찾는 방법을 정리하여 알려드립니다.
> 동사는 주어 다음에 나오는데, 주어 다음에 나온 유형이
> 아래 6가지에 속하면 그것은 동사가 아닙니다.
>
> ① 전치사: 주어 다음에 전치사는 무조건 동사가 아닙니다.
> ② That~: 주어 다음에 That~은 무조건 동사가 아닙니다.
> ③ 동사ing: 주어 다음에 동사ing는 무조건 동사가 아닙니다.
> ④ 동사ed: 주어 다음에 동사ed의 경우, 그 뒤에 동사가 있는지 확인합니다.
>   (동사의 과거형과 과거분사가 같은 경우가 많기 때문입니다.)
> ⑤ To부정사: 주어 다음에 To부정사는 무조건 동사가 아닙니다.
> ⑥ 형용사: 주어 다음에 형용사는 무조건 동사가 아닙니다.

주어 **Guests** 다음을 보니 동사ing인 **visiting HQ**가 나왔습니다.
동사ing가 나왔으므로 당연히 **visiting HQ**는
전체 문장의 동사가 아닙니다(위의 Summary, '동사가 아닌 유형' ③ 참고).

visiting HQ 다음에 동사가 있는지 보았더니
전치사구 in Seoul이 나왔습니다. 이 역시 동사는 아닙니다.

in Seoul 다음에 동사가 있는지 보았더니 watch가 나왔습니다.
동사를 찾았습니다. 우리가 잘 아는 동사입니다.

Guests visiting HQ in Seoul watch a report
that shows results finished in Q1.

동사를 찾았으니 목적어를 찾습니다.
동사만 찾으면 목적어를 쉽게 찾을 수 있습니다.
동사 다음에 첫 번째 명사가 목적어입니다.
따라서 watch 다음의 첫 번째 명사인 a report가 목적어입니다.

Guests visiting HQ in Seoul watch a report
that shows results finished in Q1.

목적어 다음에 나온 shows는 that 안에 있기 때문에
전체 문장의 동사가 아닙니다.
shows는 that shows results 안의 내부 동사입니다.
finished도 목적어 a report 다음에 나왔으므로
동사가 아니라 과거분사입니다.
(**영어는 목적어 뒤에 동사가 나오지 않습니다.**)

이렇게 해서 주어, 동사, 목적어를 찾았습니다. 어렵지 않습니다.

문장에서 주어, 동사, 목적어를 뺀 나머지는 다 설명입니다.
주어 뒤에 있는 visiting HQ in Seoul은 주어 설명이고,
목적어 다음에 있는 that shows results finished in Q1은
목적어 설명입니다.

왜냐고요?
계속해서 말씀 드리지만
영어는 앞에 있는 말(명사)을 뒤에서 설명하기 때문입니다.
즉, **visiting HQ in Seoul**이 주어 **Guests**를 설명하는 이유는
주어 **Guests** 다음에 있기 때문입니다.

마찬가지로 **that shows results finished in Q1**이
목적어 **a report**를 설명하는 이유는
목적어 **a report** 다음에 있기 때문입니다.
이 이상 다른 설명은 필요하지 않습니다.

주어와 동사를 어떻게 설명하는지 알아보기 위해
주어, 동사, 목적어를 제외한 나머지 부분을 [ ]로 묶어 보겠습니다.

[ ]로 묶을 때는 압축 문장 단위로 끊어서 묶습니다.
주어, 동사, 목적어를 제외한 모든 설명은
압축 문장 단위로 끊어서 묶어야 합니다.
중요합니다. 꼭, 알고 있어야 합니다.

주어 **Guests** 다음의 압축 문장인 **visiting HQ**를 [ ]로 묶습니다.
visiting HQ 뒤에 있는 **in Seoul**도 [ ]로 묶습니다.

Guests [visiting HQ] [in Seoul] watch a report
that shows results finished in Q1.

목적어 **a report** 다음의
압축 문장인 **that shows results**를 [ ]로 묶습니다.
that shows results 다음의
압축 문장인 **finished in Q1**도 [ ]로 묶습니다.

Guests [visiting HQ] [in Seoul] watch a report
[that shows results] [finished in Q1].

■ '주어+주어 설명+주어 설명의 설명', '목적어+목적어 설명+목적어 설명의 설명' 구조

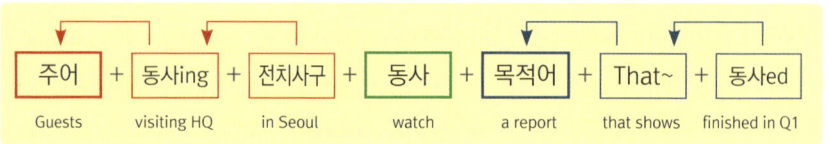

주어, 동사, 목적어를 찾았고,
주어 설명과 목적어 설명도 찾았으니 해석을 합니다.

영어 문장의 명사인 주어나 목적어에 연결되는 6가지 압축 문장은
모두 다 명사를 설명하는 형용사 역할을 합니다.
따라서 형용사처럼 '~ㄴ'을 붙여 해석합니다.

■ 명사를 설명할 때 형용사로 해석

설명 방법	형용사로 해석	설명 해석	
동사ing	~하는	visiting HQ	본사(HQ)를 방문하는
전치사	~ㄴ	in Seoul	서울 안에 있는
That~	~ㄴ	that shows results	결과를 보여주는
동사ed	~되어진	finished in Q1	1/4분기 안에 끝난

MEMO
전치사의 경우 의미상 무리가 없으면 부드럽게 하기 위해서 in을 '~에', '~의'로도 해석합니다.

주어에 설명이 연결되어 있으므로
주어 설명의 끝에 있는 **in Seoul**부터 시작해서 거꾸로 해석합니다.

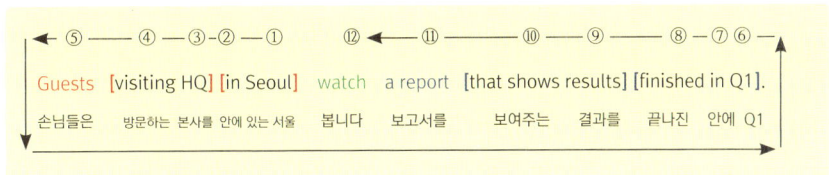

|해석| 서울 안에 있는 본사를 방문하는 손님들은 1/4분기 안에 끝나진 결과를 보여주는 보고서를 봅니다.
|의역| 서울에 있는 본사를 방문하는 손님들은 1/4분기 동안에 종료된 결과를 보여주는 보고서를 봅니다.

5.6 영어 문장을 길게 늘려가는 방법

영어는 앞에 있는 명사를 뒤에서 설명하는 특징이 있습니다.
이 특징을 이용하여 '주어+동사+목적어'로 된
기본 문장을 길게 늘릴 수 있습니다. 다음의 3단계로 진행됩니다.
앞 절에서 사용한 예문을 가지고 설명하겠습니다.

1단계. 기본 문장

주어, 동사, 목적어로만 이루어진 기본 문장입니다.

Guests watch a report.

■ 기본 문장 구조

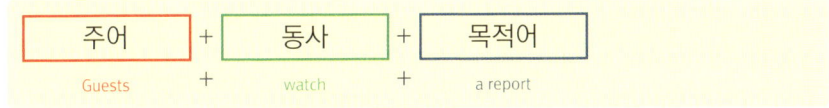

해석은 주어부터 시작해서 거꾸로 진행합니다.

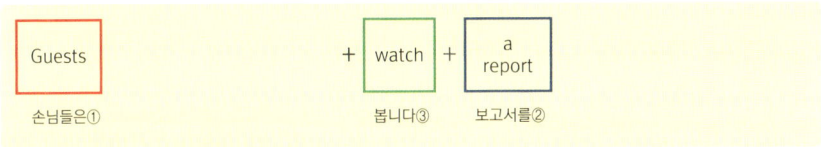

|해석| 손님들은 보고서를 봅니다.

2단계. 주어와 목적어에 설명 연결

주어도, 목적어도 명사이므로 앞에서 설명한 6가지 압축 문장으로
주어와 목적어에 설명을 연결할 수 있습니다.

Guests [visiting HQ] watch a report [that shows results].

▦ 주어와 목적어에 설명 연결 구조

주어에 설명이 연결되었습니다. 목적어에도 설명이 연결되었습니다.
주어에 설명이 연결되었으므로,
해석은 주어 설명부터 시작해서 거꾸로 진행합니다.

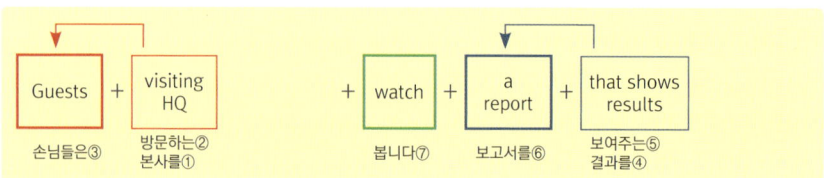

|해석| 본사를 방문하는 손님들은 결과를 보여주는 보고서를 봅니다.

3단계. 주어 설명과 목적어 설명에 설명 연결

주어 설명과 목적어 설명에 또 다시 설명을 연결할 수 있습니다.

Guests [visiting HQ] [in Seoul] watch a report
[that shows results] [finished in Q1].

■ 주어 설명과 목적어 설명에 또 다시 설명을 연결한 구조

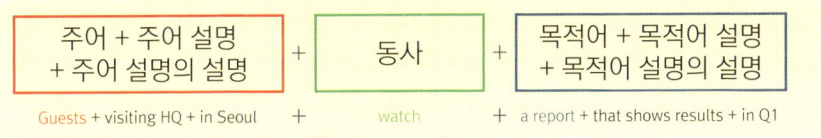

주어 설명에 또 설명이 연결되었습니다.
목적어 설명에도 또 설명이 연결되었습니다.

이 문장은 주어 설명의 설명부터 시작해서 거꾸로 해석합니다.

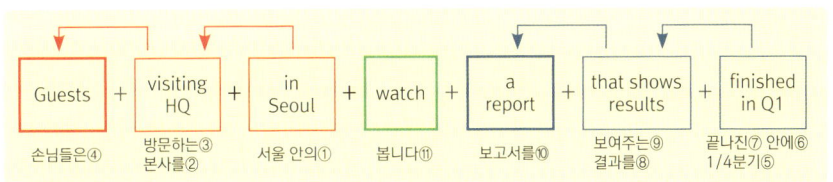

|해석| 서울 안의 본사를 방문하는 손님들은 1/4분기 안에 끝나진 결과를 보여주는 보고서를 봅니다.

이것이 영어 문장을 길고 복잡하게 늘리는
최고의 비법이자 천하무적 신공입니다.
이것을 이해하셨으면 이제 하산하셔도 됩니다. ^_^

그러나 아직은 잔기술이 모자라니
하산하다 불량배를 만나면 털릴 수 있어요.
좀더 공부해서 실력을 다지고 난 후에 하산해도 늦지 않습니다.

영어 문장이 길어지는 것에 특별한 방법이 있는 것이 아니라
주어 뒤에 설명을 계속 연결하고,
목적어 뒤에 설명을 계속 연결하면 됩니다.
이 방법에 따라 영어 문장을 또 늘려 보겠습니다.

어렵지 않을까요? 걱정하지 마세요.
영어 문장에서 설명은 원하는 만큼 연결하여 늘릴 수 있습니다.

그러니 걱정하지 마시고 영어 문장을 늘리면 됩니다.

다음 예문으로 설명하겠습니다.

Guests [visiting HQ] [n Seoul] [which is the capital of Korea] watch a report [that shows results] [finished in Q1] [in 2015].

문장 구조를 다음과 같이 정리할 수 있습니다.

주어에 설명이 다단 연결되고 목적어에도 설명이 다단 연결된 구조

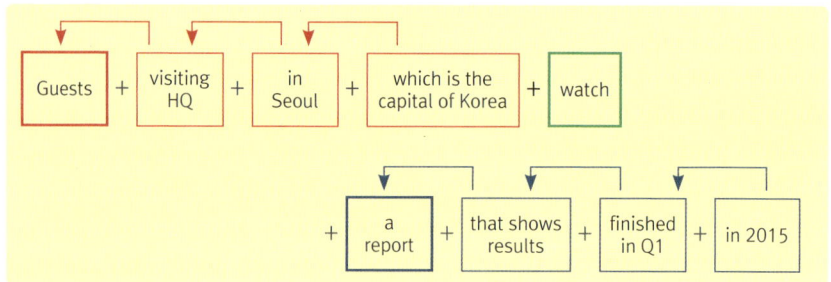

해석은요?

주어에 설명이 연결되었으므로

주어 설명 중 맨 끝에 있는 **Korea**부터 거꾸로 해석합니다.

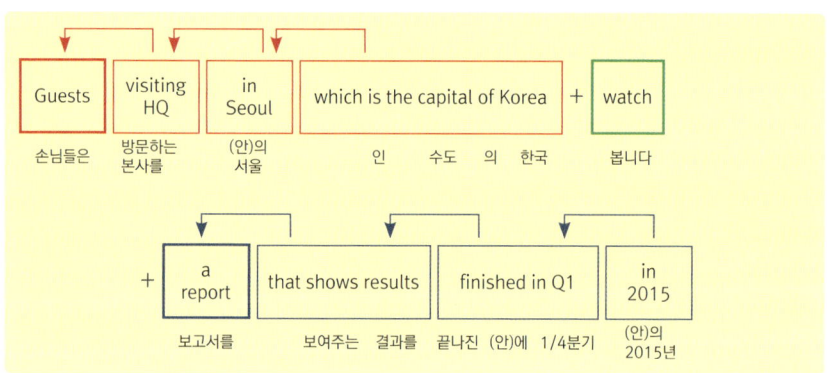

|해석| 한국의 수도인 서울 (안)의 본사를 방문하는 손님들은 2015년 (안)의 1/4분기 (안)에 끝나진 결과를 보여주는 보고서를 봅니다.

역시 직역이라 해석이 딱딱하지만
문장 구조와 해석 방법을 설명하기 위한 것이므로 이해하기 바랍니다.

이렇게 **주어와 목적어에 꼬리에 꼬리를 물고 설명을 연결하면
복잡하고 긴 영어 문장을 만들 수 있습니다**.

영어 문장을 늘리는 또 다른 방법은 없을까요?

네, 있습니다.
영어 문장에 또 다른 영어 문장을 연결하면 됩니다.
당연히 문장과 문장이 연결되니까 영어 문장이 길어지겠죠.

하지만 아무 대책 없이 문장과 문장을 연결하면 문장이 파괴되므로
문장을 압축하거나 접속사를 연결해서 문장을 늘립니다.
이제는 익숙하시죠?

> **Summary**
>
> 우리말에도 설명을 붙일 수 있어요.
> 단, 영어처럼 주어나 목적어 뒤에 붙이는 것이 아니라 앞에 붙인다는 점에서 다르답니다.
>
> ① 우리나라는(주어) 좋은 곳이다.
> ② [아름다운] 우리나라는 좋은 곳이다
> ③ [금수강산의] [아름다운] 우리나라는 좋은 곳이다.
> ④ [조상들이 물려준] [금수강산의] [아름다운] 우리나라는 좋은 곳이다.

6장 영문 자료 해석을 위해 한 발 더!

영어 문장을 파악하고 해석할 때는 뜻으로 하는 것이 아니라 자리와 순서의 형식으로 해야 합니다.

그런데 영어 문장을 자주 접하다 보면 자리와 순서도 이상하고 해석도 이상해서 이해가 잘 안 되는 경우가 있습니다.

이런 문장들은 고급 문장이라고 하지만
지금까지 배웠던 영어 문장의 기본 구조와 설명을 연결하는 방법을 이해하고 있다면 어렵지 않게 파악할 수 있습니다.

왜냐하면 고급 문장들도
새롭게 만들어진 대단히 어려운 것들이 아니라
영어 문장의 기본 자리와 순서를 변형시킨
문장들에 불과하기 때문입니다.

6.1 문장인가? 문장이 아닌가?

영어에 재미가 붙어

이리저리 웹사이트를 서핑하다가 위의 문장을 읽게 되었습니다.
해석을 해 보십시오.

Solutions to power your mobile workspace
solution 솔루션 **power** 강화하다 **mobile** 모바일 **workspace** 워크스페이스

주어는 문장에서 처음 나오는 명사이니까 **Solutions**,
주어 다음에 곧 바로 동사가 오지 않고 To부정사가 나왔네요.
To부정사가 나왔으니 [ ]를 사용하여 문장 단위로 묶어 봅니다.

Solutions [to power your mobile workspace]

주어도 찾고 To부정사를 찾아 [ ]로 묶었는데 동사가 보이지 않네요.
동사가 없는 문장이 있니? 뭐가 잘못된 것 같은데요!

위에 나온 글은 문장이 아니고 명사 **Solutions**에 대한 설명입니다.
명사 **Solutions**에 To부정사 문장을 설명으로 연결한 것입니다.

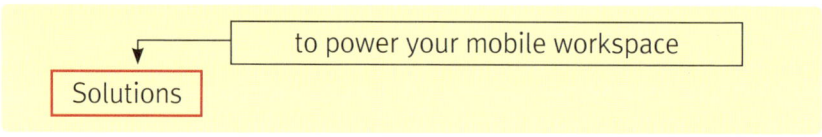

해석은 앞에서 배운 대로 To부정사에서부터 거꾸로 해석하면 되죠.
당신의 모바일 워크스페이스를 강화하는 솔루션들이 됩니다.
이렇게 명사를 설명하는 문구는
주로 신문이나 잡지의 헤드라인과 배너 등에 많이 사용되죠.

신입사원으로 회사에 입사한지 얼마 안 되었을 때였습니다.
외국에서 손님이 오는 회사 행사가 있었습니다.

회사의 여러 가지 활동에 대한 사진을 찍어 전시하는데

외국 손님들을 위해 사진 밑에 영어로 설명을 달아야 했습니다.

영어 실력이 짧다 보니 어떻게 해야 할 지 난감했고,
사전을 이리저리 찾으며 가까스로 영어 문장을 설명으로 달았습니다.

그런데 나중에 알고 보니 어렵게 영어 문장을 만들지 않고
주제어를 적은 다음 설명을 연결하면 되는 것이었습니다.
영어를 잘 모르다 보니 쓸데 없이
길게 문장으로 설명을 달려고 애썼던 것이죠.

여러분도 이런 상황이 발생하면 굳이 문장을 적으려 하지 말고
간단하게 주제어를 선택한 후 설명을 연결하세요.

명사에 연결되는 설명은 몇 가지인가요?
네, 이미 배웠듯이 6가지의 압축된 문장 형태 밖에 없어요.
그러니 그렇게 어려운 것도 아닙니다.

아래 사진은 강남구 삼성동에 위치한 ASEM Tower 빌딩입니다.
이 사진 밑에 영어로 소개하는
설명을 적으라고 하면 어떻게 하시겠습니까?

앞서, 주제어를 먼저 적고, 설명을 적으라고 했으니, 이렇게 하면 되나요?

주제어 **ASEM Tower**에 동사ed로 설명을 연결하면 다음과 같이 됩니다.

ASEM Tower located in SamSung-Dong, Southern Seoul
located 위치되어진 **southern** 남부의

해석하면, **서울 남부의, 삼성동에 위치되어진 ASEM Tower**가 됩니다.

다음과 같이 하면 어떤가요?

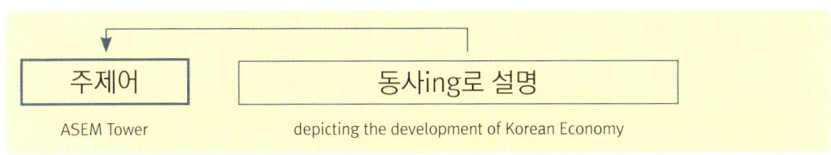

주제어 **ASEM Tower**에 동사ing로 설명을 연결하면 다음과 같이 됩니다.

ASEM Tower depicting the development of Korean Economy
depicting 나타내는　**development** 발전　**Korean** 한국의　**Economy** 경제

해석하면, **한국의 경제 발전을 나타내는 ASEM Tower**가 됩니다.

좀더 길게 가볼까요?

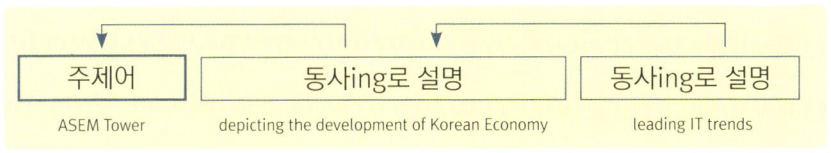

주제어 **ASEM Tower**에 동사ing를 다단 연결하면 다음과 같이 됩니다.

ASEM Tower depicting Korea's economic development leading IT trends
depicting 나타내는　**economic** 경제의　**development** 발전　**leading** 이끄는　**trends** 트렌드

해석하면,
IT 트렌드를 이끄는 한국의 경제 발전을 나타내는 ASEM Tower가 됩니다.

문장 보다는 That~, 동사ing, 동사ed 또는 To부정사로
설명을 연결하는 것이 간결하고 전달력도 좋습니다.

신입사원 때 이렇게 영어로 설명을 만들 줄 알았다면
길게 또 길게 설명을 뽑아서 써 주었을텐데... 아쉽습니다.

또 다른 예를 들어 보겠습니다.
아래 이미지에 있는 문장은
가상화로 유명한 VMware의 솔루션 소개 문구입니다.

vCloud Air Now Available in Australia
vCloud Air 고유명사　**Now** 지금　**Available** 사용 가능한　**Australia** 오스트레일리아

vCloud Air는 VMware의 솔루션 이름입니다. 솔루션 이름이니까 명사죠.
Now는 부사입니다. 어디에 있건 신경을 쓰지 않아도 됩니다.

vCloud Air + (Now) + Available + in Australia

명사에 설명이 연결되는 6가지 압축 문장 형태 중에서
형용사로 설명을 연결한 것입니다.

앞서 예로 들었던 a computer expensive(값비싼 컴퓨터)처럼
명사(vCloud Air)에 형용사(Available)가 직접 연결된 것이네요.

해석하면 **오스트레일리아에서 지금 사용 가능한 vCloud Air**가 됩니다.

6.2 한 개의 명사에 여러 설명 연결

아래 사진의 문구는 "독일이 발견하여 티벳으로부터 가져온 불상(佛像)이 수 천년 전에 지구와 충돌한 운석(meteorite)에 조각된 것이었다."는 헤드라인입니다.

Buddhist statue found by Germany made from meteorite

이런 헤드라인은 문장이 아니라 명사에 대한 설명이라는 사실을 알았으니, 가벼운 마음으로 분석해 봅니다.

Buddhist statue found by Germany made from meteorite
Buddhist statue 불상 **found** 발견되어진 **Germany** 독일 **made** 만들어진 **meteorite** 운석

명사 **Buddhist statue**에 대한 설명으로
수동태가 압축된 문장인 **found by Germany**와
made from meteorite가 연결되었습니다.

뒤에서부터 해석을 합니다.
운석으로부터 만들어진 독일에 의해 발견된 불상이 됩니다.

그런데 해석이 좀 이상하네요.
독일이 운석으로부터 만들어졌다고요?

문장 구조를 그림으로 만들어 볼까요?

▦ 명사 설명에 설명을 하는 구조?

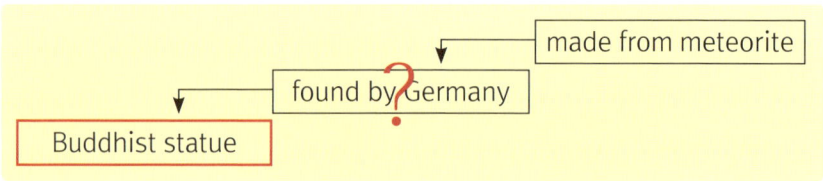

운석으로부터 만들어진 것은 불상인데
왜 독일이 운석으로부터 만들어졌다고 하는지 이해가 안 갑니다.

명사에 명사 설명이 연결되고,
명사 설명에 또 다시 명사 설명이 연결된 것 아닌가요?
뭐가 잘못된 것인가요?

이 문구는 불상에 대한 두 가지 설명을 동시에 하고 있어요.
그런데 글로 써야 하니까 할 수 없이
앞에서부터 뒤로 연결한 것처럼 된 것입니다.

▦ 하나의 명사에 설명을 2개 연결

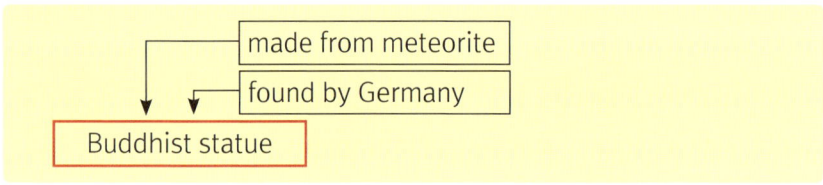

그래서 해석은
독일에 의해 발견되고, 운석으로부터 만들어진 불상이 됩니다.

그러면 하나의 명사에 설명이 다단 연결된 문장과
하나의 명사에 여러 개의 설명이 연결된 문장을
어떻게 구분해야 하나요?

안타깝게도 이 둘을 구분하는 방법은 별도로 없습니다.
콤마(,)가 나오기도 하지만 확실한 것은 아닙니다.

다만 해석해 봐서 바로 앞에 있는 명사를 설명하는 것인지
아니면 더 앞에 있는 명사를 설명하는 것인지를 구분해야 합니다.

영자 신문이나 영문 매뉴얼을 읽다 보면
이렇게 하나의 명사에 여러 개의 설명을 연결한 경우를 종종 봅니다.
하나의 명사에 설명을 많이 붙이려다 보니 일어나는 일이죠.

아래 사진은 네트워크 제품으로 유명한
Cisco Systems의 신제품을 소개한 것입니다.

Cisco IE5000 Industrial
Ethernet Switching Series

The 5000 Series is built to withstand extreme
industrial environments with superior high-
bandwidth switching.

The 5000 Series is built to withstand extreme industrial
environments with superior high bandwidth switching.
Series 제품군 **built** 만들어진 **withstand** 견디다 **extreme** 극한의 **industrial** 산업
environments 환경들 **superior** 우수한 **high bandwidth switching** 고 대역폭 스위칭

주어는 첫 번째 명사인 The 5000 Series이고,
동사는 is built로 수동태 문장입니다.
주어 The 5000 Series와 동사 is built로 문장이 완료되었습니다.

동사 뒤에 나온 설명들을 압축된 문장 형태 단위로 묶어 보겠습니다.

The 5000 Series is built [to withstand extreme industrial
environments] [with superior high bandwidth switching].

To부정사와 전치사구인 **with~**가 연결된 구조입니다.
그런데 좀 이상합니다.

■ **To부정사에 설명이 연결된 구조(?)**

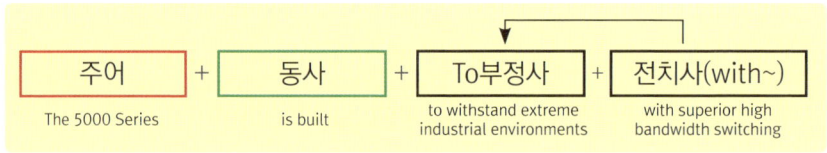

해석을 해보겠습니다. 주어부터 시작해서 거꾸로 해석합니다.

5000 제품군은 우수한 고대역폭 스위칭을 가진 극한적인 산업 환경들을 견디기 위해 만들어졌습니다.

이 문장에서 **우수한 고대역폭 스위칭을 가진 극한적인 산업 환경들** 부분이 어색하네요.

혹시 아래와 같이 연결된 형태는 아닐까요?

■ **하나의 동사에 설명을 2개 연결**

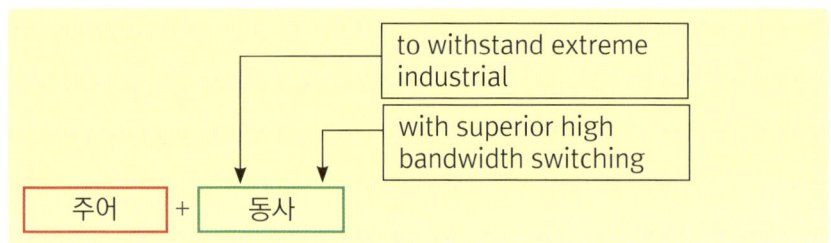

이 연결 형태에 따라 주어부터 시작해서 거꾸로 해석해 보겠습니다.

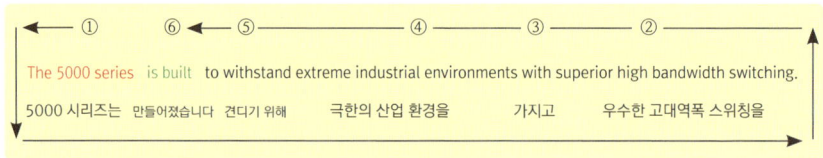

| 해석 | 5000 시리즈는 우수한 고대역폭 스위칭을 가지고, 극한의 산업 환경을 견디기 위해 만들어졌습니다.

5000 제품군은 우수한 고대역폭 스위칭을 가지고,
극한의 산업 환경을 견디기 위해 만들어졌습니다.

이 해석이 이상하지 않고 더 좋습니다.
앞에 나왔던 Buddhist statue~ 처럼
설명을 두 개 연결한 것이네요.

이렇게 해서 문장을 보는 눈이 넓어지고, 깊어지고 있습니다.

6.3 And, 콤마(,), 콤마콤마(, ,)

영어에서 앞에 나온 명사를 설명하는 특징이 있다는 것을 알고난 후,
영어 문장 구조와 어순을 알게 되었고,
영자 신문과 영문 매뉴얼에 도전해 보고 싶어졌습니다.

그런데 영자신문이나 영어 매뉴얼을 읽다 보면
꼭 애를 먹게 하는 것이 있었습니다.
그것은 바로 쉬워보이는 And와 콤마(,)였습니다.

6.3.1 단순한 And

And가 간단해 보이지만 쉽지 않습니다.
And는 두 개의 문장을 연결할 때 공통되는 것을 생략하기 때문에
영어 문장이 길어지면 어떤 것이 생략되었는지 찾기 어렵습니다.

이럴 때는 그 문장을 여러 번 보면서 이렇게, 저렇게
생략된 부분들을 찾아 나가면서 해결해야 합니다.

다음 예문으로 설명하겠습니다.

Asians are the fastest-growing, the most educated and
the highest-earning population in the U.S.

Asians 아시아인들 **fastest-growing** 빠르게 성장하는 **most educated** 가장 교육되어진
highest-earning 높은 소득 **population** 인구, 구성원

주어는 첫 번째 명사인 **Asians**이고, 동사가 **are**이고
보어가 the fastest-growing, the most educated and
the highest-earning population인 문장입니다.
그리고 문장 끝에 전치사구 **in the U.S.**가 있습니다.

문장 구조는 'Asians are A, B, and C'입니다.
and는 공통된 것을 생략한다고 했는데 무엇이 생략된 것일까요?
공통된 명사 **population**이 생략된 것입니다.

원래의 문장은 다음과 같습니다.

Asians are the fastest-growing population,
the most educated population and
the highest-earning population [in the U.S.]

이 문장을 해석하겠습니다.
문장 전체의 주어인 **Asians**부터 시작해서 거꾸로 해석합니다.

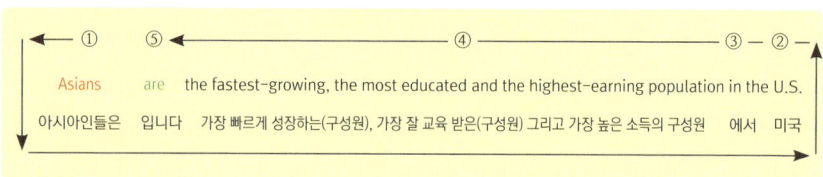

|해석| 아시아인들은 미국에서 가장 빠르게 성장하는 구성원, 가장 교육받은 구성원 그리고 가장 소
득 높은 구성원입니다.

이 문장에서 공통으로 생략된 **population**이 잘 보이시나요?

6.3.2 복잡하고 어려운 And

다음 예문으로 복잡하고 어려운 And를 설명하겠습니다.

Compare when the KOSPI index was crashing,
exports and dollar reserves were collapsing, and foreign investors
were fleeing, and you'll get a sense of how much has changed.
compare 비교하다　**KOSPI index** 코스피 지수　**crash** 박살나다　**exports** 수출
dollar reserves 외환보유고　**collapse** 붕괴하다　**foreign investors** 외국투자자
flee 도망가다　**get** 얻다　**sense** 느낌　**how much** 얼마나 많이　**change** 변화하다

우선 주어, 동사, 목적어를 찾아 볼까요?
문장이 동사 **compare**로 시작했는데 동사 앞에 명사가 없네요.

문장에 주어가 없네요. 주어가 없다니? 주어가 없는 문장도 있나요?
네, 있습니다. 명령문입니다.
명령문이기 때문에 주어 없이 동사 원형으로 시작됩니다.

문장을 보면 **and**가 3개 보이는데 상당히 헷갈립니다.
어떻게 해야 할까요?

우선 맨 뒤의 **and you'll~**은 명령문과 함께 사용됩니다.
네, '명령문+and'는 문법 시간에 배운
"~하라 그러면 ~할 것이다."의 뜻입니다. 워낙 특이해서 암기가 잘 되죠.

그렇게 보면,
이 예문은 Compare ~ and you'll get~ 구조입니다.
뜻은 **비교해라 그러면 당신은 ~을 할 것이다.**가 됩니다.

그리고 **Compare ~** 안의 구조는 'when A, B, and C'가 됩니다.

이해를 돕기 위해 마지막 문장 **and you'll get ~**을 빼보죠.
다음과 같이 됩니다.

Compare
A(the KOSPI index was crashing),
B(exports and dollar reserves were collapsing), and
C(foreign investors were fleeing)

특히, **C**에 해당하는 **foreign investors were fleeing**에서는 공통된 Be동사인 **were**가 생략되었습니다.

전체 문장을 다시 볼까요.

Compare
when the KOSPI index was crashing(**A**),
exports and dollar reserves were collapsing(**B**),
and foreign investors were fleeing(**C**),
and you'll get a sense of how much has changed.

다음과 같이 해석할 수 있습니다.

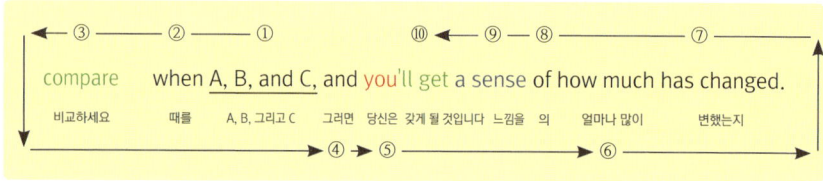

|1차해석| A, B, 그리고 C 때를 비교해 보세요. 그러면 당신은 얼마나 많이 변했는지의 느낌을 갖게 될 것입니다.
  (A) the KOSPI index was crashing: 코스피 지수가 박살나고
  (B) exports and dollar reserves were collapsed: 수출과 외환보유고가 붕괴되고,
  (C) foreign investors were fleeing: 외국투자자들이 도망쳐 나가던
|2차해석| 코스피 지수가 박살나고, 수출과 외환보유고가 붕괴되고, 그리고 외국투자자들이 도망쳐 나가던 때를 비교해 보세요. 그러면 당신은 얼마나 많이 변했는지의 느낌을 갖게 될 것입니다.

6.3.3 콤마(,)와 콤마콤마(, ,)

제 경험으로는 and도 어렵지만

and 만큼이나 더 무시무시한 것이 있었습니다.
그것은 콤마(,)와 콤마콤마(, ,)입니다.

초창기에는 문장을 파악하다 느닷없이 콤마(,)나 콤마콤마(, ,)가 나오면
이것이 도대체 왜 나온 것인지, 왜 이러한 형태를 가지고 있는지,
무엇을 설명하고자 하는 것인지 도무지 감이 잡히지 않았습니다.

문법 사항이라고도 할 수 없으니 누구에게 물어볼 수도 없고,
그런데 CNN 기사 등에는 자주 나오니
포기하고 지나칠 수도 없고 답답하기만 했습니다.

그러나 알고 보니 **콤마(,)나 콤마콤마(, ,)도**
앞에 나온 명사에 대한 설명이라는 것을 알게 되었습니다.

Samsung Electronics, the world's top manufacturer of mobile phones, has joined hands with Microsoft, the U.S. software giant, to take on Apple and Google, the heaviest hitters in the global smartphone market.

Samsung Electronics 삼성전자 **world** 세계 **top** 최고의 **manufacturer** 제조사
mobile phone 휴대폰 **join** 합류하다 **giant** 거인 **heaviest hitter** 최고의 거물
global 전세계 **smartphone** 스마트폰 **market** 시장

주어는 첫 번째 명사인 Samsung Electronics입니다.
동사는 **has joined**이고,
목적어는 동사 뒤의 첫 번째 명사인 **hands**입니다.

Samsung Electronics, the world's top manufacturer of mobile phones, has joined hands with Microsoft, the U.S. software giant, [to take on Apple and Google], the heaviest hitters in the global smartphone market.

그런데 주어와 동사 사이에 콤마콤마(, ,)가 있네요.
콤마콤마(, ,) 안을 읽어보니

Samsung Electronics에 대한 설명이라는 것을 알 수 있습니다.

명사에 설명을 연결하는 6가지 압축된 문장 형태를 사용한 것이 아니라
콤마콤마(, ,)를 사용하여
명사(the world's top manufacturer of mobile phones)로서
앞의 명사인 Samsung Electronics를 설명하고 있습니다.

Samsung Electronics, the world's top manufacturer of mobile phones, has joined hands [with Microsoft], the U.S. software giant, [to take on Apple and Google], the heaviest hitters in the global smartphone market.

목적어 hands 다음에 with Microsoft가 나오고
또 콤마콤마(, ,)가 나왔습니다.
콤마콤마(, ,) 안의 설명을 보니 the U.S. software giant가
바로 앞에 나온 명사인 Microsoft를 설명하고 있네요.

그리고 Apple and Google 뒤에 또 다시 콤마(,)가 나왔습니다.
콤마(,) 뒤의 설명을 보니
the heaviest hitters in the global smartphone market이
Apple과 Google을 설명합니다.

▦ 콤마콤마(, ,)가 설명하는 주어와 전치사의 목적어

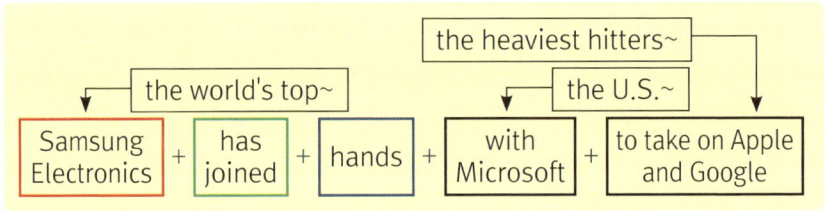

원래 이 문장은
Samsung Electronics has joined hands with Microsoft to take on

Apple and Google.이 확장된 것입니다.

해석은 주어 **Samsung Electronics**의 설명인
the world's top manufacturer of mobile phones부터
시작해서 거꾸로 진행합니다.

해석하면, 다음과 같이 됩니다.

|1차해석| A인 삼성전자는 C인 Apple과 Google에 대항하기 위해 B인 Microsoft와 손을 잡았습니다.
　　　　(A) the world's top manufacturer of mobile phones: 휴대폰의 전세계 최고의 제조사
　　　　(B) the U.S. software giant: 미국의 거대한 소프트웨어 거인
　　　　(C) the heaviest hitters in the global smartphone market: 스마트폰 시장의 가장 최고의 거물
|2차해석| 휴대폰의 전세계 최고의 제조사인 삼성전자는 스마트폰 시장의 최고의 거물인 Apple과 Goole에 대항하기(take on) 위하여 미국의 거대한 소프트웨어 거인 Microsoft와 손을 잡았습니다.

Tip

사실 콤마콤마(, ,)가 확실히 뜻을 알 수 있는 분야의 문장에 사용되었다면
쉽게 이해할 수 있지만 생소한 분야의 영문 자료에 나오면 많이 헷갈릴 수 있습니다.

그럴 때는 역시 ① 영어 문장의 기본 구조와 ② 앞에 나온 말을 설명한다는 영어의 특징을
기준점으로 해서 파악하면 쉽게 풀립니다.

이제 콤마콤마(, ,)가 어떤 의미인지 아시겠죠?

마지막으로 한 가지 더!
콤마콤마(, ,) 안에 완전한 문장이 들어갈 수 있을까요?

콤마콤마(, ,) 안에는 완전한 문장이 들어갈 수 없고
압축된 문장만 들어갈 수 있습니다.

그래서 콤마콤마(, ,) 안이 그렇게 알기 어려웠던 것입니다.

사실, 위의 예문에서 콤마콤마(, ,) 안에는
문장이 아니라 명사인 **the world's top manufacturer of mobile phones**가
들어 있습니다.

6.4 삽입구

다음 예문으로 설명하겠습니다.

The man who I thought was a consultant taught us case studies.
man 남자 **thought** 생각했다 **consultant** 컨설턴트 **taught** 가르쳤다 **us** 우리에게
case studies 사례 연구들

이 문장의 주어는 **The man**입니다.
동사를 찾으려고 보니 주어 **The man**에
who~로 설명이 연결되었네요. **who~**를 [ ]로 묶어 봅니다.

The man [who I thought was a consultant] taught us case studies.

해석을 하려고 [ ]을 보니 뭔가 이상합니다.
관계대명사 **who~**로 연결되었으니 [ ]에 주어가 없어야 하는데,
주어 **I**가 나왔습니다.
동사도 **thought**와 **was**로 두 개나 있습니다.

아무래도 **I thought**가 찜찜합니다.
차라리 **I thought**가 없으면 [ ]의 문장 구성이 제대로 될텐데
어떻게 처리해야 할지요?

이 문장은 **The man**을
who(m) I thought(내가 생각했던 그 남자)와
who was a consultant(컨설턴트였던 그 남자)로 함께 설명한 것입니다.

구조는 다음과 같습니다.

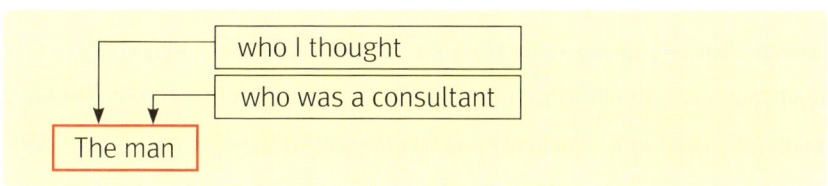

Caution

목적격 관계대명사 whom을 who로도 많이 사용합니다.

콤마콤마(, ,)를 사용하지 않고
who I thought와 **who was a consultant**를 합쳤습니다.
그런 다음에 중복된 **who**를 생략해서 만들어진 문장입니다.

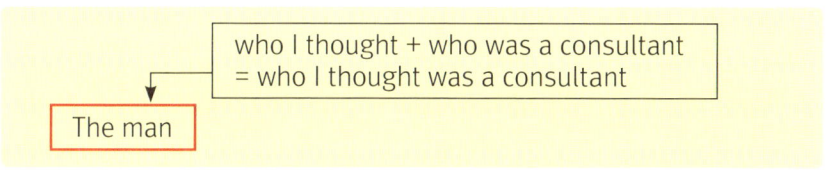

해석하면 **내가 생각했던, 컨설턴트였던 그 남자는**이 됩니다.

이렇게 문장 중간에 들어가서 연결되었다고 해서
I thought를 '삽입구'라고 합니다.
삽입구가 어려운 것은
앞의 명사에 설명을 다단으로 연결하는 것이 아니라
앞의 명사에 여러 개의 설명을 곧바로 연결하는 구조이기 때문입니다.

그러나 한번 보았을 때는 어색하지만 두 번, 세 번 보면 익숙해질 것입니다.

나머지 부분도 마저 찾고 해석을 하겠습니다.

삽입구 뒤를 보니 동사 **taught**가 있네요.

목적어를 찾아봅니다.

목적어는 동사 뒤의 명사인데 2개(**us**와 **case studies**)가 보입니다.

The man [who I thought was a consultant] taught us case studies.

우선 **who I thought was a consultant**는
who I thought and who was a consultant이므로
A and B와 같이 앞에서 뒤로 해석합니다.

동사 뒤에 명사가 2개 나왔으니
3형식 문장은 아니고 4형식 아니면 5형식이죠.
명사 **us**와 **case studies**는 서로 다르고,
사례연구들을 우리들에게 가르쳤다.로 해석되니 4형식 문장입니다.

구조는 다음과 같습니다.

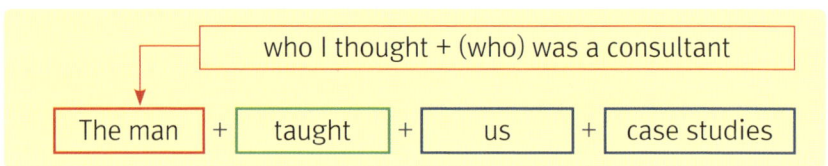

The man [[who I thought], [(who) was a consultant]]
taught us case studies.

해석은 주어 **The man**의 설명부터 시작해서 거꾸로 진행합니다.

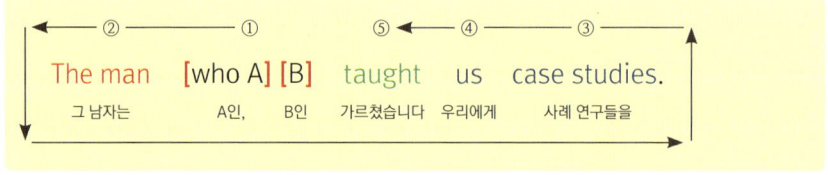

|1차해석| A인, B인 그 남자는 사례 연구들을 우리들에게 가르쳤습니다.
　　　　[Who A][B]= who I thought was consultant: 내가 생각했던, 컨설턴트였던
|2차해석| 내가 생각했던, 컨설턴트였던 그 남자는 사례 연구들을 우리들에게 가르쳤습니다.

해석하면, **내가 생각했던, 컨설턴트였던 그 남자는
사례연구들을 우리들에게 가르쳤습니다.**가 됩니다.

삽입구가 있는 문장을 하나만 더 보겠습니다.

People tend to select what their friends recommend are unique.
people 사람들 **tend to** ~하는 경향이 있다 **select** 선택하다 **recommend** 추천하다 **unique** 독특한

주어는 **People**이고, 동사는 **tend**입니다.
목적어를 찾으려고 동사 뒤를 보니 명사가 없고
대신 To부정사가 나왔네요.

To부정사가 나왔으니 문장 형태로 묶어 봅니다.

People tend [to select what their friends recommend are unique].

목적어는
to select what their friends recommend are unique입니다.

해석을 위해
to select what their friends recommend are unique를
들여다 보니 이 안에 문장 구조가 또 있네요.

to를 내부 주어로 보면, **select**가 내부 동사입니다.
what their friends recommend are unique는 내부 목적어가 됩니다.
그런데 목적어를 들여다 보니
recommend와 **are**가 있는데, 둘 다 동사입니다.
동사가 두 개인 것입니다.

여기에도 삽입구가 들어간 것이지요.

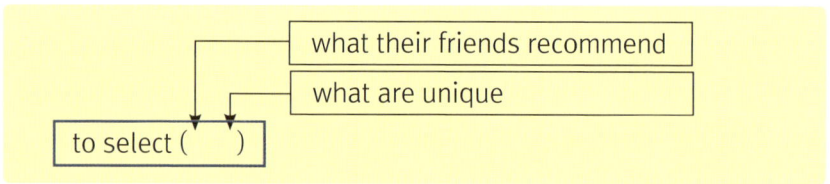

콤마콤마(, ,)를 사용하지 않고
what their friends recommend와
what are unique를 합쳤습니다.
그러고 나서 중복된 **what**을 생략한 문장입니다.

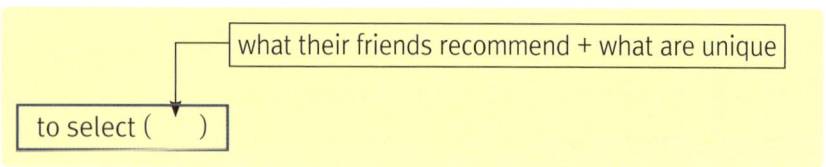

해석하면, **그들의 친구들이 추천한, 독특한 것**이 됩니다.

전체 문장에 대입합니다.

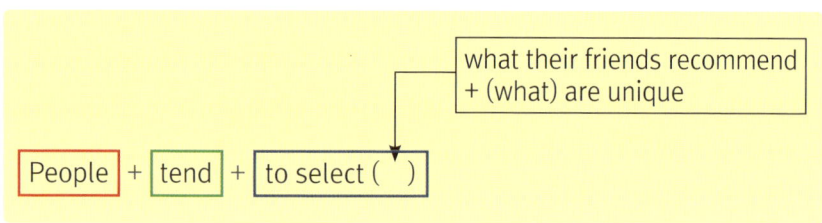

[ ]로 구분하면 다음과 같이 됩니다.

People tend [to select [what their friends recommend], [what are unique]].

What their friends recommand are unique는
What their friends recommand and what are unique와 같으므로

A and B와 같이 앞에서 뒤로 해석합니다.

주어 People부터 시작해서 전체 문장을 해석합니다.

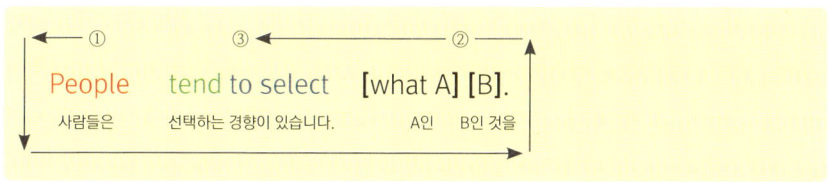

|1차해석| 사람들은 A인, B인 것을 선택하는 경향이 있습니다.
         [What A][B] = what their friends recommend are unique: 그들의 친구들이 추천한, 독특한 것
|2차해석| 사람들은 그들의 친구들이 추천한 독특한 것을 선택하는 경향이 있습니다.

6.5 문장 도치

문장을 특이하게 하여 강조할 때 사용하는 방법 중 하나가
'문장 도치'입니다.

문장 도치를 이해하는 힌트는
'영어의 의문문과 비슷한 형태'라는 것입니다.
단지 물음표가 없을 뿐이죠.

도치된 문장에는 특징이 있습니다.

첫째, Only+부사구, 부정어(Not, Never, Little, Hardly, Seldom 등)가 문장 앞에 나옵니다.
둘째, 문장의 형태는 의문문입니다.

아래 예문으로 설명하겠습니다.

Little did I know it at that time.
Little (거의~이) 아닌 **know** 알다 **at that tme** 그때

문장 앞에 부정어인 **Little**이 나왔습니다.
Little을 빼볼까요?

~~Little~~ did I know it at that time.

Little을 빼고 보면 의문문의 형태입니다.
하지만 물음표는 없습니다. 도치 문장의 두 가지 특징
(부정어로 문장이 시작, 부정어를 빼면 의문문 형태)에 부합합니다.

해석하면, **못했다, 나는 그때 그것을**이 됩니다.

부정문을 만드는 Not이 없는데도 **못했다**라는 부정의 뜻을 갖고 있네요.
Little에 Not이 숨어있다고 생각하세요. 그러면 편합니다.

다음 예문도 살펴볼까요?

Not Only did we waste time but also we spent money.
Not only A but also B A뿐만 아니라 B도   **waste** 낭비하다   **time** 시간   **spent** 소비했다   **money** 돈

Not only but also도 도치 문장을 만드는데
Not only 부분만 도치합니다.

역시 **Not only**를 빼볼까요?

~~Not Only~~ did we waste time but also we spent money.

Not only를 빼고 보면 의문문 형태라는 것을 알 수 있습니다.
하지만 물음표는 없습니다. 도치 문장의 두 가지 특징
(부정어로 문장이 시작, 부정어를 빼면 의문문 형태)에 부합합니다.

해석하면, **우리는 시간을 허비했을 뿐만 아니라 돈도 낭비했다.**입니다.
Not only 때문에 문장이 도치된 것입니다.

이렇게 도치된 문장이 의문문 형태라는 것을 이해하지 않고

단순히 주어와 동사만 바꾼다고 하면
Little 다음에 **did**가 들어가는 이유,
Not only 다음에 **did**가 들어가는 이유를 이해하기 어려워집니다.

도치 구문도 영어 문장의 기본 구조인
'주어+동사+목적어'를 기준으로 해서,
달라진 차이를 비교하면 뜻으로 찾는 것보다 더 쉽게 알아낼 수 있습니다.

Be동사 문장인 경우, 일반동사 문장과 달리
도치는 전치사구가 문장 앞에 나오고 주어와 Be동사 부분이 서로 바뀝니다.

아래 예문으로 설명하겠습니다.

At the bottom of these developments was the eventual shifting of IT services from local computers to the Internet.
bottom 하부 **developments** 개발들 **eventual** 궁극적인 **shifting** 이동 **local** 현지의
from A to B A로부터 B까지/로

전치사구 **At the bottom of these development**가
앞에 나온 문장입니다.
일반적으로 전치사구 뒤에는 주어가 나와야 하는데
이 문장에서는 주어가 나오지 않고 Be동사인 **was**가 나왔습니다.

그리고 그 뒤에
주어인 **the eventual shifting of IT services**가 나왔습니다.

전치사구가 문장 앞에 나왔을 뿐,
주어와 Be동사가 자리를 바꾼 의문문 형태이므로
도치라는 것을 눈치챌 수 있습니다.

원래 문장은 아래와 같습니다.

The eventual shifting of IT services from local computers to the Internet was at the bottom of these developments.

주어 **The eventual shifting**에

주어 설명 **IT services from local computers to the Internet**이
붙었으니 주어 설명이 시작되는 곳부터 해석을 시작하고
문장 맨끝으로 가서 거꾸로 해석합니다.

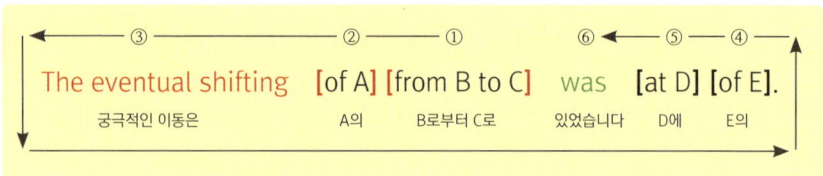

|1차해석| B로부터 C로 A의 궁극적인 이동은 E의 D에 있었습니다.
        (A) IT services: IT 서비스들의
        (B/C) from local computers to the Internet: 로컬 컴퓨터로부터 인터넷으로
        (D) at the bottom: 하부에
        (E) of these developments: 이러한 개발들의
|2차해석| 로컬 컴퓨터로부터 인터넷으로 IT 서비스들의 궁극적인 이동은 이러한 개발들의
        하부에 있었습니다.

6.6 생략

아래 그림이 친숙하지 않나요?

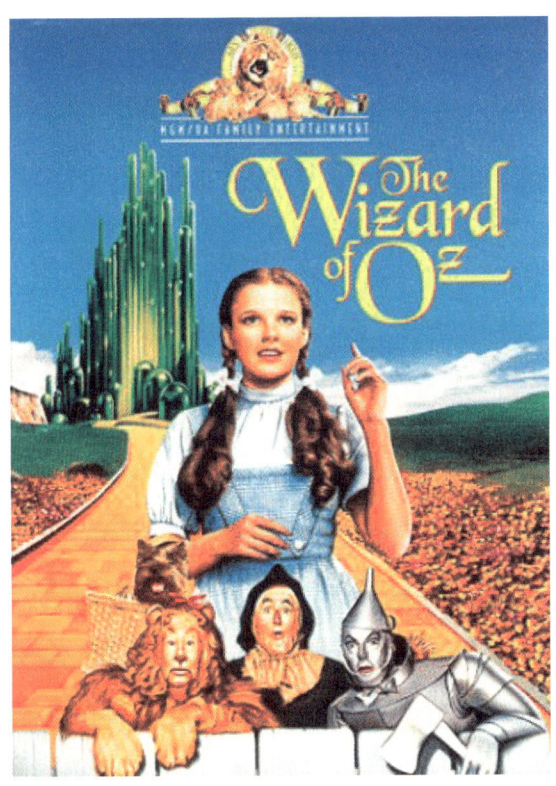

동화책 <Wizard of Oz(Oz의 마법사)>입니다.
여기에 보면 다음과 같은 문장이 나옵니다.

All she could see was gray sky.
All 모든 **could** can의 과거 **gray** 회색 **sky** 하늘

이 문장에서 주어와 동사를 찾을 수 있을까요?
간단하고 모두 다 아는 단어로 되어 있지만
주어와 동사를 찾기가 쉽지 않습니다.

주어는 첫 번째 명사인 **All**이고,
동사를 찾으려고 뒤를 보았는데 갑자기
she could see로 '주어+동사'가 나왔네요.

문장 형태니까 앞에서 많이 했듯이 [ ]로 묶어 보겠습니다.

All [she could see] was gray sky.

이렇게 [ ]로 묶어 보니 역시 잘 보입니다.
동사는 she could see 다음에 있는 was이고,
보어는 gray sky입니다.

이 문장은 원래
All [that she could see] was gray sky. 문장에서 that이 빠진 것입니다.

해석을 해보겠습니다.
주어 All에 주어 설명으로 she could see가 연결된 문장이니까
주어 설명 안의 내부 주어 she부터 시작해서 거꾸로 해석합니다.

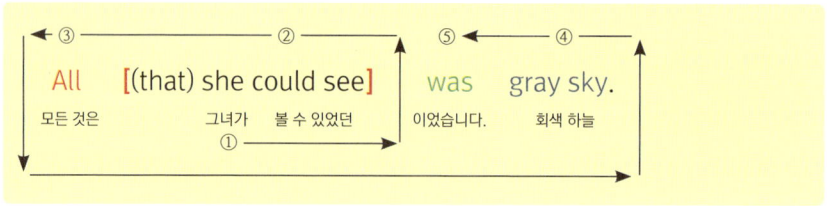

|해석| 그녀가 볼 수 있었던 모든 것은 회색 하늘이었습니다.

언어는 사람의 말을 통해 전달되기 때문에 에너지를 필요로 합니다.
에너지는 적게 사용할수록 유리하므로
모든 언어에서는 가능하면 생략을 많이 하려고 하죠.
영어도 언어이기 때문에 문장을 읽다 보면 생략이 자주 나옵니다.

영문 매뉴얼이나 자료를 읽다 보면
마지막에 가서 항상 만나게 되는 문구가 있죠.
바로 All rights Reserved입니다.

Copyright© All rights reserved

All rights reserved라, 흐음~,
주어는 All rights가 되겠고,
동사는 reserved이고, (이것은 reserve의 과거형이니까)
모든 권리는 저장했다.로 번역되나요?
간단하네요. 그런데 뭐를 저장한 것이죠?

글쎄 뭐를 저장한 것일까요?
All rights가 사람도 아닌데 저장하는 동작을 할 수 있을까요?

사람이 아닌 것을 주어로 사용하는 영어의 표현 방식인
물주 구문이라 그런가요?
그리고 저장했다고 해도, 과거에 저장한 것을
지금 이야기하는 이유는 무얼까요?

이러한 궁금증에 힌트를 주는 글이 있습니다. 다음 문장을 볼까요?

Copyright© All rights reserved by Gener System

아, 그렇군요. **All rights** 뒤에 **are**만 넣으면 수동태 문장이 되네요.
by를 보니 확실히 수동태인 것을 알 수 있습니다.

이 문장을 원래대로 쓰면 다음과 같이 되겠네요.

Copyright© All rights are reserved by Gener System

해석하면, **모든 권리들은 Gener System에 의해 보유되어졌습니다.**

이와 비슷하게 더 생략된 형태가 있습니다.

영화 포스터를 보면 주어나 동사도 없이
"Directed by OOO(감독이름)"이라고 되어 있는 것을 볼 수 있습니다.

원래대로 하면 다음의 문장입니다.

==This movie was directed by OOO.==

원래 문장에서 주어와 동사를 생략하고 사용하는 것입니다.
뜻은 **이 영화는 OOO에 의해 감독되어졌습니다.**가 되겠죠.

생략해도 워낙 많은 사람들이 공통으로 이해하고 있으니까
그렇게 생략된 형태를 많이 사용하는 것입니다.

Edited by(~에 의해 편집되어진)나
Printed by(~에 의해 인쇄되어진) 같은 것도
비슷한 생략 문장이라고 보면 됩니다.

TV 연속극이 끝날 때 자막으로 나오는 To be continued도 마찬가지죠.

원래대로 하면 다음과 같이 나와야겠죠.

==This drama will be continued by OOO(방송국 이름).==

해석하면, **이 드라마는 OOO에 의해 계속 되어질 것입니다.**가 됩니다.

이 문장에서 주어와 동사를 생략하여 To be continued가 되었는데
'앞으로 ~한다'라는 뜻을 전하기 위해
will 대신 To부정사를 사용한 것입니다.

생략의 대상은 워낙 많고, 까다로워서 알아내기가 어려운데
원칙이 있을까요?
네, 있습니다. **생략할 수 있는 것만 생략하는 것이 생략 원칙**입니다.

말장난처럼 들릴 수 있겠지만 서로 알고 있어서 생략해도 될 경우에만,
다시 말해 생략해도 혼동이 없을 경우에만 생략할 수 있는 것이지
아무렇게나 함부로 생략할 수 없는 것이 원칙입니다.

또한 생략을 해도 영어 문장의 기본 구조와 틀 안에서 생략되기 때문에
이 기준을 갖고 찾아나가면
초반에는 어렵고 눈에 낯설어도 조금 지나면 알아차리게 됩니다.

분사구문도 따지고 보면 종속절의 주어를 생략한 형태입니다.
분사구문은 주절과 종속절의 주어가 같다는 것을 기준으로 합니다.
같으니까 생략하는 것이죠.

다음 예문을 볼까요?

Peter Pan sits on the bed, (Peter Pan) playing his pipe.

분사구문인 이 문장에서
침대에 앉아 있는 것도 Peter Pan이고
피리를 불고 있는 것도 Peter Pan입니다.
같으니까 생략한 것입니다.

그래서 분사구문을 쉽게 이해하려면
분사구 앞에 문장 전체의 주어를 넣으면 됩니다.

> **Mini Grammer**
>
> 분사구문 중에서 독립분사구문이라는 것이 있습니다.
> 독립분사구문은 문법 용어만 들으면 상당히 어려워 보이는데,
> 주절의 주어와 종속절의 주어가 다를 때는 종속절의 주어를 생략하지 않는 문법입니다.
> 문법적으로 어렵게 하기 위해서 만든 것이 아니라 주절과 종속적의 주어가 다르니까
> 종속절의 주어를 생략했다가는 혼동을 줄 수 있기 때문입니다.
>
> Peter Pan sits on the bed, Tinker Bell playing her pipe.
>
> 여기서는 침대에 앉아 있는 것이 **Peter Pan**이고 피리를 부는 것은 **Tinker Bell** 입니다.
> 주어가 서로 다르니 혼동을 피하기 위해서 **Tinker Bell**을 생략하지 않은 것입니다.

지금까지 영어 문장의 고급 과정인
명사에 대한 설명, 명사에 대한 여러 개의 설명,
And와 콤마, 삽입구, 도치, 생략에 대해 알아봤습니다.

이것들 자체만으로도 어려운 문장을 만들 수 있지만
이것들이 연결되고 복합되어 문장이 만들어지면
더욱 더 복잡한 문장이 됩니다.

예전대로 뜻으로 찾아 파악하려면 상당히 어렵습니다.
하지만 영어 문장의 기본 단위인
'주어+동사+목적어'를 기준점으로 해서 전체 문장을 파악해 가면
하나씩 이해할 수 있을 것입니다.

그러면 어렵지만 혼자 풀어냈다는 기쁨을 크게 느낄 수 있을 것입니다.

부록 1 영어로 프레젠테이션하는 방법

외국과의 교류가 많아지고 글로벌화된 비즈니스 환경에서
원하지는 않지만 어쩔 수 없이
영어로 프레젠테이션을 해야 하는 경우가 있을 수 있습니다.

이 책을 읽은 여러분은 훨씬 수월하게 영어로 프레젠테이션할 수 있습니다.
영어 문장의 기분 구성 원리와
영어 문장을 길게 늘리는 방법을 알았으니까요.

영어로 프레젠테이션하는 것은 영어로 스피킹을 하는 것입니다.
영어 스피킹 능력이 확립되지 않은 상태에서
대사를 암기하는 잔기술로는 제대로 된 영어 프레젠테이션을 할 수 없습니다.

이 책을 읽은 여러분들을 위해 영어 프레젠테이션 방법을 알려드립니다.
따라서 하시면 좋은 효과를 얻을 수 있습니다.

1단계. 슬라이드 준비

슬라이드가 10개 이상인 파워포인트 파일을 준비하거나
각 장마다 그림이 있는 스케치북 10장을 준비합니다.

2단계. 슬라이드당 1개의 영어 문장으로 말하기

우선은 준비된 파워포인트를 기준으로
10개의 슬라이드를 한 장씩 넘길 때마다
슬라이드당 1개의 간단한 영어 문장을 말합니다.
(각 장마다 그림이 그려진 스케치북도 동일한 방법으로 합니다.)

간단한 영어 문장은 '주어+동사+목적어' 또는
'주어+동사+목적어+전치사'로 된 단문입니다.
처음부터 어렵게 시작하지 마세요.

슬라이드마다 계속해서
1개의 영어 문장만 제대로 말할 수 있어도 성공입니다.

이때 조심해야 할 것이 있습니다.
동사의 시제, 단수 복수, 관사 등을 신경 쓰지 말아야 합니다.
틀려도 좋습니다.
어순 구조를 확립하고 다음에 할 말을 영어로 떠올리는 것이 더 중요합니다.

이렇게 해서 어순 구조와 다음에 할 말이 쉽게 떠오르면
그때 가서 세밀하게 고치면 됩니다.

조심해야 할 것이 한가지 더 있습니다.
절대로 **영어 문장을 글로 먼저 적은 뒤에 암기하고 나서 말하면 안 됩니다.**
슬라이드를 보면서 떠오르는 생각을 잡아서
영어 문장으로 만들어야 합니다.

영어 프레젠테이션의 경우에 영어 문장을 암기하여 발표하면
중간에 말이 막히거나 다른 말이 튀어나올 때 수습할 수 없습니다.

3단계. 슬라이드당 2개의 영어 문장으로 말하기

슬라이드를 한 장씩 넘기면서
간단한 문장 1개씩을 영어로 말하는 것이 자유로워지면
이번에는 슬라이드를 한 장씩 넘기면서
간단한 문장을 연달아서 2개씩 영어로 말합니다.
무리해서 긴 문장을 영어로 말하려 하지 말고 간단한 문장으로 연습하세요.

미리 외워서 영어 문장을 2개 말하는 것이 아니라
슬라이드를 보면서 떠오른 생각을 그대로 영어 문장으로 표현해야 합니다.

이렇게 2개의 영어 문장을 연달아 이야기하는 것은 의외로 쉽지 않습니다.
한 가지 팁이 있습니다.
첫 번째 문장을 말하고 나서 and 또는 because를 말하고
두 번째 문장을 말하면
영어의 말하는 흐름이 흐트러지지 않고 계속 이어질 수가 있습니다.
이렇게 연습해서 자연스러워지면 and나 because 없이 말하면 됩니다.

미국에 진출한 우리나라 골프 선수가 영어로 인터뷰하는 것을 들어보면

짧은 문장을 먼저 말하고
뒤에 and나 but을 사용하여 말을 계속하는 것을 알 수 있습니다.

4단계. 슬라이드당 3개의 영어 문장으로 말하기

이번에는 슬라이드를 한 장씩 넘기면서
간단한 문장을 연달아서 3개씩 영어로 말합니다.
슬라이드 한 장을 보면서 영어로 3 문장을 연달아 말할 수 있다면
영어 스피킹과 영어 프레젠테이션은 거의 마지막 단계까지 간 것입니다.

간단한 3개의 영어 문장을 연달아서 말하려면 생각만큼 쉽지 않습니다.
영어로 말하는 것과 다음에 해야 할 말이
영어로 머릿속에 떠올라야 하기 때문입니다.

이것을 프레젠테이션에서는 상위 인지(Meta Cognition)라고 합니다.
우리가 노래를 부르면서 자연스럽게
다음 소절이 떠오르는 것과 같은 효과입니다.
상위 인지가 안 되면 영어뿐만 아니라
우리말로도 발표를 제대로 할 수 없습니다.

연달아 3개의 문장을 말하도록 한 이유는
상위 인지 능력을 얻기 위해서입니다.

연습을 충분히 해서 간단한 문장이지만 3개나 5개 문장을
영어로 발표할 수 있다면 이제 마지막 남은 단계로 가면 됩니다.

5단계. 영어 문장에 설명 연결해서 문장 늘리기

슬라이드를 보면서 연달아 3~5개의 간단한 영어 문장을

어렵지 않게 말할 수 있다면
이제부터는 본격적인 영어 문장 늘리기로 들어갑니다.

슬라이드 한 장에 3개씩의 영어 문장을 연달아 말하되
이 책에서 배운 것을 활용하여
설명을 넣거나, 설명을 연결하면서 길게 말합니다.

5단계에서 가장 중요한 것은 문장을 간단하게 말하고
that~으로 설명을 붙이는 방법을 사용하는 것입니다.

갑자기 길게 영어로 말하려고 하면
우리말 습관이 튀어나와 앞에다가 설명을 붙이려 합니다.
이렇게 해서는 영어 어순을 익히고 말할 수가 없어요.
영어는 가장 큰 특징으로 설명을 뒤에서 한다는 것을 잊지 말고
여기에 맞춰서 말하려고 해야 합니다.

다음 문장을 영작해 보십시오.

나는 여러분에게 아주 중요한 기술적인 문제들을 말합니다.

① I tell you very important technical issues.
② I tell you technical issues that are very important.

①번과 ②번의 차이점을 이해하시겠죠?
②번처럼 말하려고 하면 느낌이 달라 어색해서
머릿속에서 준비되는 시간이 처음에는 많이 걸립니다.

그러나 ②번처럼 말을 해야 진정으로 실력이 늘게 됩니다.

나중에 영어 실력이 늘면
I tell you technical issues very important. 처럼
더 간결하고 명확하게 말할 수 있죠.

**영어는 결론을 먼저 말하고
설명(that~)을 붙이는 언어**라는 사실을 꼭 기억하세요.

5단계는 이 책을 읽은 사람들이 잘 할 수 있습니다.
왜냐하면 문장을 길게 늘리는 방법을 정확히 알고 있기 때문입니다.

5단계가 되면 여러분은 영어 스피킹이 가능하고
영어 회화가 가능한 단계가 된 것입니다. 축하합니다.

6단계. 슬라이드 수를 20개로 늘려서 말하기

5단계가 끝나면 이번에는 슬라이드 수를 20개로 늘려서 말합니다.

그리고 슬라이드 한 장에 여러 사진이나 그림을 놓고
무작위로 그림을 손으로 짚어가면서 영어 문장을 2~3개씩 말해봅니다.

아래의 그림은 제가 연습할 때 사용했던 슬라이드입니다.
여러분도 이렇게 그림을 보면서 무작위로 선정해서
이야기를 영어로 해보세요.

의외로 재미있게 열중하고 있는 자신을 보게 될 것입니다.
더불어 여러분의 영어 실력도 급상승~

Presentation in English

5단계에서 이미 영어 프레젠테이션의 기본이 갖추어진 것이고 6단계는 이를 심화 발전시키는 단계입니다.

5단계부터는 서점에 가서 영어 프레젠테이션에 필요한 좋은 영어 표현들을 알려주는 책들을 사서 보거나 자료들을 보면 더 효과적입니다.

부록2 가정법 이야기

영어 공부를 좌절시키는 장애물들 중 하나인
분사구문에 대해 앞에서 알아보았습니다.
이번에는 또 다른 장애물인 가정법에 대해서 알아보죠.

외국계 회사에서 근무할 때 일인데요.
우리나라에서 진행할 신제품 발표 세미나를
본사 마케팅 담당자와 함께 준비했습니다.
세미나 관련해서 여러 사항들을 마지막으로 점검하는
본사 마케팅 담당자의 이메일 마지막 부분에
I could come to Seoul.이 있었습니다.

어라! **I could come to Seoul.**이라니?
"세미나는 다음 달에 있을 예정이니 서울에 오겠다는 말 같은데,
왜 미래가 아닌 과거형인 could를 썼지?"라는 생각이 들었습니다.

이해가 가지 않았어요.
그래서 회사 다른 동료에게 물어보았더니 전체 이메일을 읽어 보고 나서는
"이것은 가정법 문장으로 서울에 오고 싶은데 올 수 없다는 이야기야.
아마 바빠서 그런 것 같아."라고 말해주었어요.

가정법 문장이라고 하니까
학교 때 배웠던 가정법이 생각나면서 골치가 아파오더라고요.
그래서 더 이상 묻지 않고 그런가 보다 하고 넘어갔죠.

문법책에 보면 가정법(Subjunctive Mood)이란
'사실과 반대되는 심정을 나타내는 표현 방법'이라고 설명되어 있습니다.
그리고 가정법 과거는 형식이
'If+주어+과거동사, 주어+would/should/could/might+동사 원형'이며
뜻은 현재 사실에 반대된다고 하죠.

하지만 이런 문법 위주의 설명은 가정법 자체에 대한 이해를 힘들게 하며,
또한 쉽게 머리에 남지 않는 가정법 형식 때문에 많이들 어려워합니다.

자, 그러면 어떻게 하면 가정법을 쉽게 이해할 수 있을까요?
힌트는 가정법 형식에
would, should, could, might가 사용된다는 데 있어요.
would, should, could, might는
조동사 will, shall, can, may의 과거형인데요.
왜, 조동사의 과거형이 가정법에 사용될까요?

이렇게 한번 생각해 보세요.

will, shall, can, may는 미래를 표시하지만 아직 발생하지 않은 일이죠.
I will go to Seoul.하면 미래에 갈 것이지 아직 가지는 않은 것이잖아요.

그런데 **will**이 과거로 가서 **would**가 되었어요.
아직 일어나지 않은 일(will)이 과거(would)가 된 것이지요.

일어나지 않은 일이 과거가 되어버리면 어떤 느낌일까요?
'해야 하는데 하지도 못하고 과거로 끝나 버린 느낌!
그래서 아쉽고, 후회스러운 느낌!'

네, 맞아요. 후회, 아쉬움의 그러한 느낌, 사실과 반대되는 느낌 등.
바로 영어에서 말하는 가정법의 느낌을 얻을 수 있죠.

'가정법' 하면 나오는 대표적인 예문이 바로
If I were a bird, I could fly to you.입니다.
내가 새라면 당신에게 날아갈 수 있을텐데
어때요. 아쉬움이 느껴지나요?

이 문장의 직설적 표현은
If I am a bird, I can fly to you.입니다.
내가 새라면 너에게 날아갈 수 있어.
아쉬움의 느낌이 아니라 조건만 갖추어지면 할 수 있다는 느낌이 나죠.

가정법과 직설법을 구분 짓는 가장 큰 특징은 바로
would, should, could, might에 있어요.
왜, 그런지 이제 이해가 되시죠?

우리는 현재나 미래의 일에 대해서 후회나 아쉬움을 느끼지 않죠.
다만 우리는 과거에 지나간 일에 대해서 후회나 아쉬움을 느끼죠.
그래서 조동사의 과거형인
would, should, could, might가 가정법에 쓰이는 것입니다.

영어 문장을 읽다가 현재형으로 나와야 할 부분에 과거형이 나오면서 발생하는 시제 불일치, 그로 인한 긴장감이 후회, 아쉬움을 유발하죠.

영어 동화책 <Snow White(백설공주)>를 읽다 보면
어린이 동화책인데도 가정법 문장이 나와요.

I opened the door, but there was no one in this house.
(문을 열었어요. 그러나 아무도 이 집에 없었어요.)
If I had not found here, I would have failed.

위의 문장에서 if와 would가 눈에 들어오나요?
if를 보는 순간 가정법인지 의심을 하고,
그 뒤에 would를 보는 순간 가정법 문장이라고 판단하면 됩니다.

가정법 문장은 조동사만 한 단계 과거로 가는 것이 아니라
if절과 주절 모두 과거로 한 단계씩 갑니다. 그래서
if절과 주절이 과거면 과거로 해석하는 것이 아니고 현재로 해석하고
if절과 주절이 과거완료면 과거보다 오래된 과거로 해석하는 것이 아니고
과거로 해석합니다.
(헷갈리지만, 후회나 유감을 나타내기 위해 한 단계씩 과거로 되돌린다고 생각하세요.)

If I had not found here.는
과거완료(had not P.P.) 문장이므로 "과거로 해석"하고
I would have failed.는
조동사가 포함된 과거완료 문장(would have failed) 이므로
이것도 "과거로 해석"합니다.

그래서 해석한,
내가 여기를 발견하지 못했다면(과거), 나는 실패했을 것이에요.(과거)가 됩니다.

미국 어린아이들도
가정법 과거, 가정법 과거완료 이런 것을 따지면서 읽을까요?

가정법을 가정법 과거, 가정법 과거완료,
가정법 현재, 가정법 미래라 하면서 각각에 대해
'If+주어+어쩌고 저쩌고'로 나가는 형식을 외우기 보다는
would, should, could, might가 주는 느낌으로 이해를 하세요.

가정법 형식에 너무 매달리면
영문을 읽을 때 파악하기도 어렵고, 말로 하기가 어려워져요.
상대방과 영어로 대화하면서
그 짧은 시간에 우리나마 말에 맞게 어순도 바꿔야 하고,
거기에 가정법 형식을 떠올려 조합해 말한다는 것은
경험해 보셨겠지만 거의 불가능하죠.

아무리 가정법 형식을 잘 외워도
would, should, could, might의 느낌을 이해하지 못하면
가정법 과거완료와 가정법 과거가 섞이는 무시무시한
혼합 가정법은 어떻게 해 볼 수도 없죠.

더군다나 If가 사용되지 않고,
would, should, could, might도 사용되지 않는
I wish ~, as if ~ 가정법은요?
제가 받았던 이메일에서처럼 I could come to Seoul.은 어떻게 할까요?

앞서 이야기 했듯이
가정법에서 조동사의 시제를 과거로 돌린
would, should, could, might를 왜 사용하는지,
그 의미를 생각하면 쉽게 이해할 수 있어요.

영어에서 **if**와 함께 **would, should, could, might**가 나오면
"**가정법이 아닐까?**"라는 의심을 하세요.
90% 이상이 가정법 문장입니다.

이 방법을 활용하면 가정법 문장을 쉽게 찾을 수 있습니다.
가정법 문장의 형식을 암기했다가 대입하며 찾지 마세요.
언제 그걸 다 암기하고 있나요? 별로 도움이 안됩니다.

저는 이 방법을 사용해서 복잡하지 않고 쉽게 가정법인지를 알아냅니다.

또한 if 없이 would, should, could, might만 나와도
"가정법이 아닐까?"라는 의심을 하세요.

역으로 가정법의 느낌을 전하고자 한다면
If절 없이 그냥 I would/should/could/might~로 이야기하면 된답니다.
가정법 느낌으로 말하세요!

찾아보기

ㄱ

가정법 352
과거분사 61, 73, 251, 256
과거분사구문 251, 286
관사 50, 216
구동사 65
내부 동사 135
내부 목적어 135
내부 주어 135
능동태 157
능동태로 압축 89
다단 연결 266
도치 333
독립분사구문 342
동명사 91, 119
동명사구 119
동사 18, 40
동사ed 61, 89, 256
동사ed 다단 연결 280, 285
동사ed 연결 196, 249, 292
동사ing 89, 91, 116, 256

동사ing 다단 연결 270, 278, 285
동사ing 연결 188, 237, 288
동사 묶음 55
동사 원형 55
등위접속사 232
명령문 323
명사 74, 90
명사구 102
명사 묶음 46
명사 역할 226
명사적 용법 91
명사절 102
목적격관계대명사 That 152
목적어 18, 40
문장의 명사화 102
문장의 품사화 87
미래형 164
미래형으로 압축 89
보어 19, 40, 125
부사 51, 55, 90, 227, 237
부사구 224
부사 묶음 52

부사 역할 226
부사적 용법 255, 256
부사절 224, 237
부정문 57
분사구문 245, 252, 341
삽입구 328
상태 동사 19
생략 336
설명 연결 168, 306
소유격 50
수동태 61, 161, 199, 339
수동태로 압축 89
수동형 동명사 90, 128
압축된 That~ 문장 150
압축된 To부정사 문장 164
압축된 동사ed 문장 161
압축된 동사ing 문장 157
압축된 전치사 문장 148
압축된 형용사 문장 166
압축 문장 99
양보 236
어순 79
언어의 이중성 256
엑센트 258
영어 문장 압축 88
의문문 333
이어 동사 65
일반 동사 19, 43
자동사 66, 206
전치사 38, 75, 256
전치사+which 157

전치사구 71, 175
전치사 다단 연결 274
전치사 연결 170, 227, 288, 294, 296
전치사의 목적격 관계대명사 That 154
전치사의 목적어 296
접속사 다단 연결 283
접속사 연결 231
조동사 55
종속절 234
종속접속사 232
주격관계대명사 That 150
주어 18, 40
주절 234
준동사 95, 166
직설법 355
콤마 321
콤마콤마 321
타동사 66, 206
품사 36
현재분사 60, 161, 240, 256
현재분사구문 240, 286
현재완료 63, 65
현재진행형 60, 125
형용사 51, 55, 90, 168, 227
형용사구 140, 218
형용사 묶음 52
형용사 역할 226
형용사 연결 214, 292, 296
형용사적 용법 255, 256
형용사절 140

A

after 233
although 233
and 232, 321
as 233
because 233
before 233
Being+동사ed 128
Be동사 19, 46
but 232
Complement 29
Conjunction 232
could 355
do 58
for 232
have 동사 65
how~ 115
if~ 115
might 355
nor 232
not 57
Object 29
of 38
or 232
preposition 75
should 355
so 232
Subject 29
Subjunctive Mood 354

That~ 88, 104
That~ 다단 연결 268, 276
That~ 연결 179, 290, 294
That으로 압축 88
To부정사 89, 91, 104, 131, 257
To부정사 다딘 연결 272, 281
To부정사 연결 206, 252, 290
Verb 29
when 233
where 157
whether~ 115
while 233
who~ 295
would 355
yet 232